JIANCHA GONGZUO XIANDAIHUA YU
JIANCHA ANJIAN GUANLI XINXIHUA
ZHINENGHUA JIANSHE LUJING YANJIU

检察工作现代化与
检察案件管理信息化
智能化建设路径研究

刘　涛／主编

法律出版社 LAW PRESS · CHINA
北京

图书在版编目(CIP)数据

检察工作现代化与检察案件管理信息化智能化建设路径研究 / 刘涛主编. -- 北京 : 法律出版社, 2023
ISBN 978-7-5197-8126-2

Ⅰ. ①检… Ⅱ. ①刘… Ⅲ. ①检察机关－工作－信息化－中国 Ⅳ. ①D926.3-39

中国国家版本馆 CIP 数据核字(2023)第 131589 号

检察工作现代化与检察案件管理信息化智能化建设路径研究
JIANCHA GONGZUO XIANDAIHUA YU JIANCHA ANJIAN GUANLI XINXIHUA ZHINENGHUA JIANSHE LUJING YANJIU

刘 涛 主编

责任编辑 许 睿
装帧设计 汪奇峰

出版发行 法律出版社
编辑统筹 司法实务出版分社
责任校对 朱轶佳
责任印制 胡晓雅
经　　销 新华书店

开本 710 毫米×1000 毫米 1/16
印张 18 **字数** 304 千
版本 2023 年 7 月第 1 版
印次 2023 年 7 月第 1 次印刷
印刷 三河市兴达印务有限公司

地址:北京市丰台区莲花池西里 7 号(100073)
网址:www.lawpress.com.cn
投稿邮箱:info@lawpress.com.cn
举报盗版邮箱:jbwq@lawpress.com.cn

销售电话:010-83938349
客服电话:010-83938350
咨询电话:010-63939796

书号:ISBN 978-7-5197-8126-2
定价:88.00 元
凡购买本社图书,如有印装错误,我社负责退换。电话:010-83938349

《检察工作现代化与检察案件管理信息化智能化建设路径研究》

编辑委员会

前　言

检察事业的发展离不开调查研究，调查研究是获得真知灼见的源头活水，是做好检察工作的基本功。2023 年 3 月 30 日习近平在二十届中央政治局第四次集体学习时强调："要带头抓好调查研究，深入实际、深入群众，增强问题意识，真正把情况摸清、把问题找准、把对策提实，提出解决问题的新思路新办法，引导和推动全党大兴调查研究之风。"①当前，检察机关正处于多重改革叠加、检察工作转型发展的关键时期。在新形势下，如何找准检察机关在新时代的定位、如何强化法律监督主责主业、实现转型创新发展，是摆在检察机关面前的重大课题，也是亟待解决的现实问题。

近日，中共中央办公厅印发《关于在全党大兴调查研究的工作方案》提出："必须坚持攻坚克难，发扬斗争精神，增强斗争本领，勇于涉险滩、破难题，知难而进、迎难而上，把调查研究成果转化为推进工作、战胜困难的实际成效。"这也使笔者深深的体会到，围绕检察工作中的问题开展调查研究，无论是对解决实际问题、提升检察工作水平，还是繁荣发展检察理论，都具有非常重要的意义，更是解决检察机关新时代新征程面临矛盾和问题的必然要求。

从《中共中央关于加强新时代检察机关法律监督工作的意见》到党的二十大，历史上首次将"加强检察机关法律监督工作"写入党的代表大会工作报告，以习近平同志为核心的党中央为沿着中国特色社会主义法治道路推进新时代检察工作做出了顶层设计、提供了科学指引，这是检察工作现代化最有力的保障和最大的底气。

调查研究是检察机关领导干部胜任本职、提高本领的基本途径。作为基层一

---

① 习近平：《在二十届中央政治局第四次集体学习时的讲话》（2023 年 3 月 30 日），载《求是》2023 年第 10 期。

线的检察长，我理所当然有责任、有义务带头积极主动探索创新，大兴调查研究之风，为检察机关现代化做出自己应有的贡献。近年来，南召县人民检察院在上级检察机关和地方党委的坚强领导下，积极发挥基层院的首创精神，围绕“互联网 + 检察”“智慧检务建设”“大数据监督”等方面进行了有益的理论研究基础和实践探索，特别是从 2021 年开始，我们持续进行智慧检务建设、大数据监督等方面的课题研究，始终关注检察机关信息化、智能化最新发展趋势，不断加大检察工作现代化的检察理论及应用研究工作，形成了一批新时期检察理论调研成果。

收入本书的是全院干警近年来撰写的优秀调研成果，其中包含最高人民检察院、河南省人民检察院已成功立项、结项的课题研究，大部分调研成果在全国核心期刊、知名期刊上发表。本书聚焦新时期检察工作现代化与检察案件管理信息化、智能化建设，结合基层检察实务，用数据和案例发现问题、剖析问题，充分发挥大数据对检察工作的支撑、推动和引领作用，提升案件管理水平，增强信息化智能化，助力检察工作在新时期的创新发展。囿于能力水平有限，错谬之处在所难免，敬请批评指正。

刘　涛

2023 年 4 月

目　录

上　篇
检察工作现代化探索

创新研究

能动探索

实践探索

上篇
检察工作现代化探索

创新研究

检察案件管理信息化智能化建设路径研究*

南召县人民检察院课题组

刘 涛 齐 晔 王 璇 李兴营**

摘 要 检察案件管理是检察机关法律监督工作的重要组成部分,也是检察工作高质量发展的重要保障。本课题以习近平新时代中国特色社会主义思想和习近平法治思想为指导,分析了新时代检察案件管理面临的新形势新任务新要求,探讨了检察案件管理信息化智能化建设的目标、原则和内容,结合现状,提出了构建科学高效的案件管理工作新格局的对策建议。本课题组认为,检察案件管理信息化智能化建设应以提升法律监督质量和效果为核心,以满足人民群众对公平正义的新期待为导向,以"科学化、智能化、人性化"为理念,以"四大检察""十大业务"的法律监督总体布局为依据,以业务数据分析研判为引领,以流程管理自动化、案件评查智能化、数据运用知识化、信息公开全息化、需求统筹结构化为重点,以"智慧案管"建设为治本之策,推动案件管理工作从局部管理向系统管理、从直线型管理向立体化管理、从个案管理向业务治理的提升①,助力检察工作高质量发展。

关键词 数字案管 信息化 智能化 大数据 人工智能

---

* 本课题为最高人民检察院检察案件管理理论研究 2023 年 2 月立项课题。

** 课题组成员:南召县人民检察院党组书记、检察长刘涛;南阳市人民检察院案管办主任齐晔;南召县人民检察院党组成员、综合业务部主任王璇;南召县人民检察院办公室主任李兴营。

① 申国军:《理论服务、引领案件管理实践的效果逐步显现——2021 年检察机关案件管理研究综述》,载《人民检察》2022 年第 4 期。

信息化、智能化和数字化是当今时代的发展趋势和主要特征，也是推动各行各业变革和进步的重要力量。中共中央《关于加强新时代检察机关法律监督工作的意见》(以下简称《意见》)中要求加强检察机关信息化、智能化建设，运用大数据、区块链等技术推进公安机关、检察机关、审判机关、司法行政机关等跨部门大数据协同办案，实现案件数据和办案信息网上流转，推进涉案财物规范管理和证据、案卷电子化共享①。根据这一要求，在当前科技飞速发展背景下，信息技术对案件管理工作的影响和促进作用被成倍地放大，检察机关在大数据时代如何利用信息化智能化手段提升检察案件管理的水平，是当前和今后一个时期检察改革和创新的重要课题。这既是检察机关适应新形势新任务的必然要求，也是提升检察履职能力现代化的重要途径。

一、检察案管信息化智能化建设的发展历程

案件管理制度最早起源于西方国家，在对抗制诉讼过程中，设置了大量权利性程序，法官消极中立，控辩对抗充分，使得诉讼活动的开展较为缓慢，司法成本过高、司法资源被极大浪费。② 最初人们认为通过增加办案人员可以解决司法效率不高的问题，但实践证明科学的管理才是解决司法办案效率低下等“顽瘴痼疾”的根本。其核心就在于管好案，并以此引申出来“以我管促都管”，由管好案向管案和管人并重。随着信息技术的发展，案件管理(以下简称案管)部门在探索管好案和管好人载体方法过程中，科学技术应用的作用日益凸显，以人的意识为主导，科技辅助司法办案活动，通过不断的升级换代，较好实现人工管理与科技管理的有机统一，有效推动了检察案管工作现代化步伐。

1. 传统模式下的检察案管信息化智能化建设侧重于案管部门在履行管理、监督、服务、参谋、评价等职能时，借助于信息系统和互联网技术，从受案阶段开始到案件归档结束，对相关的案件信息和司法办案全过程进行电子化处理，这些司法办案原始数据通过各类信息系统编译、分析之后，被解构成可识别、可利用和能进行“深加工”的服务于案管部门工作职责、提升服务保障质效的各类案管系统总和。其主要解决的是由“人工管案”向“科技管案”的转变，是科技管理从无到有、

---

① 中共中央《关于加强新时代检察机关法律监督工作的意见》，载 https://www.spp.gov.cn/tt/202108/t20210802_525619.shtml。

② 唐钰：《人民法院案件管理智能化机制研究》，载广西大学 2022 年法学硕士学位论文。

规范司法从点到面、决策分析从浅到深等需求的具体体现。

2. 智慧检务模式下的检察案管信息化智能化建设，是在已有成熟运行的各类案管信息化系统上，进行需求的拓展和升级改造，形成和“智慧办案”并驾齐驱的“智慧案管”体系。在建设应用过程中更加侧重于将司法办案活动信息化成果与案件管理自动化的高度融合，更加凸显各类信息化系统的智能性，从而进一步解放检察生产力，提升司法办案效率，提高办案质量；进一步提升监控预警能力，破解履职难题，更加客观全面地服务于决策参谋，推动案管部门业务中枢作用的形成并得到良好发挥。

3. 数字检察战略背景下的检察案管信息化智能化建设，其外延进一步延伸至“数字案管”范畴，其主要围绕新时代检察案管“科学管理、能动管理、智能管理”的要求，通过大数据、区块链、人工智能等最新前沿技术，将司法机关各类办案信息整合到一个综合应用平台中，植入智慧理念，并将监督规则内置到系统中，通过深耕司法办案大数据，优化、关联、整合、对比各类办案信息，自动实现对办案实体、办案程序、办案数据等项目的分析、评价和管理①，形成自动预警、自动推送、个案监控，类案监督、系统治理的模式，达到案管部门对“程序监督、实体监督、数据监督”等“三大监督”的智能化、数字化，切实发挥好案管部门“管好管理”的职能作用，持续强化好巩固案管部门业务中枢的定位。

二、加强检察案管信息化智能化建设的法理研究

检察案管向信息化智能化转变是案管部门主动适应司法改革和员额制改革的要求、积极回应新时代纵深推进依法治国需求的重要举措之一，具有坚实的法理基础。

（一）加强检察案管信息化智能化建设的经济学分析

1. 诉讼经济价值论。诉讼制度作为一个基本的社会建制，除了个人为解决涉及自身利益的纠纷而需要为其投入必要的资源外，作为一种在国家主持下的纠纷解决机制也需要国家资源的投入，其运作也存在诉讼成本与诉讼收益的问题。②

① 申国军：《“智慧案管”体系建设与实施路径》，载《人民检察》2021 年第 22 期。

② 左卫民：《刑事诉讼的经济分析——一个初步的探讨》，载中国诉讼法律网，http://www.procedurallaw.cn/info/1005/2376.htm。

但是，司法资源的稀缺性与易耗性，决定了国家在诉讼过程中总是力图以最少的诉讼资源投入来产出最大的案件解决数量。按照“用有效率的手段追逐一贯的目的”的原理，在处理相似案件或能达致相同结果的情况下，提高生产效率可以实现对诉讼资源的消耗更少。“科学技术是第一生产力”，案管部门作为检察机关诉讼过程的管理监督部门，利用科技手段、借助智能信息化系统规范办案程序、预警违规办案、缩短办案周期、实施案件考评等，不仅可以加强诉讼资源管理，还可以更好地优化诉讼流程，从而实现节约诉讼成本的目的。

2. 公正与效率统一论。公正与效率二者是现代诉讼制度所追求的基本价值目标，二者在本质上是统一的。但是在具体的司法过程中往往存在着公正与效率的矛盾冲突。经济学家亚当·斯密提出了“以效率为取向来评价法律制度，把效率作为衡量诉讼活动是否科学文明的重要尺度”的观点，并引申出了“公正在法律中的第二种涵义是效率”。据此，最高人民检察院认真贯彻习近平总书记全面依法治国新理念新思想新战略，增强“诉讼效率”理念，创造性地提出“案—件比”指标，作为衡量检察机关司法办案质效的“GDP”，实现公正与效率的统一。最高人民检察院检察长应勇指出，要“高质效办好每一个案件”，既要通过履职办案实现公平正义，也要让公平正义更好更快实现，还要让人民群众真正、切实“感受到”公平正义①。检察机关在受理关口、办理关口、起诉关口等各个环节，若缺乏合适的手段予以监督预警，致使案件长期处于“挂案”“超期”等状态，不仅会导致案件程序违规，错案率大幅提升，还会产生“惰性”，造成“案—件比”、审结率、办案周期等异常，借助科技手段加强管理能够实现对办案活动实时监督预警，既能够提升办案质量，更能够提升办案效率。

3. 科技要素驱动论。马克思在《资本论》中阐述了传统的生产力三要素，即劳动、劳动资料和劳动对象。随着工业革命的兴起，马克思又指出科学技术也是生产力的要素，并阐述为“科学和技术使执行职能的资本具有一种不以它的一定量为转移的扩张能力”，“科学作为独立的力量被并入劳动过程”。2020 年 3 月在《中共中央国务院关于构建更加完善的要素市场化配置体制机制的意见》中，把数据作为一种新型生产要素写入文件中，与土地、劳动力、资本、技术等传统要素并

---

① 巩宸宇：《以高质效法律监督促进执法司法公正维护公平正义》，载《检察日报》2023 年 3 月 18 日，第 1 版。

列为要素之一。[①] 但是，数据作为新型生产要素，只有流动、分享、加工处理才能创造价值，而其载体就是与管理要素相结合的各种信息化智能化系统。案管部门作为检察大数据的管理部门，通过构建与现代管理职能相融合的信息化智能化平台，深耕各类司法大数据，驱动检察监督高质量引擎，从而引领检察案管工作现代化发展，推动法治中国高标准落实。

（二）加强检察案管信息化智能化建设的法理分析

1. 实现实质正义。"一次犯罪不过污染了水流，而一次不公正的司法却污染了水源"。守护好公平公正这方"水源"是检察机关履行法律监督职责的重要使命。守护好实质正义意味着检察机关对案件事实的准确把握和对公正裁决的有效监督，并根据法律和证据事实，对犯罪嫌疑人或被告人进行公正的审查和起诉。但是，由于案件实体中涉及的内容较多，办案人员在进行司法活动中不可能面面俱到，对案件事实、证据的把关就有可能会遗漏关键的风险点。借助案管信息化智能化系统，及时对认知偏差定分止争，对不当行为发出预警，对办案质量进行智能化、常态性评查，通过反向审视，及时纠偏，努力让人民群众在每一个司法案件中感受到公平正义[②]。

2. 确保程序公正。程序公正是实现实质正义的关键手段。严格遵循法律规定的方式、时间步骤开展司法活动才会结出"公平公正的果实"。检察机关需要严格遵循法律规定的方式、时间步骤开展司法活动，确保在办理案件过程中遵守法定程序，不至于滥用职权或违反程序规定。借助智慧案管系统，强化对办案过程的全流程监控预警，确保以程序公正为实体公正提供良好保障。

3. 主动接受监督。监督者更应接受监督。《宪法》、《刑事诉讼法》、《人民检察院组织法》都强调了检察机关应当接受监督的义务。随着新时代监督主体、监督方式持续多元化，检察履职的公正性更应该以看得见的方式实现。只有通过透明、公开的检察履职，才能让司法脱离神秘，保障人民群众对检察履职进行客观的评价和监督，确保程序公正和实质正义的实现并对司法机关的公正性和权威性产生信任，维护社会的公平正义价值。检察案管信息化智能化体系的建立与发展，

① 丁显阳：《新兴领域立法取得突破性进展》，载《中国人大》2023 年第 2 期。

② 孙谦：《加强新时代检察机关法律监督　凝聚中国特色社会主义法治监督体系合力》，载《民主与法制》2022 年第 10 期。

能够最大限度地保障检察权履职以看得见的方式进行，更加主动的接受社会各界公众的监督，以公开促公正，保障实体公正的实现。

（三）加强检察案管信息化智能化建设的政策需求。

当前，“数字革命”以新理念、新业态、新模式全面融入各领域各行业，检察业务也迎来了数字化发展的红利。习近平总书记强调“推动大数据、人工智能等科技创新成果同司法工作深度融合”①，党中央在2021年6月出台的《中共中央关于加强新时代检察机关法律监督工作的意见》中，明确提出要加强检察机关信息化、智能化建设。在党的二十大会议上，党中央进一步提出要加快建设网络强国、数字中国，加快中国式法治现代化进程，促推更高水平“中国之治”，并强调“加强检察机关法律监督工作”，再一次赋予了检察机关更重的责任。面对党和国家对检察机关的新要求和新时代人民群众对提升监督能力、促进检察工作高质量发展的新期盼；面对案管履职过程中出现的新矛盾，案管部门作为检察机关的“中枢”和“管家”，必须及时转变理念，改进方式，积极探索在数字检察战略实施背景下，实现检察业务数据化向案件管理数字化转变的路径，提高检察案件管理的科学化、规范化、智能化水平，才能更好地服务于检察工作的创新发展和社会公平正义的实现。

三、加强案管信息化智能化建设对实现案管工作现代化的实践意义

近年来，案管部门主动适应新时代人民群众对检察工作的新需求，提出了检察案管工作“科学管理、能动管理、智能管理”的目标，并围绕这一目标积极开展探索研究。其中加强检察案件管理信息化智能化建设，就是探讨围绕检察机关实施数字检察战略背景下，如何运用信息技术手段，优化检察案件管理流程，提高检察案件管理效率，提高检察案件管理质量，实现“数字案管”与信息技术的深度融合和创新发展，推动检察案件管理信息化智能化建设取得实效，为新时代检察案管工作创新发展提供有力支撑。一是提高工作效率。通过信息化智能化建设，可以实现案件管理流程的数字化、自动化和智能化，减少烦琐的手动操作和重复劳动，

---

① 王禄生、孙慧芳：《检察大数据应用要克服“看不到，看不了，看不透” 加强大数据信息安全保障机制建设》，载《检察日报》2022年5月16日，第3版。

从而提高办案效率。二是优化资源配置。通过信息化系统，能够更好地统筹和调度案件资源，合理分配人力、物力和财力，提高资源利用效率，确保案件办理的公平公正。三是提升决策支持能力。信息化系统可以提供全面、准确、实时的案件数据和信息，为检察官提供决策支持，帮助其进行案件评估、分析和决策，提高决策的科学性和准确性。四是加强案件管理监督。信息化系统可以实现对案件管理过程的全程监控和追踪，提供监督机制和内部控制手段，减少操作失误和违规行为，增强对案件管理工作的监督能力。五是推动司法公正和透明。信息化系统能够促进案件信息的公开和共享，提高司法透明度，加强对案件的监督和评估，增强公众对司法机关的信任感。

总之，在当前数字检察战略纵深推进过程中，通过探索检察案管工作信息化智能化建设路径，确定未来案管工作智能化建设方向，对于对发挥好案管“中枢作用”，实现案管工作“管好管理”目标助力检察工作高质量发展，推动检察工作现代化建设具有重大而深远意义。

四、检察案管信息化智能化建设国内外现状

（一）国内案管工作信息化智能化建设现状

检察机关在落实习近平法治思想、推进法治中国进程中，面临着最复杂多样的法律监督任务，尤其是当前数字革命浪潮席卷各行各业的形势下，从思想上、手段上、方式上都必须与时俱进，适应社会发展需要。这就要求各级检察机关在新时代必须加快推进检察案管信息化智能化建设，实现案管的数字化、网络化、智能化。检察机关积极探索检察案管信息化智能化建设的实践路径，取得了一些有益经验。

一是推进统一业务应用系统 2.0 建设。最高人民检察院（以下简称最高检）在原有统一业务应用系统 1.0 的基础上，全面推进统一业务应用系统 2.0（以下简称 2.0 系统）建设和应用，实现了“四大检察”“十大业务”的全覆盖，形成了以“案—件比”为核心的业务评价体系和以“数据—知识比”为核心的数据运用体系。2.0 系统的建设和应用，极大地提高了检察案件管理的规范化、标准化、智能化水平，为检察机关提升办案质效、保障检察权规范行使、实现法律监督全覆盖提供了有力支撑。截至目前，全国检察机关通过统一业务应用系统办理案件 4400 万余件，通过互联网平台发布程序性信息 1242 万余条、重要案件信息 89 万余条，

公开法律文书530万余个,收集信访信息18万余条等①。二是探索智慧办案辅助平台建设。最高检积极推进智慧检务创新平台建设和应用,与清华大学等单位合作开发了智慧检务创新平台(以下简称创新平台),集成了视频云平台、融媒体平台等子系统,提供了视频会商、视频庭审、视频宣传等功能。创新平台的建设和应用,极大地提高了检察机关的工作效率和服务水平,为检察机关加强跨地域、跨部门的协作和沟通提供了有力支撑。目前,创新平台已在全国各级检察机关推广应用,实现了全国检察机关的视频互联互通,有效支持了检察机关开展重大案件会商、远程庭审、法治宣传等工作。三是广泛开展政法一体化办案系统建设。最高检牵头推进政法协同平台建设和应用,与最高人民法院、公安部、司法部等部门签署了数据交换和业务协同协议,建立了以"数字卷宗"为核心的跨部门数据交换和业务协同机制,实现了案件数据和办案信息网上流转,推进了涉案财物规范管理和证据、案卷电子化共享②。政法协同平台的建设和应用,极大地提高了检察机关与其他政法机关的沟通效率和办案效率,为检察机关加强嵌入式法律监督和智能辅助办案提供了有力支撑。目前,全国检察机关不同程度地开展政法协同平台建设和应用,已有20余个省市检察院完成政法共享协同平台建设,实现与法院、司法行政管理部门的数据交换和业务协同,线上协同收送案件100余万件(次)③。

(二)国外案件管理信息化智能化建设现状

国外检察制度的起源和发展是一个复杂而多样的过程,受到历史、政治、文化、法律等多种因素的影响,不同国家的检察机关有着不同的定位、职能、属性和权力。在美国,检察案件管理的信息化和智能化主要方向为利用技术和数据驱动的方法来提高法律系统内案件管理的效率、有效性和透明度。美国司法部专门建设了一个LIONS(Legal Information Office Network System,法律信息办公室网络系统,以前称PROMIS)系统,其允许美国检察官办公室和美国检察官执行办公室编译、维护和跟踪与被告、犯罪、指控、法庭事件和证人相关的信息。LIONS的成立和维护是为了跟踪提交给美国检察官办公室或由美国检察官办公室进行的案

① 张乐:《人工智能在司法实践中的角色和定位》,载吉林大学2021年法学硕士学位论文。

② 陈章:《大数据战略:为新时代检察注入强劲动能》,载《检察日报》2022年3月1日,第3版。

③ 最高检举行"加强检察信息化智能化建设提升新时代法律监督质效"发布会,载https://www.spp.gov.cn/spp/jcyyxt/xwfbh.shtml。

件和事项。LIONS 既是日常管理工具，也是诉讼援助和审查工具①。LIONS 与其他案件管理系统相比，其是根据美国检察官的需要和工作流程量身定做，它具有在线功能，可以从任何地方访问数据，它可以作为检察官的诉讼辅助工具和审查工具②。美国企业参与研发的 Spartan Prosecutor 系统，是较为领先的检察官案件管理系统（PCMS），专为起诉刑事案件的地区检察官和检察官办公室而设计。该系统简化了现有的业务流程，提高了检察官管理其工作量的能力。该系统自动化了许多耗时的手动流程，使地区检察官能够专注于处理他们的案件。该案件管理系统旨在跟踪案例的所有细节，为数据驱动的决策提供见解。除最基本的案件管理，报告管家等之外，还有对应的专业化模块，如少年案件管理，审前干预（PTI），没收，归还，无价值支票，受害者/证人模块和网络查询等。

在英国，信息化改革过程中，积极整合现有信息系统，统筹规划管理，形成一体化的管理系统。并且英国实现了司法全面信息化，他们将所有的诉讼文书、证据材料等转变为电子材料，案件信息统一以电子方式储存，并与法院等司法机关之间共享，实现通过一次存储就可以多次、多部门使用。

在德国，案件管理信息化与智能化改革中，形成了较为完备的法律体系，其颁布了《电子司法法》和《加强法院程序和检察署程序中使用视频技术的法律》。对电子法律交往、电子案卷等进行了规范，提出引入电子卷宗以从根本上改变司法机关的工作方式；赋予了律师、公证员以及官署等使用电子卷宗的义务③。

通过对国外案件管理系统建设的分析和考察，可以看出国外司法检察机关在行使与我国案件管理类似的职能中，其信息化智能化建设应用的主要层面包含以下几个方面：一是以立法形式保障案件管理信息化智能化的发展与完善。德国、英国等国家都从不同层面制定了相关法律，形成了较为完备的法律制度，为开展信息化智能化建设扫清了障碍，为案件管理良性健康发展保驾护航。二是注重互联互通和数据共享。如美国的数字证据管理系统，检察官利用专门的软件和系统

---

① U. S. Attorneys | Prosecutor's Management Information System. https://www. justice. gov/usao/resources/making - foia - request/major - information - systems/prosecutors - management - information - system

② ArtificialIntelligenceandCaseManagement：EmbracingTrans ... - LWW. https://journals. lww. com/professionalcasemanagementjournal/Fulltext/2021/11000/Artificial_Intelligence_and_Case_Management_. 7. aspx

③ 唐钰：《人民法院案件管理智能化机制研究》，载广西大学 2022 年法学硕士学位论文。

在法庭上安全地存储、组织、分析和展示数字证据。三是积极开展数据分析和预测建模。检察官采用数据分析技术和预测建模来分析大量案件数据。通过识别模式、趋势和相关性，检察官可以做出明智的决定、有效地分配资源并评估案件结果。四是强化远程案件管理，为了响应技术进步和不断变化的需求，检察机关越来越多地采用远程案件管理解决方案。这使检察官能够远程访问与案件相关的信息并执行基本任务，从而提高灵活性和效率。五是网络安全和数据保护，实施了强有力的网络安全措施，以保护敏感的案件信息免受未经授权的访问、破坏和网络威胁。加密、安全网络、访问控制和定期安全审计有助于保护数据的完整性和机密性。六是培训和技能发展，检察官接受培训和支持，以有效利用案件管理中实施的技术和工具，这确保他们具备在工作中利用技术并适应不断发展的数字进步的必要技能。

五、检察案管信息化智能化建设存在的问题

通过对国内外案件管理信息化智能化建设发展方向的考量，无论起步早晚，大家都围绕规范管理、提升效率、促进公开透明等方面，积极地推动案件管理向信息化、智能化、数字化的方向发展。最高检也通过加强统一业务应用系统、政法协同平台、智慧检务创新平台、智能化辅助办案系统等信息化智能化建设和应用，全国各级检察机关实现了信息资源共享共用、业务流程优化协同、数据运用知识服务等多个方面的突破和创新，为新时代检察工作高质量发展注入了强劲动能。同时，也要看到，尽管我国的检察案管在信息化和智能化建设方面取得了显著进展，但仍存在一些问题和挑战，主要有以下几个方面：

一是数据质量问题。数据是信息化和智能化建设的基础，但目前检察机关的数据质量还有待提高，存在数据不准确、不完整、不及时、不规范等问题，影响了数据的可靠性和可用性，也限制了数据的分析和应用效果。二是数据安全问题。数据是信息化和智能化建设的重要资源，也是检察机关履行法律监督职能的重要依据，但目前检察机关的数据安全还面临着一些风险和威胁，存在数据泄露、篡改、损毁等可能性，需要加强数据安全保障措施，防范和应对各种网络攻击。这一问题不仅存在于我国，在国外也同样面临着考验，如在 LIONS 系统建设中，美国司法部也明确提出了“数据质量和安全性可能因人为错误、系统故障或网络攻击而受到损害”“数据共享和整合可能会受到法律、道德或技术障碍的阻碍”等问题。

三是数据利用问题。数据是信息化和智能化建设的重要手段，也是检察机关提升办案质效和服务水平的重要途径，但目前检察机关的数据利用还不够充分和深入，存在数据孤岛、数据壁垒、数据浪费等现象，需要加强数据共享、协同、创新等工作，提高数据价值。美国在推进 LIONS 系统应用时，也提出了"要求检察官需要平衡使用数据和技术进行案件管理的收益和风险。检察官还需要与法官、辩护律师、执法机构、研究人员、倡导者和政策制定者等其他利益相关者合作，以确保以公平、合乎道德和有效的方式使用数据和技术。"四是人工智能技术问题。人工智能技术是信息化和智能化建设的重要支撑，也是检察机关实现智慧办案和智慧管理的重要工具，但目前检察机关运用人工智能技术还不够成熟和稳定，存在技术不精准、不适配、不可控等问题，需要加强人工智能技术研发、应用、监管等工作，提高技术水平。五是履职不适等问题凸显。随着社会经济的快速发展和法治建设的不断深化，检察案件管理面临着越来越多的挑战和问题，如案件数量增多、类型复杂、涉及领域广泛、办案难度加大、社会关注度提高，监督履职难题层出不穷等。在新时代新形势下，与人民群众的新期待相比，目前的检察案件管理信息化智能化系统还不能很好地适应检察职能履职需要，需要进一步加强研究和探索，不断提升检察案件管理的信息化智能化水平，更好地服务于新时代检察工作高质量发展，为新时代检察工作高质量发展提供坚强的管理保障。

六、"数字检察"时代推进案管工作信息化智能化建设路径的思考与探索

案管部门作为业务管理的中枢部门，围绕新时代强化监督与"管好管理"两大职能，在开展信息化智能化建设中，应当突出以数据为核心，以业务为导向，以效果为评价，以创新为动力，开展数据挖掘、数据分析、数据应用等方面的研究和实践，推动实现案管工作由目前的业务数据化向案件管理数字化转变。

（一）在顶层设计和战略规划层面，着重突出如下方面

1. 坚持高点定位，着力实现"五大目标"。数字检察背景下案管信息化智能化建设，要革新完善，适度超前，努力实现以下几个方面的目标：一是持续优化统一检察业务应用系统，实现数据采集、存储、传输、共享、分析等全流程管理。二是构建以业务数据分析研判为引领的业务指导体系，实现对司法办案的程序监督、实体监督和数据监督。三是构建以"模型化"为特征的业务评价体系，实现对司法办

案质效的科学评价和激励约束。四是构建以“智慧案管”为核心的业务管控体系，实现对司法办案流程的自动化、精细化、智能化管控。五是构建以“互联网+”为载体的外部监督体系，实现对司法办案公开透明度和社会满意度的提升。六是构建以“一站式”为特色的业务保障体系，实现对司法办案人员和诉讼参与人员的全方位服务。

2. 强化顶层设计，突出“三大原则”。数字检察时代，要推动检察案件管理信息化智能化建设务实管用、科学高效、具有前瞻性，要在顶层设计上做好引导规划。一是突出科学化原则。与案件管理信息化智能化有关的研究、开发、管理、应用等全过程应遵循客观规律，符合办案规律、管理规律、工作实际，把最终是不是提高了监督质效作为验证管理优劣的标准，避免一味追求科技的“高大上”或“一哄而上”。在论证选择方向时，重点围绕技术的先进性、稳定性、可靠性评估，反复对业务需求进行梳理、论证和完善，并专门建设业务需求管理平台，对各业务条线提出的流程管理需求、辅助办案需求逐一进行分析，并进行积极响应，进一步完善软件设计、健全系统功能。二是突出智能化原则。案件管理的智能化是以“数字案管”为代表的核心应用体系。在实施“数字案管”过程中，充分利用人工智能、大数据、区块链等新一代信息技术，实现对检察业务数据的采集、分析、应用，提高检察业务创新能力和监督效果。持续引导数据业务创新，让数据多跑路，检察干警和群众少跑腿，实现数据业务化，从而改变检察机关的办案模式，推动类案治理式监督。主动参与区块链高可信协同应用，通过构建区块链网络实现政法部门数据共享和信息互信，有力促进政法业务协同，为实现检察机关法律监督现代化奠定坚实基础。三是突出人性化原则。数字案管在秉承业务主导，与检察办案活动深度融合的前提下，还应当突出以人为中心。在建设案管信息化智能化系统时，应当坚持构建良好的人机互动关系、注重提升检察干警办案效率等方面入手，充分考虑习惯和操作便利性，在界面设计、功能布局、操作指引等方面做到简洁明了、直观友好。注重用户培训指导，加强对用户使用情况的跟踪反馈和问题解决，及时收集干警意见和建议，不断优化完善产品功能和性能。

3. 采取“三种模式”，筑牢数字案管“四梁八柱”。根据数字检察建设的总体目标和发展方向，未来检察案件管理信息化智能化建设可以采取以下运行模式。一是一体化运行模式。以统一业务应用系统为平台，完善数据采集、利用和管理机制，实现检察机关内部各业务条线、各层级机关之间的数据共享、业务协同、流程监控、质效评价等功能，形成上下一体、内外联动、指挥有力、协作密切、运转高效的工作格局。这种模式有利于提高检察案件管理的规范性、效率性和协同性，促进检察权依法正确行使，保障司法公正。二是智慧化运行模式。以人工智能、大数据、区块链等新技术为支撑，实现检察案件管理的智能辅助、智能分析、智能决策等功能，形成数据驱动、知识赋能、创新引领的工作机制。这种模式有利于提高检察案件管理的精准性、创新性和前瞻性，促进检察业务创新发展，提升法律监督质量和效果。三是开放化运行模式。开放化运行模式是指以信息公开为核心，实现检察案件管理的透明化、互动化、服务化等功能，形成党内监督、人民监督、舆论监督相结合的工作格局。这种模式有利于提高检察案件管理的公信力、参与度和满意度，促进检察机关与社会公众的沟通互动，增强人民群众对司法公正的信任感和获得感。

（二）在战术应用和短期突破方面，强化攻关助力科学管理实现新突破

在当前数字检察战略如火如荼开展过程中，案管部门通过站位全局、立足当前，超前谋划，以数字案管建设带动案管工作智能化建设，助推案管工作在强化案件科学管理、提升监督能力、促进社会治理能力提升等方面实现质新的飞跃。

1. 打通“数据壁垒”，实现业务管理与司法办案的双赢共赢。数据互通、内外共享作为实现“大数据战略”的基础性工程，案件管理工作在迈向信息化智能化过程中，针对大数据监督在实践中对数据普遍存在“看不到、看不了、看不透”的情况，要解决该问题，不仅要实现内外部数据的科学管理、共享互通，还要注重内部部门之间、上下级之间各类数据的互联互通。案管部门作为检察系统数据管理的职能部门，积极引导、建议信息技术部门通过技术创新和机制创新，解决数据孤岛问题。在此基础上，加强一体化机制建设，探索搭建与统一业务应用系统、办案数据共享的“数字案管”体系，形成四级联动、同向发力、内容丰富的检察案管的大数据监督“生态圈”，助力“四大检察”“十大业务”在监督、管理、质效等方面持续提升。

2. 践行“大数据战略”，实现人民群众对公平正义和高质量发展的新期盼。以案件管理部门为大数据中枢，紧紧把握“数字检察”这个关键变量，积极探索借助技术手段把“数据”转化为法律监督的“生产力”。把大数据作为推动高质量发展的重中之重，定期抓取数据、研究数据、充分激活数据，充分挖掘利用办案数据资

源，探索涵盖“四大检察”“十大业务”的案件质量主要评价指标体系，为保障业务高质量发展提供决策服务。做好数据应用管理工作，在案件管理中广泛应用大数据技术手段和方法，通过建立监督机制、内部控制手段和数据分析工具，对案件管理过程进行全程监控和追踪，减少操作失误和违规行为的发生，提高案件管理的透明度和公正性。围绕大数据“生产力”挖掘，探索更加人性化、智能化、差异化的统计分析系统。探索规范司法由事后评查发现问题模式向办案过程中的司法行为异常预警、办案活动和精准量刑智能化监督转变，借助智慧手段持续规范司法水平。

3. 重塑业务支撑模式，加快案管现代化建设，促进案管“中枢”职能作用发挥。围绕案管部门业务管理、数据分析、支撑保障三大职能，结合新时代检察工作高质量发展要求和深入推进“数字战略”实施，探索构建“大案管”格局，以专对专。围绕提升案管服务水平，通过对相关业务数据的分析，实现案件智能分流、办案全过程合规性自动评查，持续推进大数据在案管和监督中的职能发挥，同时坚持把办案“数据库”变成服务全院业务工作的“智慧大脑”，结合指标运行情况，全面准确展现阶段性工作成效与不足，有针对性地提出解决意见和措施。要围绕降低在业务分析、支撑保障等方面对第三方公司或软件开发方的依赖，把案管信息化智能化建设方向和未来趋势预判等由第三方主导变为检察机关自身主导、案管部门主导，并在市级以上设置专门的“业务支援中心”，专职对各类司法办案数据进行“精炼”，专门负责向业务部门提供办案过程中“想要的结果”，以减轻业务部门对自身技术方面素能要求的压力，让其“专心”办案、办精品案件。

4. 突出大数据赋能，提升参与社会治理能力。对内而言，要推动案件管理实现由“管事”向“管人”的转变。强调树牢系统观念、提升服务保障意识，坚持依托业务数据分析研判会商等机制。通过流程监控实时跟踪、动态监督，对每个检察官的办案数量、质量、效率的数据进行客观、准确地采集和汇总，形成涵盖办案数量、办案类型、办案周期等检察官个人办案情况的数据统计，定期以数表的形式展现出来，为员额检察官、检察官助理等办案能力进行精准“画像”，助推优胜劣汰，提升办案人员队伍素质。同时结合检察官业务考核要求，对检察官业务考核提供基础数据，对不同办案组之间的数值差异，对同一办案组在不同时间段的数值差异进行采集汇总，深度剖析研判后形成报告，为检察官个人成长提供参考值，为业绩考评工作提供情报，为领导决策提供支持①。对外部而言，充分发挥司法办案大数据“反向审视”的作用，借助大数据建模，聚焦服务大局的热点焦点、执法司法的突出问题、人民群众的热切期盼，建立检察机关和党委政府定期研讨机制，分析在推进法治建设中的新问题、对社会治理中发现的新动向和新情况及时发出预警，推动“沉睡”的案件数据转化为服务领导决策、推动社会治理的“活资源”，探索从个案办理、类案监督到系统治理的法律监督新路子，为参与平安建设、促进社会治理贡献检察力量。

（三）强化“五类”技术融入，助推案管智能化建设技术实现

一是强化自然语言处理（NLP）。其主要作用在于打通计算机和人类语言之间的“思维”的壁垒，通过使用语言规则、统计模型和机器学习技术来处理和理解文本数据，对办公办案过程中的文本分类、实体识别、情感分析和信息提取等任务进行处理，实现自主学习，凸显数字案管的智慧性。这方面典型的应用是当前ChatGPT的迅猛发展，其作为NLP领域的一种AI模型，代表了未来新一代人工智能技术的发展方向。在检察案件管理方面，NLP可以帮助检察机关处理和分析大量的文本数据，如法律文件、证据材料、调查记录、审查报告、各类言词证据等，以提取相关信息并确定模式，总结案件细节。这些信息可用于建立对案件的更好理解，确定潜在线索，并制定案件策略。

二是强化数据挖掘与分析。立足类案监督、自动预警，通过建立预测模型，使用统计分析、机器学习算法和数据挖掘来发现大量案件相关数据中的模式、关联和趋势，并根据历史案件数据和特定的案件特征，预测案件的走向和可能的结果。通过应用这些技术，可以对大量的案件数据进行深入分析，发现隐藏的模式、趋势和关联性，办案人员可以深入了解影响案件结果的因素，确定犯罪行为的模式，并做出数据驱动的决策。通过该技术用于确定案件的优先次序，分配资源，并制定案件管理战略，有助于为检察工作提供更精确的决策支持，辅助案件评估、资源分配和预测案件结果。

三是强化自动化流程与机器辅助办案应用。在纵深推进数字案管进程中，既

---

① 邹莹莹、胡秀红：《检察大数据与案件管理职能之关系——以海峡两岸司法大数据应用比较为基础》，载《人民检察》2018年第22期。

要关注提升数据分析能力的技术,也要兼顾辅助办案技术在提升司法办案质效方面的作用。自动化流程和机器辅助办案技术可以应用于案件管理中的烦琐和重复性任务。通过将重复性和基于规则的任务自动化,交给机器去处理,如案卡录入、案件的分类、归档和预警,进而解决当前"事多人少履职难"等问题。同时,通过协助案管部门进行日常事务处理和文件处理,案件分配、风险评估和判刑建议,促进案管职能发挥能够专注于案件管理中更复杂和更具战略性的方面。

四是强化智能搜索和类案分析技术的攻关。数字案管作为数字检察的一部分,应当充分考虑基层检察机关"信息不透明"带来的履职困难,通过构建融入统一业务应用系统、报表系统的智能搜索和类案推荐平台,可以帮助检察机关快速准确地获取所需的法律、法规、判例和相关案件信息。这些技术基于语义理解和算法模型,既可以提供个性化的搜索结果和相关文献推荐,提高检察机关的信息检索效率和质量。也可以用来根据当前案件的事实,向检察官推荐类似的案件,从而帮助检察官确定相关的法律先例并制定案件策略。

五是强化人工智能服务决策作用的发挥。通过对办案人员办案活动的分析,根据相关法律和先例分析案件事实,确定案件的潜在风险点,为办案人员提出建议,通过数据积累甚至勾勒检察官全景画像,为人工智能办案和防控办案风险等打下数据基础①。围绕案管"中枢"作用发挥,在现有报表系统的基础上,进一步增加人工智能技术的融入,借助人工智能技术来协助案管部门进行案件分析、案件评查和决策支撑。

① 申国军:《"智慧案管"体系建设与实施路径》,载《人民检察》2021 年第 22 期。

运用大数据技术提升检察监督能力研究*

南召县人民检察院课题组

王　璇　李兴营**

当前,“数字革命”正以新理念、新业态、新模式全面融入各领域各行业。习近平总书记强调指出:“谁掌握了大数据,谁就掌握了主动权,”①在 2021 年 10 月召开的河南省十一次党代会,河南省委把数字化转型作为“十大战略”之一作出重大部署。检察机关也在这场“革命”中顺势而为,主动融入。最高人民检察院提出了“以检察大数据战略引领检察工作高质量发展”的要求,鼓励各级检察机关抓住数字化发展红利,抢占新赛道,抢滩新蓝海,努力实现监督能力的新突破。河南省人民检察院党组高度重视智慧检察建设,把数字检察作为全省检察机关赢得优势、赢得主动、赢得未来的战略之举,积极的响应准备,有效地推动了河南检察机关借力科技使监督能力大幅提升。要充分挖掘、运用好大数据,努力实现监督能力和监督质效的“双提升”。

一、运用大数据提升监督能力现状

2022 年以来,全省检察机关智慧检务建设和大数据监督水平明显提高,自主创新能力显著增强,大数据监督模型实现倍增,大数据技术在提升监督能力水平、推动检察工作高质量发展中的作用和成效日益明显。

一是强化顶层设计,持续增强大数据战略在提升法律监督能力中的地位。用

---

* 2022 年度河南省人民检察院理论研究立项课题。

** 课题组成员:南召县人民检察院党组成员、综合业务部主任王璇;南召县人民检察院办公室主任李兴营。

① 本报评论员:《用好大数据,开创法律监督新格局》,载《检察日报》2022 年 5 月 24 日,第 1 版。

好大数据开展法律监督，是顺应时代潮流、自觉能动履职、维护公平正义的必然要求。因此，做好新时代检察工作的“数字化”，是推动新时代检察工作高质量发展的“必答题”。河南省人民检察院始终坚持把数字检察建设应用作为深化检察大数据战略实施、驱动新时代法律监督整体提质增效的重要手段，对照对标省委“一屏掌控、一键智达、一览无余”的要求，高瞻远瞩的在全省范围内部署实施“检察大数据战略”，出台《河南数字检察建设三年规划》，成立“数字检察专班”，多次召开专题会议，研究推进数字检察战略实施，推动新时代全省法律监督整体提质增效。市、县各级检察机关积极响应省院号召，围绕运用大数据提升法律监督质效作为“一把手工程”强力推进，围绕“为什么做”“做什么”“怎么做”广泛开展头脑风暴，有效促进了全省数字检察战略的落地落实。对基层院而言，更是抓住这难得的机遇，充分发挥基层院首创精神，积极解决监督办案中的难点堵点。以笔者所在的基层院为例，立足数据赋能，主动分析研判智慧检务最新发展趋势，通过每年建设一批、论证一批，构建“易”办案、“慧”监督、“善”服务的智慧检务监督模型。如该院创新“分流”技术，借助公安机关监控系统，在不增加前端投入的基础上，建立了全市首家监区异常行为智能分析同步存储系统，实现对各个监区牢头狱霸、虐待体罚等行为的智能监督，解决了依赖公安机关授权才能开展执检监督“卡脖子”的问题，得到了上级领导的充分肯定。

二是加大技术创新，推动破解大数据应用系统共享共融等难题。大数据战略实施以来，我们按照检察大数据“三步走”的战略目标的要求，先后完成了最高人民检察院和省级检察大数据中心建设，建立了数据收集、存储、分析的相关机制，形成了以类案推送、量刑建议、决策支持等各项应用需求为“点”，以司法办案、管理决策、服务保障等业务需求为“线”，以服务深化司法体制改革和检察改革为“面”，“点线面”相结合、立体化、全覆盖的监督应用体系框架。完成了统一业务应用系统1.0、1.5向2.0的融合，实现了检察统计分析系统2.0的升级，运用大数据碰撞、比对、分析、辅助决策的能力进一步提升、促进了法律监督质效的飞跃。就全省范围内来说，在省院党组的大力支持和推动下，完成了省、市、县三级政法协同平台建设和应用，积极推动全省各级政法部门网络信息资源整合共享，进一步打破了信息孤岛、数据壁垒，实现了政法网络互联互通，数据融通共用。同时，围绕打通与行政执法部门的数据壁垒，省院进一步加强了与行政审批政务信息管理局、政务大数据中心的沟通协调，积极与各类数据平台合作，有力推动了双边信息数据交换合作的步伐。在省院的示范带动下，南阳市人民检察院也主动履职，各县区在市院的统一指导下，积极推动已建智慧检务系统的融合，努力实现“一网通达”。如2022年7月，全市检察机关打通了远程提审、远程庭审、远程送达之间的网络壁垒，实现了检察机关、法院、看守所之间开展业务工作同网办案、“一键智联”。建立了全市统一的公益诉讼指挥中心，通过汇集所辖基层院的公益诉讼实验室，形成中心带动、辐射周边的模式，极大的提升了全市公益诉讼线索的发现、研判能力。南召县人民检察院也完成了“远程庭审、远程提审、公开听证和认罪认罚同步录音录像系统智慧互通”“检委会子系统跨平台智能化改造”等一批紧贴工作、务实管用、具有基层院特色的智慧检务系统，在极大的节约了软硬件建设成本的同时，为办案部门开展远程监督、大数据监督提供了有力的支撑保障。

三是突出引领带动，助推“四大检察”大数据监督体系不断丰富。大数据应用于司法办案，从公检法各部门的实践来看，主要集中在两个方面：其一是侦查和预防犯罪，其二是协同办案、类案监督和智能评价。就利用大数据提高监督能力这方面来讲，全省各地市都在积极的进行探索，大数据法律监督应用呈现出百花齐放的效果。南阳检察机关也积极践行数字检察战略，先后围绕服务决策、规范办案等需求，市院带领宛城等县区院开发了案件质量评价指标体系，利用大数据思维和技术，对全市当年所有的办案数据进行了整合、挖掘和利用，实时展示每个县区、每位办案人员的办案成效和监督水平，确保大家既“埋头拉车”，又“抬头看路”。就“十大业务”来说，各县区院在市院的统一指挥下，充分发挥基层院的首创精神。南召县院研发了刑事案件精准化量刑建议及判决公正性评估系统，通过与裁判文书网、中国执行信息公开网等类案结果进行比对，有效解决了刑事案件办理中、办理后的监督难题，进一步拓展了抗诉案件案源。镇平县院围绕提升未成年人工作监督质效，探索了“涉罪错未成年人分级处遇信息平台”，对公、检、法等各个环节办理的未成年人案件数据、信息进行融合、共享，有效推动了涉未成年人案件的精细化处理。南召县院还立足山区生态保护任务较重的特点，与行政执法部门合作，探索了基于卫星遥感的林矿生态修复与生态保护应用系统，将卫星数据、自然资源局规划数据和无人机数据等融合、碰撞、比对，从而发现违法行为，同时，还将所获取的数据及时与市院的公益诉讼指挥中心对接，实现了大数据赋能、一体化联动、实质化运行，发挥公益诉讼办案的“中枢”系统最大效能。

二、当前运用大数据提升监督能力存在的短板及不足

当前虽然在推动大数据监督上已经取得了很大的进展，但通过近两年的应用和实践，发现还有以下几个方面的短板和不足。

一是对大数据法律监督的概念存在认识偏差。运用大数据提升监督能力，是对司法办案中产生各类数据的提取、凝练、分析，找出客观规律的一个过程，是信息化或智慧检务的二次升华。但在运用大数据提升监督能力的实践过程中，普遍存在以下三种错误的认识：其一，与辅助办案混为一谈。如在数字检察战略实施以前，视频会议、办公 OA 系统或其他电子证据勘查等辅助办案工具，主要是用于收集线索或对已有线索进行进一步调查，无法发现具有相同特征的批量类案，这些虽然是提升检察机关智能化、信息化水平的重要载体，但其本质上，仍是单一的、孤立的信息系统，与大数据监督有明显区别。其二，与事后统计混为一谈。如单纯统计数据仅用于专题调研或趋势预测，不能从数据中发现未知线索。虽然统计分析已经具备了大数据监督的雏形，但是其主要依赖已经规律化的数据进行"加工"，缺乏数据之间的碰撞、比对，寻找数据背后隐藏的司法办案规律或问题的能力，分析层次较低，分析能力相对薄弱，简单的通过图表化展示数据，并不算真正意义的大数据监督。其三，与数字化档案和电子卷宗混为一谈。目前在统一业务应用系统中，已经实现了电子卷宗的共享、在公安机关、法院等部门已经实现了跨平台电子卷宗移送，这有助于检察机关在办案过程中通过分析办案数据发现案件遗漏、错误，在对内监督办案、提升质效等方面，起到了一定的作用，但是单纯的电子卷宗或数字化扫描后的档案，只是实现了大数据的"堆砌"，数据尚未转化为提升监督能力的"生产力"，因此也并不是真正意义上的大数据监督。

二是大数据监督模型的数量与质量距离办案人员的期望还有差距。就四大检察而言，大数据监督运用发展不平衡，刑事检察业务因社会关注度较高，可切入的面也比较多，在开展大数据监督过程中，产品相对较为丰富。公益诉讼工作作为后起之秀，也推出了一系列基于公益诉讼指挥中心的大数据应用体系。而行政检察因涉及行政执法单位等第三方数据较多，数据共享机制尚不健全，外部数据获取较为困难，在一定程度上影响了大数据监督系统的推广，民事检察因民事类案件案情复杂，"变量"相对较多，导致大数据监督的"碰撞"分析算法较为复杂，整体建模数量就更少。而现有的检察大数据分析主要以服务考评工作为主，主要

用来核验司法办案情况，而对于多发案件和新型、疑难案件的分析决策、类案监督、调整惩防重点等更深层次的挖掘上，涉足的较少。因此，四大检察在运用大数据提升监督能力方面，应用参差不齐，监督效果也差强人意。同时，在开展大数据监督建模的过程中，往往需要通过要素筛查、数据碰撞、关联分析、异常统计等方法，去了解掌握融入办案的各个环节。而部分办案人员将大数据法律监督简单理解成计算机在监督、人工智能在监督，只要交给检察技术部门研发就行，缺少清晰化的需求和必要的配合，导致信息技术部门人员"巧妇难为无米之炊"，仅能凭借对业务部门"一知半解"的需求进行边开发边试用，研用脱节导致开发的产品与部门的需求两张皮，甚至是两条道，导致业务部门使用效果体验较差，开发出的大数据监督模型，与业务部门的实际需求也相差较大。

三是数据需求与资源管控的冲突，影响基层首创精神的发挥。实施检察大数据战略的重要条件就是要实现数据共享关联，通过从数十万件、数百万件案件中检索出有效线索，最终找出社会治理中的漏洞，这对优化法律监督模型，贯通各类监督，最终实现社会溯源治理具有重要意义。而实际应用中，大数据监督在运行中对数据普遍存在"看不到、看不了、看不透"。而"看不到"，主要指的就是数据壁垒，这种数据壁垒不仅体现在检察机关与外部机关之间，在检察内部，数据作为一种资源，在服务基层司法办案活动中也存在不少障碍。如检察系统内的办案数据归集机制为基层院到省院，省院作为中转站，定期向最高检汇集。在这种模式下，省级院作为数据中转站，数据的使用管理权限集中在省级院，基层院对数据资源几乎没有任何"处置权"，仅能通过统一业务系统内置的几个数据查询决策模块进行简单的数据汇总分析。作为办案主体和创新主体，基层院对大数据监督的需求数量占到80%以上，但是基层院在利用大数据监督时，却无分析数据的权限，且调取涉案数据的过程手续庞杂、费时费力，即便是向上级申请，也往往因为保密、安全等因素，不会被轻易开放或授权。目前这种数据资源与需求关系的倒置，形成了一个倒立金字塔，基层院在进行大数据分析时"欲而不得"，也只能寄托于省院统一开发。从某种意义上说，省级院对数据资源的管理理念和数据接口的开放程度，决定了基层院开展大数据监督的广度和深度。

四是大数据监督系统运用与支撑服务相对"脱节"，造成大数据监督"吸引力"不足。在当前的建设管理模式下，大数据监督主要是以信息技术部门负责建设，建设完成后交付业务部门使用，从开发到投入使用的周期范围内，业务部门和信息技术部门交互力度不够,人机结合达不到有机统一。往往是开发建设阶段业务部门"漠不关心",交付使用后信息技术部门又"高枕无忧"。这也容易导致开发建设过程中的一些不便捷的操作变相转移到办案人员手中,使业务部门对大数据监督系统的使用过程,变得较为复杂。使用和支撑的脱节,导致办案人又要当侦查员又要当技术员,在案多人少矛盾的加持下,业务部门利用大数据系统提升监督能力的积极性受到较大影响,"要我用"向"我要用"的转变过程相对缓慢。同时,在当前考评模式导向下,"数字检察"的推进任务主要在信息技术部门,对于其他配合的业务部门的同志来说只是徒增工作量,考核上没有太大益处,如何公平公正对各条线检察人员的工作进行评价将影响监督线索进一步成案。因此,案管部门必须秉持符合规律、体现实绩的原则,设置更加科学、更加灵活的机制,不论是自创还是应用推广的监督模型,积极应用模型办出批量类案,才是真正实施大数据法律监督工作。

三、运用大数据提升监督能力的对策及建议

(一)立足解放思想,创新技术,全面破除数据壁垒

数据的价值在于利用,在当前主要业务数据迁移到检察工作网后,检察办案数据的保密等级已经降低为秘密级或工作秘密级,为检察机关内部开放数据解除了关键一步的限制。因此,技术部门在支持业务部门开展大数据监督过程中,一要解放思想,在数据共享开放和保密安全的思考和权衡上进行探索和创新,大胆的开放数据、共享应用,主动拆除"数字烟囱"、打破"数字孤岛",为大数据与检察工作的深度融合创造条件。二要创新技术,在实现检察机关与兄弟政法单位、行政机关执法数据共享的过程中,不仅需要在机制上有保障,还要在技术上可操作。具体而言,对于外部数据的共享,要充分利用市、县大数据管理局的作用,主动与大数据管理局进行对接、引流,从而实现数据的共享融合。对于检察内部司法办案数据,上级院可以通过部署数据服务交换站,在数据中心和各级检察院之间架起数据交换的安全通道,通过"间接接触"原则加大对数据接口的开放程度。通过这种不直接接触数据中心的方式来保障数据中心的内部结构不会被外部直接访问和探测,既有效增加数据中心数据的保密性和安全性,又向下级间接开放了数据接口,有效解决了智慧检务建设过程中的数据共享"瓶颈"和安全隐患。三要进一步下放数据管理权限。目前检察数据的管理权限集中在省级院,下级院在借助

统一业务应用系统或报表系统进行大数据监督或建模的时候，首先要考虑的就是数据是否被允许“调阅和引用”，在当前机制下，数据使用审批程序复杂，周期过长，严重影响了下级院利用大数据开展监督的积极性。因此，对司法办案产生的数据，应当采取分级管控、分级审批原则进行管理。将市县两级院的办案大数据的使用范围、应用点审批权限下放至市级院，由各市统筹本级司法办案数据的审批，省级院“简政放权”，开放相应的数据库接口，从而实现因地制宜、统分结合，为提升大数据监督能力创造有利的条件。

（二）坚持大数据赋能，点面结合，系统挖掘大数据监督的“智慧性”和“生产力”

数字检察推动法律监督模式系统性重塑变革，核心要义就是“数字赋能监督，监督促进治理”。一是以类案监督为核心构建精准公正的办案监督样本库。在当前河南省数字检察从“跟跑”到“并跑”再到“领跑”这一关键时期的跨越，数字赋能主要体现在由个案辅助转向类案监督，化繁为简，小处入手，以点带面的进行突破。如针对刑事案件量刑建议精准化，省院每年都会联合省高法，出台量刑指导意见，对常见罪名及相关情节，为办案人员提出量刑建议及参考依据。虽然指导意见中对许多量刑情节的量刑幅度作出了比较详尽的规定，但当一个案件有数个量刑情节时，且数个情节有多种可能的组合的情况下，精准量刑就可能存在出入。围绕把纸面上的监督变成更加智能化的系统监督，通过建立基于司法大数据的常见犯罪量刑预测监督样本库，以犯罪事实的法律特征为标准，立足案件事实和法律条文，根据法律要素之间的关联实现案件与典型案例、指导案例的关联，实现案件与其他相关典型案例、参阅案例和经典案例之间的联系，然后利用人工智能，通过大数据碰撞，对相似案件的分析，比对历史裁判的量刑结果，并根据检察官对当前案件作出的量刑建议和对应的法院判决结果，将不确定因素的排列组合控制到最小，然后依据既定的规则，分析出当前案件的量刑建议，从而保障量刑建议的精准和公正。二是进一步提升大数据的挖掘和建模能力。大数据监督模型好比数据的“过滤器”和“反应堆”，其功能就是从海量的数据中淘出有价值的数据，将其碰撞形成监督线索。因此，在大数据应用系统建设过程中，一方面要以统一业务应用系统形成的大数据为基础和核心，围绕法律法规新变化、信息技术新发展、业务部门新需求、检察机关新职能，加强与统一业务应用系统配套功能的拓展和计算能力的提升，努力实现检察大数据由简单向复杂、由低维向多维进行增值挖掘。另一方面要加强与其他执法司法信息资源的对接，充分发挥基层院的自主创新能力，积极研发提升各项检察业务智能化程度的应用，努力实现系统内外数据的多元立体交互，从而大力提升运用大数据在快速检索、分析甄别、趋势发现、预警预测、评估研判、辅助决策等智能服务的计算分析能力，提高司法办案专业化、智能化的程度。三是建设先进的数据治理体系。时任最高人民检察院检察长张军指出“业务数据化”只是数字检察建设的第一步，更重要的是实现“数据业务化”。为此，在司法办案中我们要围绕实现政治效果、法律效果、社会效果的统一，根据经济社会高质量发展、法律监督的深层次需求，通过广泛拓展数据来源，汇聚形成丰富多元的大数据资源池，建立完善基础库、主题库、专题库。提升数据治理能力，构建数据质量保障体系，通过大数据关联分析、深度挖掘，为强化法律监督、深化能动履职、做实诉源治理提供的线索、依据，推动传统的监督办案模式由个案向类案、由被动向主动、由办理向治理转变的深刻变革。

（三）构建“大技术”格局，以专对专，实现大数据监督体系由“单兵作战”向“综合指挥”的转变

在检察工作由传统的人工办案向人机结合、智能化办案转变过程中，对办案人员综合素能、信息技术部门支撑保障的专业化程度和工作模式也提出了新的要求。

一是加强信息技术职能整合，构建“大技术”支撑服务保障团队。在数字检察时代，检察机关技术信息部门职能从传统的技术设施建设、信息化网络系统建设、检验鉴定技术支持工作等职能，延伸出了数字检察需求摸排、项目规划、开发实施和支撑服务等新的要求。为了快速推进大数据战略，最高检成立了“数字检察办公室”，省市县各级也成立了技术信息部门牵头的“数字检察专班”，负责数字检察工作的设计、综合协调和监督模型的开发培育、总结推广。这种工作模式下，对数字检察战略实施起到了一定的推进作用，但从长远上看，各个组成部门对开展大数据监督，在专业领域人员组成上，存在“拼凑”情况，对推进大数据监督运用，存在一定的“兼职”思想，容易造成工作合力不足。更为重要的是，其职能设置，普遍存在重视“前端”建设而轻视“后端”支撑服务，尤其是涉及一些与开发的监督模型既定思路不一致或者业务需求存在较大变量的时候，其业务支撑，更显得“力不

从心”。因此，在“数字检察”项目实施过程中，必须将这种分散的、局部的职能进行整合，形成系统、统一、专业、科学的职能分工，全面覆盖大数据监督调研准备、开发建设、支撑服务各个阶段。

二是加强大数据监督前端管理工作，推动流程再造，理顺保障关系。在推动数字检察战略实施的过程中，涉及内外部数据整合、系统建设、经费保障等多重关系的处理，因此在开展该项工作过程中，既要充分运用已有政策，充分借势，促进大数据监督项目建设规范高效有序，又要立足实际，避免“一哄而上”、重复建设。在内外部数据整合上，要坚持作为“一把手”工程，大员上前，加大力度，构建机制，畅通渠道，解决信息孤岛、数据共享的问题。在系统建设过程中，必须坚持以需求为导向，明确业务部门在需求提出、人机结合、常态化应用等方面的配合义务，避免拼凑、应付思想。在数字检察考评中加入对业务部门使用情况、使用效果的考评，引导业务部门树牢“大数据”思维，提升其对大数据监督系统使用的积极性。要坚持业务技术“一盘棋”思想，进一步明确新建大数据监督项目由技术信息主管部门对业务部门的需求进行充分调研和论证、制定完备的建设方案后，相关功能必须经业务部门认可后，方可交付计财部门实施采购，确保大数据监督模型建设后贴合实际、务实管用、稳定运行。在经费保障来源上，要打破保障壁垒，树立全院“大保障”的总体思想，将所需费用纳入全院的经费保障计划当中，避免“各自为战”“谁投资谁说了算”的现状。

三是推动支撑服务模式变革，提升数字检察“后端”支撑专业化程度。大数据检察监督的核心已不是以前的监管模式，而是将收集到的信息进行分解，借助信息技术和大数据监督模型，开展调查、审查、研究的跨部门整合协作的一体化运作，可以说，技术支撑系统已经成为数字检察战略实施的基本保障，决定着大数据监督能力的质量和效率。目前检察机关的支撑服务，主要集中在网络保障、软硬件稳定运行等方面，而对业务部门提升监督能力的需求的保障方面，因缺乏技术、法律都精通的“双料”人才，其保障基本上处于“真空”地带。因此，要围绕降低在业务分析、支撑保障等方面对第三方公司或软件开发方的依赖度，把数字检察项目建设方向由第三方主导变为检察机关自身主导，适时的把“办公室”“专班”这种临时机构的职能逐步的与技术信息部门、案管部门融合，并在市级以上设置专门的“业务支援中心”，专职对各类司法办案数据进行“精炼”，专门负责向业务部门提供办案过程中“想要的结果”，减轻业务部门对自身技术方面素能要求的压力,让其“专心”办案、办精品案件。

四是加快复合型人才的培养输出,推动形成大数据监督“研学用”一体的良性循环模式。今后一个时期是数字检察战略实施的关键时期,也是检察机关巧借东风、提升大数据监督能力的关键机遇期,围绕大数据监督业务需求—调研定型—建设开发—支撑保障—使用反馈—完善提升的良性循环模式建立,实现更加符合检察工作实际的人机互补、业务部门与技术部门互动、干警技能掌握与监督能力持续提升的效果,除了需要建设覆盖“四大检察”“十大业务”高质量的大数据监督模型外,更需要既精通法律又掌握大数据技术的复合型人才作为强有力的支撑。一方面,在招录、遴选过程中,加大“大数据 + 法学”复合型人才的引进力度,吸引具有交叉学科背景的实战型高端法治人才加入检察队伍。另一方面,加大对干警交叉培训、同堂培训的力度,出台激励措施,鼓励干警通过在职教育、选修第二学位等方式,致力于培养一批既懂技术又懂法学的复合型人才。同时要加强对专业技术人员的统筹管理,建立省市“大数据专家人才库”,对入库人员,按照人才“一体化”机制建设要求,把对其的管理上提一级或统一调配,使之“既来之则安之”,避免专业人才流失或岗位缺乏稳定性造成检察大数据建设应用成为“无本之木”。同时,可以借鉴职务犯罪案件侦查、办案一体化工作模式,在业务部门尤其是内勤岗位,配备一批既懂办案又懂技术的复合型人才,作为提升各个业务部门大数据监督能力的“支点”,撬动各个部门树牢大数据思维,促进掌握大数据监督技术,为全面协调、充分履行检察职能插上科技的“翅膀”,助推检察工作增动力、强活力。

未成年人犯罪适用认罪认罚从宽制度研究*

南召县人民检察院课题组

韩　超　刘志伟　邢进生　王　璇　朱海滨

肖　肖　何　通　王英爽　邓　聪**

第一章　未成年人犯罪适用认罪认罚从宽制度概述

第一节　未成年人犯罪与认罪认罚从宽制度相关概念

一、未成年人犯罪概念厘清

未成年人犯罪的英文往往翻译为"juvenile delinquency"(少年犯罪),指未成年人实施的犯罪行为。"delinquency"更多翻译为"不法行为",不法行为不仅包括犯罪行为,还包括违法行为(犯错行为),合称为"罪错行为"。因此,未成年人犯罪有其自身的羁束概念,也有扩展的自由概念。

(一)羁束概念

未成年人犯罪的羁束概念(狭义概念)仅局限于犯罪本身,不包括违法行为。① 在当前我国刑事法律体系下,未成年人犯罪的羁束概念是12—18周岁的人

---

* 2021年最高人民检察院理论研究立项课题。

** 课题组成员:原南召县人民检察院检察长韩超;北京师范大学刑事法律科学研究院副院长刘志伟;南阳市人民检察院三级检察官助理邢进生;南召县人民检察院党组成员、综合业务部主任王璇;南召县人民检察院四级主任科员朱海滨;郑州外国语学校高中部英语教师肖肖;镇平县人民检察院科员何通;卧龙区人民检察院书记员王英爽;淅川县人民检察院检察官助理邓聪。

① 管晓静:《"未成年人犯罪"概念之我见》,载《山西高等学校社会科学学报》2006年第1期。

实施违反刑事法律,应负刑事责任的行为。《刑法修正案(十一)》生效后,我国刑事责任年龄也相应地降低到了12周岁。但也有的省市有特别规定,如我国香港特别行政区规定相对刑事责任年龄(7—14周岁),此年龄阶段的未成年人若犯严重罪行(如谋杀等)将以普通法律进行规范,与成年人同等对待。我国澳门特别行政区规定未成年人犯罪是指16—18周岁的人实施的犯罪行为,16周岁以下人的行为,不可归责。我国台湾地区规定12—18周岁的人实施的犯罪行为,则为"少年犯罪"。① 域外采羁束概念是以大陆法系国家为代表,如德国和俄罗斯排除了未成年人的身份,严格按照刑事法律的规定进行处理,认为未成年人犯罪指14—18周岁的人实施应受刑事处罚的行为。

(二)自由概念

未成年人犯罪的自由概念(广义概念)不仅局限于犯罪本身,还包括违法行为。有学者认为还包括违反道德规范的行为,②但成年人违反道德的行为并不会受到法律惩罚,如果将仅违反道德,没有违反行政法律的行为定义为犯罪,显然过大地扩大了犯罪的外延。因此,未成年人犯罪的自由概念应是不满18周岁的人实施违反行政或刑事法律行为。

二、认罪认罚从宽制度法释义学分析

"完善刑事诉讼中认罪认罚从宽制度"的改革任务是在十八届四中全会《中共中央关于全面推进依法治国若干重大问题的决定》(以下简称《决定》)中提出的,其中之所以用"完善"而不是"建立",是因为认罪认罚从宽的精神在我国刑事司法中一直都有所体现,也是我国刑事司法一直坚持的刑事政策。

(一)认罪

关于认罪的概念争论颇多,总结来看基本可分为三种观点,即对指控的基本事实承认与否、对构成的犯罪认可与否以及对指控的罪名认可与否。有的学者认为,认罪就是认事实。有的学者认为,认罪同时要求对事实、性质的认可,不含对

---

① 田宏杰:《中国内地与港、澳、台地区未成年人犯罪概念之比较研究》,载《中央政法管理干部学院学报》2001年第3期。

② 康树华:《青少年犯罪与治理》,中国人民公安大学出版社2000年版,第10页。

罪名的认可。[①] 还有的学者认为，认罪要对事实、性质和罪名全部认可，特别是要对指控罪名认可。[②]

最高人民法院、最高人民检察院、公安部、国家安全部、司法部印发的《关于适用认罪认罚从宽制度的指导意见》（以下简称《指导意见》）第6条规定，认罪的客观前提是，被告人对被指控的基本犯罪事实无异议，在此基础上，被告人才能“自愿”认罪，强调被告人主观态度上应是自愿而非被强迫的，满足主客观这两项条件才能到达认罪的标准。而根据最高人民法院、最高人民检察院、公安部、国家安全部、司法部印发的《关于在部分地区开展刑事案件认罪认罚从宽制度试点工作的办法》（以下简称《办法》）第1条规定，犯罪嫌疑人、被告人要实现依法从宽处理的结果，需要同时满足四项条件：（1）自愿如实供述自己的罪行；（2）对指控的犯罪事实没有异议；（3）同意量刑建议；（4）签署具结书。这其中前两项条件是对认罪的要求，后两项是对认罚的要求，前两项认罪的要求还包括了主观上要自愿，客观上要对指控的犯罪事实无异议。比较上述两个文件的规定可以看出，对犯罪事实的承认仅是认罪的前提或者说是其中一部分，并不是其全部。

根据“自愿如实供述自己的罪行”，“罪行”指的应是犯罪行为，即犯罪人实施犯罪时一系列的身体动静，可将其称为“行为”（即上述认事实），首先犯罪嫌疑人要承认“行为”；犯罪人如实供述自己的“行为”后，司法机关工作人员会告知其“行为”构成了犯罪，此时，犯罪嫌疑人在承认“行为”的前提下，要接受自己的行为构成犯罪这一法律定性（即上述认性质）。只有既承认“行为”又承认“行为够罪”，既认可客观行为又同意对行为的定性，才能满足真正意义上认罪的要求。有学者将其称为“概括认罪”，即被追诉人的认罪应当是被追诉人自愿承认被指控的行为构成犯罪。”[③]这种既要承认“行为”又要接受对行为定性的“认罪”判断标准在司法实践中也有所体现，如在著名的许某案中，检察机关以盗窃罪对许某提起公诉，许某承认了自己的行为——利用ATM机故障恶意取出人民币17.5万元，但坚决否认自己的行为构成犯罪，因许某对自己行为违法定性的不同意，最终法院以盗窃罪判处许某5年有期徒刑，并没有按照有认罪从轻处罚情节进行处理。

---

① 魏晓娜：《完善认罪认罚从宽制度：中国语境下的关键词展开》，载《中国检察官》2016年第23期。

② 周新：《认罪认罚从宽制度立法化的重点问题研究》，载《中国法学》2018年第6期。

③ 陈光中、马康：《认罪认罚从宽制度若干重要问题探讨》，载《法学》2016年第8期。

关于罪名的承认，有观点指出可以根据认罪认罚后适用的程序类型不同而有所区别。即在适用速裁程序和简易程序中不仅要求被告人承认实施了犯罪行为、认可司法工作人员对行为的违法定性，还要求接受检察机关指控的罪名。[①] 这种观点对认罪的要求过高，理由有二：第一，罪名的认定或判定是一项需要专业法律知识的活动。由具体的犯罪行为到对应抽象法条规定的具体罪名，这项活动不仅需要综合犯罪嫌疑人、被告人的自身情况及其供述，侦查机关收集的各项证据，最重要的一个环节是法官将具体行为抽象为法律行为的解释过程。“法律不强人所难”，要求非专业的犯罪嫌疑人、被告人在未经法官审判之前就承认自己的罪名，是一种强人所难或者说要求过高。第二，从《刑事诉讼法》《指导意见》的规定中可以看出，虽然认罪认罚从宽案件的适用强调发挥值班律师的帮助作用，要对认罪认罚的性质和法律后果等提供法律咨询，但《指导意见》第 40 条指出存在“起诉指控的罪名与审理认定的罪名不一致”的情况，检察院起诉的罪名都可能存在不准确情况，这种情况下要求被追诉人承认不准确的罪名并无实际意义。并且《刑事诉讼法》第 214 条规定适用简易程序的一项要求是“被告人承认自己所犯罪行，对指控的犯罪事实没有异议的”，这其中也没有要求被追诉人要承认罪名。

综合分析可以看出，认罪应是“认行为 + 认够罪”，当犯罪嫌疑人仅“认行为”不“认够罪”时，司法机关并不能以具有“从轻处罚情节”的情况处理，犯罪嫌疑人也将因此承担通常的处罚后果，不能获得量刑上的从宽。

（二）认罚

按照语义解释，认罚即是接受处罚。根据《指导意见》第 7 条规定认罪认罚从宽制度中的“认罚”，指犯罪嫌疑人、被告人真诚悔罪，愿意接受处罚。在传统的刑事诉讼理念中，刑事诉讼是一个由专门机关和诉讼参与人多方主体共同参与，通过实施一系列活动，而构成的一个动态追诉过程。为顺利追究犯罪人的责任，各专门机关各司其职，相互配合，互相监督，通过公安机关的侦查，检察机关的审查起诉，法院的审判，最终给被告人定罪处刑。这其中，只有法院具有审判权，未经法院审判，不得给任何人定罪处罚也是一项基本的刑法原则。由此分析可以得出，被告人最终接受的惩罚一定是由法院经过审判作出的。

---

① 赵恒：《认罪认罚从宽内涵再辨析》，载《法学评论》2019 年第 4 期。

而在认罪认罚从宽制度中,犯罪嫌疑人是先认罪,然后认罚,最后被告人基于"认罪+认罚"的行为,而被给予从宽处罚,按照这个逻辑顺序分析下来,可以发现认罚和从宽的顺序出现了矛盾。通常顺序是法院在做最终判决的时候,参考案件具体情况,依据是否有从宽处罚的情节,综合考量后而做出判决。之后被告人如果接受判决结果也即认罚,则进入执行阶段;若被告人不服判决结果,则可以提起上诉,进入二审程序。这样一来,则是从宽在前,认罚在后。

普通程序中,三者间的关系是"认罪—从宽—认罚"。为什么在认罪认罚从宽制度中,认罚和从宽颠倒了顺序,这种顺序的颠倒是否违背了《刑法》中规定的"未经法院审判,不得给任何人定罪处罚"的基本原则?关于这个问题,需要对认罚的内涵从实体法和程序法不同的角度进行解释。

1. 从实体法角度解释认罚的内涵

根据上文分析,传统刑罚理念中的认罚应是对法院最终作出的判决结果的接受,表现为被告人愿意承担法院判决结果的内容,或是作出经济赔偿,或是接受一定时间人身自由的剥夺,甚至是生命权的被剥夺。因此,从实体法角度来说,认罚的核心内涵是犯罪嫌疑人、被告人在认罪的前提下自愿接受其违法行为给其自身带来的负面效果。在认罪认罚从宽程序中,认罚表现为,犯罪嫌疑人、被告人基于对自己行为违法性和违法行为的担责性具有主观认识和悔罪态度,在犯罪行为还没经法院审判前,即提前作出的愿意接受最终可能判处刑罚结果的意思表示。有学者将其称为"被追诉人对于可能刑罚的概括意思表示"①。笔者赞同此种概括。这种提前的意思表示,一方面表明犯罪嫌疑人人身危险性的降低、悔罪态度良好;另一方面表明犯罪人积极配合司法工作人员工作的合作性较高,有利于案件事实的还原和犯罪证据的收集,减轻了司法工作人员的压力,节约了司法资源。因此,法院在最终审判时,会基于犯罪人这种提前认罚行为带来的种种效益而对其从宽处罚。

2. 从程序法角度解释认罚的内涵

在认罪认罚从宽程序中,之所以"认罚"在前"从宽"在后,另一重要原因即是,"认罚"的内容不仅包含对最终实体法判决结果的自愿提前接受,还包括在刑事诉讼过程中,在有明确时间先后顺序的各个诉讼阶段,对每个阶段的处罚结果

① 顾永忠:《关于"完善认罪认罚从宽制度"的几个理论问题》,载《当代法学》2016年第6期。

的接受,即程序法意义上的"认罚"。在立案侦查阶段,犯罪嫌疑人的"认罚"表现为对侦查工作的配合、调查结果的接受,对可能适用的强制措施的接受与配合;在审查起诉阶段,"认罚"表现为接受检察机关的处理结果:或是不起诉、或是提起公诉并附带具体的量刑建议;在审判阶段,程序上的"认罚"则表现为接受法庭审判程序的选择和部分诉讼权利的放弃,如适用简易程序或速裁程序,而省略法庭调查或者法庭辩论等环节。

综上,认罪认罚从宽制度中,"认罚"的内涵包括实体法和程序法两方面内容,尤其在程序法上表现为一种动态的过程,这既是认罪认罚从宽制度的特色体现也强力地论证了它与"未经法院审判,不得给任何人定罪处罚"二者是辩证统一的整体,应以整体的眼光进行分析研究。

(三)从宽

"从宽"作为认罪认罚从宽制度的核心,对其内涵的研究,首先需要明确的问题是认罪认罚与从宽的逻辑关系。通常来说,犯罪嫌疑人、被告人"认罚"的意思表示包含了"认罪"。从宽的前提是认罪认罚,但认罪认罚并不必然导致从宽的结果。这种关系在《办法》第 1 条的规定中即有所体现,规定犯罪嫌疑人、被告人认罪认罚后,符合特定条件后,可以依法从宽处理。本条规定的是"可以依法从宽处理"而不是"应当依法从宽处理"即说明了从宽不是认罪认罚的必然结果。同时在《指导意见》中也明确规定对犯罪性质、危害后果、犯罪手段、社会影响等特别严重的,可以不予从宽处罚。

而且值得注意的是,在认罪认罚从宽案件中,理想的状态是犯罪嫌疑人首先认罪、然后认罚接受量刑建议签署具结书,最后法官对其在实体处罚上从宽。但刑事案件的复杂性、个人水平的差异性必然决定了在实践案件中存在大量非完美状态。如犯罪嫌疑人、被告人只认罪不认罚,如何处理?能否从宽?如果可以从宽,是实体处罚从宽还是程序适用从简?这就有必要进一步探讨程序从宽和实体从宽的关系问题。

按照文义解释,从宽即是对犯罪嫌人、被告人从宽处罚,这个意义上的从宽处罚,指的多是法院最终作出的判决的从宽,也即是量刑的从轻或者减轻,而在认罪认罚从宽制度中,从宽不仅包括传统意义上的量刑从宽,还包括在不同的诉讼阶段中,程序适用上的从宽。实体法意义上的量刑从宽,即法院按照《刑法》的规定,结合被告人的具体情况、认罪态度、悔罪表现及弥补措施等因素，根据具体案件具体分析的原则，最终对被告人作出的从宽判决。其表现形式有：从轻、减轻处罚，适用缓刑、假释等。

认罪认罚从宽制度的广泛适用，意在加强其在刑事诉讼程序上的作用。整个刑事诉讼过程是由不同阶段的各个程序组合构成的，由于这种阶段性，所以“从宽”的内容在不同阶段具有不同的表现形式。在侦查阶段，程序从宽表现为不适用、变更或解除强制措施。审查起诉阶段程序从宽表现为：一是检察机关对犯罪嫌疑人采取非羁押性措施；二是根据案件情况作出不起诉决定；三是极大地缩短了审查起诉时间。审判阶段，程序从宽也表现为审判时间的大大缩短，如通常情况下法院受理公诉案件后的审判期限为 2 个月至多不超过 3 个月，但由于被告人认罪认罚同意适用速裁程序进行审理的案件，法院需要在案件受理后 10 日之内或者 15 日之内（可能判处有期徒刑 1 年以上的）办结。

综上分析，应根据犯罪嫌疑人、被告人认罪认罚的态度、认罪认罚的时间、认罪认罚后的补救措施，或者即使只认罪不认罚等不同情况，具体案件具体分析，坚持宽严相济的原则，对应在程序从宽和实体从宽的适用上灵活取舍、精准量刑。

第二节　未成年人犯罪适用认罪认罚从宽制度的来源

一、理论渊源

我国犯罪未成年人认罪认罚之所以从宽的最直接的理论来源于古代的“恤幼”，正是要体恤年幼者，对其犯罪要从轻处理，教育是第一位，惩罚是第二位。如果未成年人认识到自己的错误，主动接受惩罚，那么罪与罚应当再减一等。

（一）“恤幼”

“恤幼”不仅适用于人类社会，还适用于整个动物界，动物总是对同一物种中的年幼和年老的予以特殊照顾，根本目的是种族的延续，促进年幼动物的健康成长。人类作为高级动物更是如此，“矜老恤幼”是我国古代社会一项重要的法律原则，贯穿于我国古代刑事法律的始终。

“恤幼”是古人充分考虑未成年人心理、生理上的不成熟，对其犯罪从轻处理、从轻对待的刑事政策。我国古代，普遍认为未成年人“少智力”“幼弱”，如果对其进行处罚或者处罚过于严厉，有违恻隐之心，与"仁政"相悖。① 在"恤幼"理论下，国家、社会和个人都有义务保护未成年人健康成长，对未成年人更加照顾。在未成年人犯罪方面，古代始终坚持"恤幼"理念，对未成年人的处罚比成年人要轻，很多行为还直接规定为不构成犯罪。但"恤幼"思想始终没有摆脱对成年人的依附关系，在处罚上是比照成年人从轻处理。虽然如此，但是这种思想对于古代未成年人而言，无疑是莫大的福音。

（二）生命历程

生命历程理论是社会学上的著名理论，强调从出生到死亡的时间、社会背景和参与组织等取代了以儿童为基础的、以成长为导向的"遗传性"描述。② 生命历程理论自 20 世纪 80 年代在犯罪学领域逐步被广泛使用，学者将其引入犯罪学领域，重点研究人的一生中发生的重大事件及其发生顺序对个体的影响，进而造成生理、心理、行为等方面的变化与犯罪的关联程度。③ 生命历程理论阐明了年龄与犯罪密切关系，揭示了犯罪持续的重要原因——取决于犯罪年龄。在这方面，格特弗雷得逊（Michael Gottfredson）与赫希（Travis Hirschi）是代表，他们认为年龄在解释犯罪方面超越了任何其他社会因素，两者是负相关关系，同时个人犯罪的潜在原因大部分产生于未成年人时期。④

未成年属于人生命历程中的初始阶段，成年人的很多行为源于此。但同时未成年人受自身认知的局限，较为容易犯罪，且可塑性强，在充分认识到自己的错误后，可以有效地避免再犯。在认罪认罚的状态下，对其从宽，给予其比成年人犯罪更为宽大的改正机会也是未成年犯罪人适用认罪认罚从宽制度的初衷所在。

---

① 张利兆：《未成年人犯罪刑事政策研究》，中国检察出版社 2006 年版，第 88 页。

② Glen H. Elder Jr., Michael J. Shanahan: *The Life Course and Human Development*, American Cancer Society, 2007, also see Wiley Online Library, https://onlinelibrary.wiley.com/doi/10.1002/9780470147658.chpsy0112.

③ Elder, Glen, H, Jr, "Perspectives on the life course," In Elder, G, H, *Life Course Dymamics*; *Trajecttories and Transtions*, New York: Cornell University Press, 1985, p. 3 – 4.

④ Michael Gottfredson, Travis Hirschi, "Control Theory and the Life – Course Perspective," *Crime and Crime Prevention*, 1995, Vol. 4, p. 131 – 142. 转引自曾赟：《逐级年龄生平境遇犯罪理论的提出与证立——以重新犯罪风险测量为视角》，载《中国法学》2011 年第 3 期。

二、政策导向

（一）宽严相济

“宽严相济”最早是在2004年的全国政法工作会议上提出的，自提出以来在我国刑事政策领域产生了深远影响，其中包括对“宽”“严”“相济”三个词语的理解和解释。“宽”有两层意思：一是要宽容，即非犯罪化、非刑罚化；二是要减轻，即轻刑化、柔性司法。“严”与“宽”相对，也有两层意思：一是要严格，以法律为准绳，不能突破法律底线，当重则重；二是要严肃，不徇私，不折不扣执行法律。“宽”与“严”中间并不是没有一条不可逾越的鸿沟，两者相互交叉，甚至在同一案件中存在当“宽”也当“严”的情节，在这种情况下“相济”就显得至关重要了。“相济”指的就是两者之间要结合考虑，寻求其中的价值平衡，实实在在地做到严中有宽、宽中有严。①

（二）恢复性司法

“恢复性司法”（restorative justice）这一术语最是由美国学者巴尼特（R. Barnett）于1977年最早提出的，②实践中始于加拿大安大略省的一起缓刑执行案件。③ 具体指的是通过特定的司法活动，将犯罪所侵害的各种权益尽力恢复到犯罪前的状态，进而化解社会矛盾，促进社会稳定。④ 主要途径是通过协商达成犯罪人和被害人之间的和解，具体是通过道歉、赔偿、社区服务、生活帮助等方式补偿被害人，最终取得被害人的谅解，重新融入社会。恢复性司法将提高了被害人在刑事诉讼领域中的参与程度，凸显出了被害人的地位，也影响了刑事司法的运行模式，使未来刑事司法转为报应、预防、恢复三项功能的方向发展。

---

① 刘志刚、凌婧文：《宽严相济一词的由来与发展》，载《中国纪检监察》2019年第17期。

② 吴宗宪：《恢复性司法述评》，载王平主编：《恢复性司法论坛》（2005年卷），群众出版社2005年版。

③ 1974年，加拿大安大略省两名犯罪人毁坏了20多人的窗户、商店等财产，他们认罪却不履行赔偿判决。后在官方组织协调下犯罪人向被害人道歉并赔偿。此案引发了“被告人与被害人的和解运动”。

④ 衣家奇、姚华：《恢复性司法：刑事司法理念的重构性转折》，载《云南大学学报（法学版）》2006年第2期。

(三)最有利理念(儿童最大利益)

2021年6月1日新修订的《未成年人保护法》正式生效,其中规定了对未成年人保护的最有利原则,该原则实际上是国际法上的儿童最大利益原则在我国国内法的转化,两者具有异曲同工之妙。儿童最大利益原则出自1959年的《儿童权利宣言》,虽然该原则具有模糊性,但是其作为保护未成年人健康成长的首要原则得到了各国的支持,成了一项“政治正确”。最有利原则贯穿《未成年人保护法》的始终,分为六个子原则,为明确国家、家庭、学校、政府和社会等各方主体的责任提供了新的具体指引。① 但是国家无疑是最为关键的,当未成年人存在问题时,国家应当采取最有利于未成年人的措施,同时禁止国家做出可能不利于未成年人的措施。

第三节　我国未成年人犯罪适用认罪认罚从宽制度的具体规定

我国在长期的实践探索中诞生了认罪认罚从宽制度,其重要性对于司法资源的合理利用不言而喻。作为以审判为中心的诉讼制度改革配套措施之一,认罪认罚从宽制度具有特定的时代背景和价值取向。

一、未成年人犯罪适用认罪认罚从宽制度的条件及范围

认罪认罚从宽制度中更多的是程序法,对实体的内容有涉及,但也是从属于程序的实体内容。就未成年犯罪适用认罪认罚从宽制度的条件而言,可以从形式和实质两个方面进行分析。就范围而言,理论上适用于所有的未成年人犯罪案件。

(一)条件

从形式上看,如果犯罪未成年人认罪,同时认罚,其法定代理人和辩护人对其

---

① 宋英辉、刘铃悦:《〈未成年人保护法〉修订的基本思路和重点内容》,载《中国青年社会科学》2020年第6期。

程序的选用没有意见,则可以适用该制度。犯罪未成年人同成年人不一样,在适用该制度时存在一些必要的限制,主要原因是 16 周岁以下的未成年人并不具有完全的刑事责任能力。未成年人心理上的幼稚决定了其认罪认罚只能表示悔罪,不能代表其完全认识到选择认罪认罚程序后的结果。因此,犯罪未成年人适用认罪认罚从宽制度需要其法定代理人及辩护人的同意,设置同意前置程序的初衷主要是考虑法定代理人的监护地位及辩护人的法律知识,使未成年人选用认罪认罚从宽制度后更能有利于未成年人。

从实质上看,犯罪未成年人要在内心深处实实在在悔罪。对犯罪未成年人从宽,首要前提是该犯罪未成年人要充分认识到其行为的危害性。① 如果有被害人,需要犯罪未成年人诚心向被害人道歉并赔偿具体损失,以实际行动和表现表明该犯罪未成年人不再具有社会危害性和人身危险性。在庭审过程中,需要犯罪未成年人作出有罪答辩,并服从判决。如果犯罪未成年人仅是为了追求相对轻的判决而认罪认罚,那么对其从宽就失去了制度设计的初衷。

(二)范围

对于未成年人犯罪适用认罪认罚制度范围而言,有不同的观点。有的学者认为该制度只能局限于轻罪,也有学者认为不应当有范围上的限制,应当适用于所有的刑事案件。② 就我国目前的现行规定而言,认罪认罚从宽制度对成年人而言,适用于所有案件,对于未成年人,当然也适用于所有案件。其与自首从宽、坦白从宽一样,都具有普遍适用性,在范围上并没有特别的限制。按照我国《刑事诉讼法》的规定,如果犯罪未成年人属于尚未完全丧失辨认或者控制自己行为能力的精神病人,或者其法定代理人、辩护人不同意适用认罪认罚从宽程序,抑或有可能不构成犯罪的情况下不得适用认罪认罚从宽程序,当然《刑事诉讼法》一如既往地规定了例外条款,即其他不宜适用的情形,但是截至目前,还没有法律对例外条款中的“其他情形”进行规定。认罪认罚从宽制度设置初衷在于案件分流,提高司法效率,扩大犯罪未成年人的适用范围无疑有利于提高司法效率。同样如上文所述,犯罪未成年人在认罪认罚的情况下是“可以”从宽,而不是“应当”,也就是说

① 张勇、李晓婷:《未成年犯认罪认罚从宽问题思考》,载《青少年犯罪问题》2017 年第 1 期。

② 陈卫东:《认罪认罚从宽制度研究》,载《中国法学》2016 年第 2 期。

执法司法者对犯罪未成年人有选择是否采用适用认罪认罚从宽制度的权利。

二、未成年人犯罪适用认罪认罚从宽制度的量刑标准

对于犯罪未成年人而言，量刑问题始终是其最关心的问题，但是我国法律没有对犯罪未成年人量刑的适用作出具体规定，导致很容易导致出现“同案不同判”的结果，影响了司法权威。量刑标准具有天然的复杂性，制定一个放置于四海皆准的量刑标准是不现实的，但是在《刑法》相对量刑幅度内规定一个合理的量刑指导意见是可行的。最高人民法院和最高人民检察院在 2021 年 7 月 1 日联合出台的《关于常见犯罪的量刑指导意见（试行）》（以下简称为《量刑指导意见（试行）》），对犯罪未成年人和认罪认罚从宽幅度进行分开规定，同时规定具有未成年人犯罪等量刑情节的，先适用该量刑情节进行调节，再适用其他量刑情节进行调节。因此，对于犯罪未成年人认罪认罚后的从宽，应先适用未成年人从宽的规定进行调节，再适用认罪认罚从宽的规定进行调节。

（一）未成年人从宽的规定

根据《量刑指导意见（试行）》的规定，对于未成年犯罪，综合考虑未成年人对犯罪的认知能力、实施犯罪行为的动机和目的、犯罪时的年龄、是否初犯、偶犯、悔罪表现、个人成长经历和一贯表现等情况，应当予以从宽处理。这是针对犯罪未成年人从宽的总的规定，简言之，即对未成年人犯罪应当从宽处理。同时按照年龄将犯罪未成年人分为两档：第一档为 12—16 周岁的未成年人犯罪，量刑时减少基准刑的 30%—60%；第二档为 16—18 周岁的未成年人犯罪，量刑时减少基准刑的 10%—50%。可以看出第一档比第二档总体量刑少了 10%—20%，犯罪成年人则比犯罪未成年人增加了基准刑的 10%—60%。此外，《量刑指导意见（试行）》还规定对于有前科的，综合考虑前科的不同情况，可以增加基准刑的 10% 以下，但是前科犯罪为过失犯罪和未成年人犯罪的除外。对成年人应加重，但对未成年人则不加重，实际上也是一种从宽。

（二）认罪认罚从宽的规定

根据《指导意见》的规定，对于被告人认罪认罚的，综合考虑犯罪的性质、罪行的轻重、认罪认罚的阶段、程度、价值、悔罪表现等情况，可以减少基准刑的 30% 以

下;具有自首、重大坦白、退赃退赔、赔偿谅解、刑事和解等情节的,可以减少基准刑的60%以下,犯罪较轻的,可以减少基准刑的60%以上或者依法免除处罚。可以看出认罪认罚后的从宽幅度是比较大的,但同时其弹性也比极大。与未成年人从宽的规定不同,认罪认罚也可以不从宽。且对轻刑犯罪的从宽幅度要远远大于重刑犯罪。《指导意见》还规定认罪认罚与自首、坦白、当庭自愿认罪、退赃退赔、赔偿谅解、刑事和解、羁押期间表现好等量刑情节不作重复评价。如果犯罪人是未成年人,根据《指导意见》规定可以重复评价,两种从宽相加,对于犯罪未成年人认罪认罚后,12—16周岁的减少基准刑的10%—90%,16—18周岁的减少基准刑的10%—80%,犯罪较轻的完全可以免除处罚。

第二章　我国未成年人犯罪适用认罪认罚从宽制度现状中的问题分析

最高人民检察院的一份报告中指出,我国自2020年1月1日至10月15日未成年人犯罪认罪认罚从宽制度的适用率为88.4%。[①] 在2021年6月1日最高人民检察院发布的《未成年人检察工作白皮书(2020)》中指出,我国2020年未成年人犯罪适用认罪认罚从宽制度比例高。2020年未成年人犯罪适用认罪认罚从宽制度为50062人,适用率92.63%(见图1),凸显出认罪认罚从宽制度与未成年人

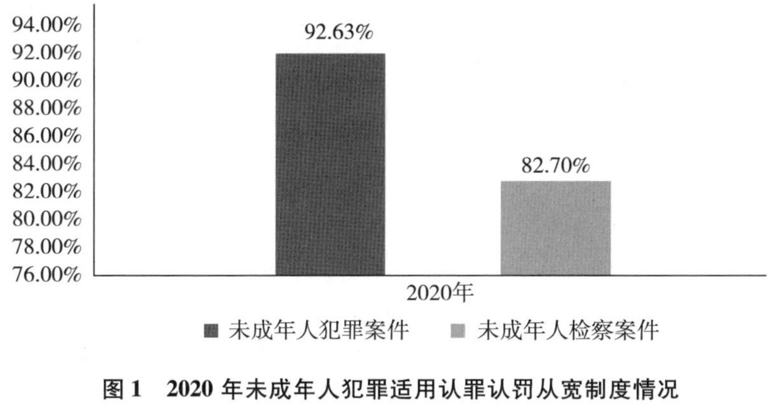

图1　2020年未成年人犯罪适用认罪认罚从宽制度情况

注:数据来源于《未成年人检察工作白皮书(2020)》。

---

① 最高人民检察院:《最高人民检察院关于人民检察院适用认罪认罚从宽制度情况的报告》,载https://www.spp.gov.cn/zdgz/202010/t20201017_482200.shtml。

司法理念的契合。但是面对未成年犯罪人这一特殊的犯罪群体，在使用认罪认罚从宽制度时依然存在不少问题。如何做到适用的自愿性与特别程序的契合性等将是我们在实践中要准确把握的关键点。

第一节　程序选用问题

一、犯罪未成年人的决定权

对犯罪未成年人认罪认罚的自愿性进行界定，这是决定对其启动认罪认罚从宽制度的最后一步。认罪认罚的自愿性除了最基本没有强迫的意思外，还要求具有制度化意义。认罪认罚制度中的自愿性要从客观标准和主观标准结合来分析。

客观标准：《刑事诉讼法》中规定不得采取刑讯逼供等非法手段强迫犯罪嫌疑人认罪。最高人民法院《关于建立健全防范刑事冤假错案工作机制的意见》将“冻、饿、晒、烤、疲劳审讯等非法方法”与刑讯逼供并列而谈。因此，自愿性客观标准的没有强迫可以归纳为：犯罪嫌疑人没有遭受肉体上的摧残、精神上的折磨、心理上的压迫，以及认罪认罚时不存在引诱、欺骗的情况。

主观标准：在办理认罪认罚案件时，应当确保未成年人是充分了解犯罪行为、所犯罪名以及法律后果的基础之上，自愿做出的认罪认罚决定。自愿性是未成年人处于自己的意志，自愿做出的认罪表示。如果未成年人不是在清楚了解案件事实以及缺乏相应的专业知识的情况下做出的认罪认罚的表示，这并不能被认为是真正的自愿。

据此可知，对于未成年人的认罪认罚自愿性需要综合进行分析，结合主客观两方面标准，才能最终判定其认罪认罚是否为自愿。

（一）程序的自愿性难以保证

保障犯罪未成年人的自愿性，是认罪认罚从宽制度发挥强大作用的必要前提，制度的运行与实体的公正均依赖于自愿性的审查与认定。强调认罪认罚的自愿性，是对案件事实真实性的确认、对未成年人基于主动自愿认罪引发出对其悔罪态度以及再犯可能性降低的确认。

只有保证未成年人认罪认罚时的自愿性，才能确保认罪认罚从宽制度实施的基础稳固，因此要强化对未成年人认识能力的审查，认识能力是其能够认识到认罪认罚法律后果意义的判断能力。然而，目前立法并没有针对认罪认罚自愿性设定特殊判断标准及进行精细化程序保障，缺乏自愿性做出的认罪认罚，当然不能适用此制度，犯罪未成年人只有真诚悔过，才能表明其充分认识到自己行为的错误，人身危险性降低，而未成年人真诚悔过的关键在于自身，只有道德自觉性加强并在道德层面有所提升，其自愿性才是可靠无疑的。此制度中的自愿与社会生活中的自愿不同，其是一种具有法律意义的制度性自愿，鉴于未成年人行为能力、理解能力、认知能力等特殊于成年人，必须认识到认定其是否自愿的标准也要特殊于成年人，因此未成年人应当具有独立明晰的判断标准并有相应的精细化程序保障。

（二）犯罪未成年人特殊性的忽略

1. 未成年人法律地位的特殊性

法律地位是法律主体法律上的人格或者称为权利能力，指该主体享受权利与承担义务的资格，同时也是在特定法律关系中该法律主体所处的位置，即权利与义务的相应程度以及法律规定的法律关系主体的权利与义务的状态。法律地位的来源可依据其具体取得方式区分为两种形式：一种是自动取得法律地位，是指法律主体在一项法律规定的生效范围内自动地获得该法律规范赋予的权利义务；另一种是主动取得的地位，为法律主体事实参与法律关系的状态为法律所承认而获得。未成年人的特殊法律地位即来源于自动取得，在刑事犯罪案件中，未成年人与成年人是两个有区别的主体，应适用不同的刑事政策。根据联合国《儿童权利公约》的四项原则，将未成年人犯罪与成年人犯罪区别对待也是赋予未成年人法律地位特殊性的体现。

2. 未成年人诉讼行为能力的特殊性

诉讼行为能力是指一种能力与资格，这种能力与资格使得诉讼主体可以亲自实施诉讼行为和从事诉讼活动，并能够独立行使诉讼权利和履行诉讼义务。诉讼主体参与诉讼的基础便是诉讼行为能力，这体现在诉讼过程中对诉讼主体意思表示的采纳以及限制上。基于未成年人身体、心智尚未发育成熟，以及不能对自己行为的后果产生明确的认知并承担全部的责任，同时主观恶性小、易于矫正。未成年人诉讼行为能力的特殊性主要体现在两个层面上：一是认知能力，二是处分能力。认知能力的特殊性是指未成年人对诉讼过程中某一行为的性质以及该行为造成的诉讼后果没有明确的把握能力，即无法认知自己所为的行为将会对自己产生何种结果。处分能力的特殊性是指未成年人无法单独决定对诉讼权利主张或放弃,需要其法定监护人进行补充。犯罪未成年人也许只是知道这一制度意味着只要认罪认罚就可以在量刑上获得从轻,但并不理解检察机关提出的定罪量刑情节与自己的行为是否相一致、自己是否有无罪的可能性以及认罪认罚后自己面临的后果如何。

二、犯罪未成年人的反悔权

(一)反悔权赋予与否的争议

认罪认罚从宽制度在实施的过程中,显现出犯罪人反悔比较严重的问题。无论是犯罪人接受认罪认罚的后果,还是选择反悔,都应当被视为他们的自由,但事实上,反悔权应否存在,在理论和实务中是存在争议的。

持反对观点的学者所述原因集中在以下两点:第一,犯罪未成年人签了认罪认罚具结书,已经承认自己所犯的罪行,也已经达成了相应合意,如果允许其反悔就是对合意的反悔和违背,不利于法官最终对案件的处理。既然在最初已经签订了具结书,那么就代表被追诉人不仅承认自己的罪行,还能够接受相应的刑罚后果,其中就包括了不能反悔。第二,允许被追诉人享有反悔权不利于诉讼效率的提高,难以节约司法成本。有统计结果显示,案件在公检法机关的流转就会耗费70%的时间。[①] 而犯罪未成年人拥有反悔权,案件就很有可能需要重头再走一遍流程,这样不仅不利于诉讼效率的提高和该制度设置目的的实现,反而更加剧了案件处理时间,有调查研究显示,认罪认罚后又反悔的案件平均处理时间要远多于没有反悔的案件,有的甚至多达6倍。[②] 同样,被追诉人认罪认罚反悔机制目前存在一些问题,除学界对于反悔权存在与否保有争议之外,无论在司法实践中还是现行《刑事诉讼法》的规定中,“反悔权”的存在都极为模糊。

(二)未成年人认罪认罚反悔后救济渠道缺乏

反悔是指未成年人对先前的允诺行为在之后又作出了否定性评价。认罪认

① 北京市海淀区人民法院课题组:《关于北京海淀全流程刑事案件速裁程序试点的调研》,载《法律适用》2016年第4期。

② 马明:《认罪认罚从宽制度中被追诉人反悔问题研究》,载《中国人民公安大学学报》2018年第4期。

罚从宽制度中并没有规定如何处置未成年人反悔的情况。认罪认罚从宽制度作为刑事司法制度的一种,加入反悔救济渠道是应有之义。后悔权能够让程序回转,未成年人在认罪认罚之后如果发现有不当情形,可以通过行使反悔后的救济权来继续保障自己的诉讼权利,因而对反悔后救济机制如何构建进行研究是很有必要的。

有学者以 100 份法律裁判文书为研究对象进行了分析,发现被告人上诉反悔大致包括非自愿认罪、判决结果偏重和信赖利益受损三种情形。

第一,非自愿认罪。即先前的认罪认罚行为非出于自身真实的意思表示。非自愿认罪包括以下两种情形:一是司法机关诱导下的非自愿认罪,此类型案件共计 1 个;二是辩护律师误导下的非自愿认罪,此类型案件数量共计 2 个。

第二,判决结果偏重。即最终的量刑结果偏离被告人的预期。判决结果偏重包括以下两种情形:一是避免到监狱服刑的结果没有实现,偏离其心理预期,此类型案件共计 9 个;二是关押期限偏离被告人自愿认罪认罚的期望值,被告人反悔的,此类型案件共计 69 个。

第三,信赖利益受损。即判决结果没有包含检察机关答应的优惠条件。信赖利益受损包括以下两种情形:一是检察机关突然改变量刑建议,没有按照先前与被告人达成合意的内容向法院提出量刑建议,一审法院根据改变后的量刑建议进行判决的情形,此类型共计 4 个;二是一审法院并未在量刑建议的参考幅度内进行判决的情形,此类案件共计 15 个。

三、法定代理人、辩护人的异议权

认罪是指犯罪未成年人承认被指控的犯罪事实并如实供述这一行为,而这一行为的基本要求是被追诉人基于自愿而非因某种原因受胁迫。基于犯罪未成年人的特殊性,认罪还要考虑其法定代理人、合适成年人以及辩护人的意见。

(一)法定代理人、辩护人的异议

法定代理人和辩护人要基于未成年人的选择情况来作出判断,帮助其作出最合理选择。未成年人有其独立的诉讼地位,其法定代理人和辩护人是帮助其完成这一法律程序,而不是完全取代未成年人,替其直接决定是否适用。其法定代理人和辩护人的异议是因为未成年人适用认罪认罚从宽制度的过程存在疑问而质疑,并不是因为未成年人选择认罪认罚而质疑。

实践中存在未成年人及其法定代理人、辩护人针对认罪认罚意见冲突的情况,根据现行《刑事诉讼法》规定,“未成年犯罪嫌疑人的法定代理人、辩护人对未成年人认罪认罚有异议的,未成年犯罪嫌疑人不需要签署认罪认罚具结书”。[①] 此处存在两种理解:一是理解为直接不适用认罪认罚制度,二是理解为依旧适用认罪认罚从宽制度,仅仅是不签署认罪认罚具结书。因此,在意见尚未统一的情况下应当有明确的法律规定来解决未成年人与法定代理人、辩护人的意见冲突。

现阶段我国未成年人刑事责任年龄分为12—14周岁、14—16周岁以及16周岁以上三段,分别对不同罪名情形承担相应的刑事责任。即针对不同年龄段的未成年人,其刑事责任能力有所区别,我们应当意识到不同年龄段对认罪认罚的认识能力也是存在差异的,即在明确未成年人与法定代理人、辩护人意见冲突的解决方案时也应当区分不同的情形。

(二)法定代理人、辩护人异议的思考

关于未成年犯罪嫌疑人是否需要签署认罪认罚具结书问题,存在不同的理解。这种认罪认罚具结书的不签署并不意味着直接不对该犯罪未成年人适用认罪认罚从宽制度,只需要由法院在审判阶段对于法定代理人、辩护人提出的此项异议进行实质上的审查,如果认为所提异议不成立的,审判人员仍可以决定对其适用认罪认罚从宽制度。认罪部分应当由该涉案未成年人自主决定,以犯罪未成年人为准,认罚部分则应当以法定代理人为准。如前所述,认罪与认罚的侧重点不同,尤其是在认罪部分,比认罚更加特殊,特殊之处就在于认罪是指犯罪未成年人自愿如实供述自己的罪行,对指控的犯罪事实没有异议,而对于犯罪事实的认识只有未成年人作为直接犯罪人最明知,法定代理人与辩护人均无法知悉真正的案件事实情况。即除未成年人本人之外,其他无论是法定代理人、辩护人或是侦查机关、检察机关及审判机关均只能看到案件证据而无法得知客观真实,这是刑事诉讼案件中不可避免的,因此不能因其法定代理人、辩护人的异议而由审判机关依职权对认罪认罚行为做出最后决定。

---

① 《中华人民共和国刑事诉讼法》第174条第1款、第2款第2项。

四、被害人的作用

(一)被害人的异议

将被害方意见作为重要的量刑考虑因素。近些年来媒体报道了多起未成年人恶性杀人、强奸等案件,引起了社会公众对刑事责任年龄的质疑,实践中有人质疑对这些未成年人是否过度纵容,有损受害人一方。在这种背景下如何平衡犯罪未成年人与被害人一方的合法权益是未成年人犯罪适用认罪认罚制度的要点所在。

在未成年认罪认罚的案件中要实现双向保护,即既要注重对未成年人的教育与改造,又要注重保护被害人的权益,实现两者的平衡,笔者认为要从正反两个方面来讨论。从反向来看,根据现有的规定,将被害人一方的量刑意见视为量刑的重要考虑因素,未将被害人一方的意见定为未成年人犯罪适用认罪认罚从宽制度必须的条件,被害人也并未纳入量刑协商的主体,这并非偏袒未成年人之举,而是出于深层次的考虑,如果将被害人定位为量刑协商的主体,这会导致未成年人面临着两个追诉的主体,不仅有国家公诉机关,还有被害人一方,这对未成年人而言是不公平的,而且容易导致未成年犯罪人花钱买刑,进一步加剧社会的不公平。从正向来看,由检察机关与未成年犯罪人一方进行量刑协商,检察机关是公权力机关,不掺杂私人情绪,有着专业性与权威性。

被害方是案件的直接受害者,其提出的意见很难与私人情感相分离,将被害人一方的意见作为量刑的重要考量因素,由检察机关代表国家与受害人,既可以平衡各方利益,也可以促进犯罪未成年人积极赔偿被害人的损失,弥补被害方所遭受的亏损。同时在《指导意见》中指出,认罪认罚与自首、坦白等情节不进行重复评价,不进行累加,因此未成年认罪认罚的量刑情节并未发生变化,不存在未成年人坦白或自首并认罚之后,又在此基础之上进行重复评价。将被害人一方的意见作为重要的量刑考虑因素,意味着检察机关应当充分尊重被害方一方的意见,但也不能完全照着被害人的意思来,要从宏观处把握,结合具体案件的事实、证据等因素综合判断。检察机关听取被害人的意见需要理性区分被害人一方的意见是掺杂着报复情绪还是有理性的诉求,若被害人一方的量刑意见携带着个人报复情绪,检察机关就不能受制于被害人一方的量刑意见。此外,对于犯罪未成年人真诚悔罪,积极认罪认罚,符合从宽处理条件的,检察机关提出量刑建议时应当依法予以从宽,不能受到被害人报复情绪的影响。当然,若被害人一方给出的量刑意见是合理的，检察机关应当综合全案接受其意见，保护被害人一方的合法利益。如果未成年人没有足额赔偿或者无力赔偿，受害人一方可以通过提出刑事附带民事诉讼、工伤赔偿、保险赔付和其他的社会救助方式获得有效的赔偿，以维持正常的生产和生活需要。

（二）和解的影响

1. 限制被害人和解的量刑效力

从实践来看，未成年刑事案件适用认罪认罚的案件中，被害人谅解的影响力过大，甚至在实践中可以成为适用缓刑的决定因素。被害人谅解作为从宽量刑情节具有积极意义，可以修复被害人被侵害的法益，补偿其损失，也有利于社会的和谐稳定。但若被害人谅解的影响力过高，甚至能够决定未成年犯罪人是否适用缓刑，就易导致司法不公正的现象出现。当犯罪未成年人积极赔偿想取得被害人谅解的，被害人却执意不接受，这时还考虑被害人谅解的重要性，将损害对犯罪未成年人的保护。

2. 强调司法机关在和解特殊程序中的主体地位和作用。

目前未成年人犯罪中，犯罪主体大多是没有经济来源的学生，这些案件多数是由犯罪未成年人的法定代理人代为赔偿损失，取得被害人的谅解。如果取得被害人谅解和未取得被害人谅解的案件量刑差异过大，那么当被害人因未到达其心中的理想数值而拒绝签署谅解书或不同意和解的情形下，将对未取得被害人谅解的犯罪未成年人造成极大的不公平。虽然应该鼓励犯罪未成年人积极赔偿被害人一方损失，但合理限定被害人谅解的影响力十分必要。当犯罪未成年人已经尽力赔偿被害人的损失且已不低于法定最低标准，且认罪态度诚恳，主观恶性较小，那么即使被害人不出具谅解书的，司法机关也应当对犯罪未成年人从宽处理。同时被害人也不能过多干涉犯罪未成年人的案件适用程序问题，只要犯罪未成年人在自己的经济能力范围内尽力赔偿的，司法机关就能对其适用从轻案件处理程序。关于犯罪未成年人的经济赔偿能力问题可在社会调查中进行调查。

第二节　程序契合问题

一、不起诉程序

（一）未成年人附条件不起诉制度的意义

对附条件不起诉案件，由检察院对考验期内进行监督考察。这一制度本意是为了保障未成年人权益，但实践中，2015 年 18 周岁以下未成年人犯罪案件占全部犯罪案件总数的 3.6%，1 年以下适用附条件不起诉程序处理的更是少之又少。

在确立附条件不起诉制度时，可以适当扩大附条件不起诉的案件适用范围，对成年人轻微刑事案件中也可以运用，特别是在上一章提到的可以适用定额罚金处罚的成年人犯罪案件，可以通过附条件不起诉制度，设置罚金的同时，规定观察期，在此期间，行为人未犯新罪，也未继续从事原有的犯罪行为，则案件即被搁置。我国每年处理的判处管制、拘役或单处附加刑的案件超过案件总量的 17%，如果加入可能判处缓刑的案件，这一数值会继续增大，对于这部分案件的处理，检察机关附条件不起诉仍有较大的空间。

适用附条件不起诉，在当下有着极为重要的现实意义和实践基础。

首先，附条件不起诉属于不起诉的一种形式。对未成年犯罪嫌疑人的人格矫正有良好的帮助，使他们重新踏入社会，有利于家庭的和谐社会的安宁，也符合诉讼经济、程序分流的目的。

其次，附条件不起诉有利于实现对未成年犯罪嫌疑人的特别保护，减少刑罚对涉罪未成年人的伤害。还有利于实现案件在审前阶段的分流，把案件较轻且未成年犯罪嫌疑人悔罪的案件在进入审判前分流出去，保证复杂案件的审判质量。审前阶段通过不起诉对案件分流，将有利于提高诉讼效率。无论将不起诉理解为程序上的从宽还是实体上的从宽，不起诉相较于起诉到法院进行审判而言都具有从宽的效果，可以作为认罪认罚从宽制度的运行程序。

最后，附条件不起诉制度在有被害人的刑事案件中，有利于保障被害人的权利。在我国刑事诉讼中，可以说被害人是最容易被无视的群体，被害人提起的附条件不起诉 90% 以上执行不了。实践中，遭受犯罪侵害的被害人，除了惩罚犯罪嫌疑人的诉求外，对损失的填补同样迫切，附条件不起诉适用于犯罪嫌疑人主观恶性较小案件中，一方面可以填补被害人损失，另一方面也敦促犯罪嫌疑人履行承诺，毕竟行为人不履行或怠于履行承诺的结果是案件进入刑事诉讼程序，犯罪嫌疑人面临自由刑的风险。

（二）附条件不起诉与认罪认罚从宽制度之间的关系

附条件不起诉也是未成年人刑事案件诉讼程序中比较重要的制度之一，有必要讨论附条件不起诉与认罪认罚从宽制度之间的关系。由于不起诉可以被涵盖在“认罚”中“罚”的内容之中，且适用附条件不起诉具有从宽的效果，所以附条件不起诉是认罪认罚从宽制度的运行程序之一。犯罪嫌疑人、被告人认罪并不代表着具有悔罪心理，实践中会存在认罪但是表示不悔罪的现象。被追诉人的悔罪心理需要借助于一定的外在表现才能被外人所感知，“认罚”的“罚”中包含了非刑罚处罚措施，当被追诉人接受非刑罚处罚措施，并付诸实际行动，积极向被害人心理安慰和经济赔偿，这些客观行为从一定程度上可以反映出被追诉人内心意识到自己的错误并真诚忏悔，综合判断其已经具有悔罪心理。综合“认罪”“认罚”这两个要素，可以判断出涉罪未成年人的内心已经对自己犯下的罪行感到悔恨，所以契合了附条件不起诉的要求。

1. 附条件不起诉是认罪认罚从宽制度的运行程序之一

实际上，认罪认罚从宽制度并非仅仅是一个总体上的规定，其中包含了实体上和程序上的诸多规定。具体来讲，通过被追诉人认罪认罚，从而引发实体上量刑的减轻及程序的简化。那么，其愿意接受的处罚中是否包括不起诉？因为不起诉从字面上看似乎并不带有惩罚的意思，即便是附条件不起诉附加了条件，所附加的条件是带有“教育、感化及挽救”的目的，符合未成年人刑事案件处理政策，并不带有惩罚的意思。因此，如果“认罚”中的“罚”涵盖了不起诉这种案件处理方式，那么附条件不起诉便可作为认罪认罚从宽制度在未成年人刑事案件中的运行程序之一。

既然是从宽，那么无论是刑罚减轻还是不处以刑罚都是刑罚减轻的方式。我国《刑事诉讼法》此次修改中确立了特别不起诉，《指导意见》第 8 条在对“从宽”的理解中规定了犯罪情节轻微的，用不起诉的方式结案是可行的。从上面的规定来看，不起诉可以作为接受处罚后的处理方式，“认罚”中的“罚”包括了不起诉。但是，不起诉并不具有惩罚的意思，何以成为“罚”的词中应有之意？事实上，不起诉并不意味着没有任何的处罚。根据《人民检察院刑事诉讼规则》的规定,对于不起诉的案件,检察机关在作出不起诉决定时会附加一些非刑罚处罚措施,这些措施可以理解为广义上的处罚。① 被追诉人所接受的处罚中包括不起诉及非刑罚处罚措施。

附条件不起诉是不起诉的类型之一,适用对象缩小至未成年人,而且附带考验期及条件,但无论是考验期的设置还是条件的规定,都不具有惩罚性,这是一种在特殊预防理念指导下的教育、挽救措施。因此,附条件不起诉理应与酌定不起诉一样,作为认罪认罚从宽制度的适用程序。此外,相较于直接适用酌定不起诉,附条件不起诉提供了一种更为合适的选择。由于酌定不起诉是在起诉与不起诉之间直接作出选择,并不存在缓冲地带,一旦作出酌定不起诉型从宽,对不起诉人施加刑事处罚已无可能,即便如上文所述予以训诫或者责令具结悔过、赔礼道歉、赔偿损失,但犯罪嫌疑人所需付出的代价总体较小,所产生的教育、预防再犯的作用也相对有限。附条件不起诉则存在一个考验期,在考验期内接受教育、遵守规定并达到要求才能真正实现不被起诉,如果在考验期内发现存在不适宜再用不起诉的方式对案件进行处理的,可以重新起诉。相对于酌定不起诉来说,风险性较小,对犯罪嫌疑人的教育挽救功能较容易达成。

2. 认罪认罚是适用附条件不起诉的必要条件

附条件不起诉在未成年人刑事案件中发挥了重要的作用。《刑事诉讼法》第282条规定了附条件不起诉的适用条件,其中包括人身危险性条件,即具有悔罪表现。那么当犯罪嫌疑人、被告人认罪认罚,是否意味着其已经悔罪呢?这涉及认罪认罚与悔罪的关系,对此进行分析。

(1)认罪与悔罪

《刑事诉讼法》第15条规定了认罪认罚从宽原则。根据该规定,自愿如实供述自己所犯罪行,承认被指控的犯罪事实,即为认罪。《指导意见》中将认罪界定为自愿如实供述自己的罪行,对指控的犯罪事实没有异议。从以上规定来看,“认罪”这一概念中并没有包含悔罪的意思。悔罪,是指被追诉人后悔、痛恨自己的犯罪行为,是一种心理内在的表现。有学者认为,认罪认罚从宽制度中的“认罪”实

① 《最高人民检察院关于人民检察院刑事诉讼规则》第373条第1款规定:“人民检察院决定不起诉的案件,可以根据案件的不同情况,对被不起诉人予以训诫或者责令具结悔过、赔礼道歉、赔偿损失。”

质含义是指“认罪悔过,即被告人或者犯罪嫌疑人对于指控犯罪的基本事实和基本证据予以认可并悔过的行为。”这种理解认为“认罪”这一概念中,涵盖了悔罪的意思。然而,按照《刑事诉讼法》和相关规定对“认罪”的界定,二者并无包含之意。在我国传统《刑法》中规定了坦白和自首,对于这两种认罪形式作出了相同的规定,就是要“如实供述自己的罪行”,这是一种外在表现行为,只要犯罪嫌疑人、被告人认罪,不过问内心真实的意思,即不问是否已经真诚悔罪,来判断是否属于自首或者坦白。对于认罪认罚中的“认罪”而言,除了要求被追诉人供述罪行,还要承认被指控的犯罪事实,但是这依然没有改变只看外在表达的本质,并不过问内心是否已经悔罪。被追诉人是否悔罪并不是认罪的必备条件,不悔罪不会影响认罪的成立。

虽然被追诉人认罪,并不一定意味着悔罪,但是悔罪一定是以认罪为前提。只有一个人认识到自己的行为是错误的,是不被法律许可的,他才会产生一种忏悔、痛恨的心理。悔罪是在认罪的基础上对自己行为更深层次的否定性评价。如果一个人都没有认识到自己的错误,那么何谈对错误的真诚忏悔。认罪是悔罪的基础,但认罪并不代表已经悔罪。因此,如果未成年犯罪嫌疑人认罪,其并不必然满足具有悔罪表现的条件从而可以适用附条件不起诉。应该主张在认罪认罚从宽制度的适用中将悔罪包含在认罪的认定中,以更好的发挥该制度的作用,防范认罪不悔罪现象的出现。

(2)认罚与悔罪

“认罚”的含义是指愿意接受处罚,从字面解释来看,认罚也并没有必然包含着悔罪的意思。通常来说,当犯罪嫌疑人愿意接受处罚,是由于在心理上对自己行为感到悔恨,从而愿意为行为作出弥补,付出代价。但是并不必然都是这样,认罚可能出于各种各样的心态,或是为了减轻刑罚,或是认罚但不悔罪。认罪认罚从宽制度在适用中不仅需要在形式上满足认罪认罚的要件,更要在实质上考察犯罪分子是否具有悔罪心理,否则就会出现一种情形,即某些犯罪嫌疑人表示认罪认罚,并接受量刑建议,但同时表示不后悔自己的所作所为。此时已然满足认罪认罚形式上的要件,可以适用该制度,但是如此一来,犯罪嫌疑人自身的危险性没有降低,再犯的可能性极高,对其适用该制度没有任何意义,也没有做到宽严相济。对于是否具有悔罪心理,主要是通过“认罚”这一要素判定。人的内心是一个极其私密的空间,如果当事人没有表达出内心的想法,任何人无法窥探到他人心里在想什么。在司法程序中亦是如此，办案人员难以直接感知到犯罪者内心的真实状态，因此，就需要借助于被追诉人外在的表现来判定是否具有悔罪、悔恨的心理状态。

因此，认罪认罚是适用附条件不起诉的必要条件。即使“认罪”这一个因素并不能完全被认定具有悔罪心理，但满足“认罪”“认罚”两个要素的，可以认为已经具有了悔罪表现，满足附条件不起诉的人身危险性要件。

（三）认罪认罚从宽制度下附条件不起诉的具体适用

“认罪”“认罚”为附条件不起诉的必要条件，但此时“认罪”“认罚”的内涵不同于在一般案件中的含义。由于检察机关在这类案件中决定不起诉，因而就没有指控的犯罪事实，“认罪”在此时就不包括接受指控，而“认罚”指的是广义上的接受处罚，即接受不起诉的决定及附加的非刑罚处罚措施。在未成年犯罪嫌疑人认罪认罚后，满足附条件不起诉其他条件的，可以直接以附条件不起诉的方式处理案件。检察机关在这类案件中判断未成年犯罪嫌疑人是否具有认罪认罚的表现时，应当与一般案件区分处理。由于“认罚”与悔罪直接相关，检察机关通过考察涉罪未成年人对赔礼道歉、赔偿损失等非刑罚行为的作出程度和时间等，可以认定其内心的悔过程度，这将对附条件不起诉决定的作出产生影响。即使适用附条件不起诉时认罪认罚的内涵有所不同，但仍要注重保障未成年犯罪嫌疑人认罪认罚的自愿性，检察机关仍然要进行权利告知和听取意见，保证程序上的合法性。

二、速裁程序

（一）排斥速裁程序的利弊分析

犯罪嫌疑人、被告人认罪认罚后通常会引起审判程序的简化。未成年人刑事案件不适用速裁程序，原因在于速裁程序中位于首位的效率价值在办理未成年人刑事案件中却不是最重要的，未成年人刑事案件注重教育，而教育要求细致精办。在具体制度设计上，速裁程序省略了法庭调查和法庭辩论，审理时限极短，并且常采取集中审理、集中宣判的方式，大大限制了帮教工作的进行，不利于贯彻教育原则，因此未成年人刑事案件不能适用速裁程序。

未成年人认罪认罚案件在适用程序上可采取普通程序简化审的方式。这样既节约了司法资源，又满足了未成年人的特殊需求。基于犯罪未成年人案件中心理测试、社会调查、跟踪帮教等特殊处理程序，如果一味地进行程序上的从简，会导致不能实现对犯罪未成年人的教育矫治目的，且不符合未成年人特别程序的基本原则，即对犯罪未成年人不可以适用速裁程序[①]。因此，程序从简不以牺牲对未成年人的教育为代价。

（二）简易程序的适用风险

由于我国《刑事诉讼法》规定审判未成年被告人不适用速裁程序，对于不适用的原因分析如上文所述。对简易程序的适用没有作出限制，因此在涉罪未成年人认罪后导致的审判程序简化中，只存在简易程序的适用空间。

对未成年被告人适用简易程序，也有可能出现权利侵害。根据《刑事诉讼法》的规定，简易程序较普通程序来说有所简化。[①]在实际的庭审中对相关环节的削减将导致未成年被告人减少了对有关定罪量刑提出意见的机会，也降低了出示新的证据，提出新的辩解的可能，这将对未成年被告人的权利造成减损，使其失去了更多为自己进行辩解的机会和帮助。因此，对于未成年被告人适用简易程序存在风险。

三、量刑程序

（一）精准量刑

1. 量刑建议欠精确的原因分析

对于检察机关提出的量刑建议不精确的原因，笔者总结如下：第一，检察机关“不能提”。量刑规范化以往是对审判机关量刑的要求，起初《人民法院量刑指导意见（试行）》由最高人民法院制定，[②]故从法理上讲，检察机关提出的量刑建议是不受该量刑指导意见约束的。检察机关需要提出精确化的量刑建议，而审判机关“一般应当采纳”检察机关提出的量刑建议。这种“量刑联动机制”也就决定了量刑规范化的重心需要前移，即不仅要求审判机关的量刑需要规范化，对检察机关提出的量刑建议更需要规范化。实践中，由于检察机关提出的量刑建议没有明确的制度依据予以规范化，加之检察官提出量刑建议经验的不足，导致检察机关“没

---

① 《中华人民共和国刑事诉讼法》第223条第1款第2项。

② 2008年8月，最高人民法院发布施行《人民法院量刑指导意见（试行）》，现已失效。

有能力”提出精确化的量刑建议。第二，检察机关“不敢提”。限于量刑建议实践经验的匮乏，检察机关在如何与被追诉人、法官进行良好沟通、达成一致认识，进而保障量刑建议的规范化、科学化的问题上，并不都具有十足的把握。在未成年人犯罪认罪认罚案件中，由于担心案件质量不高，对所提的建议能否被法院所采纳没有把握，故未检部门在提出量刑建议时，往往只提出一个量刑幅度的建议且量刑建议的内容往往简略、模糊。量刑建议问题是认罪认罚从宽制度中的核心问题。量刑建议权的赋予也使检察机关的公诉裁量权得到进一步完善。所以有必要针对上述问题提出相应对策，积极推动量刑建议的精准化改革。

2. 量刑建议欠精确的样本分析

为了解实践中犯罪未成年人适用认罪认罚从宽案件中检察机关提出量刑建议的提出情况，笔者利用中国裁判文书网进行了抽样调查，选取了启动认罪认罚程序的15个样本。在15个样本中，有3个样本检察机关并未提出量刑建议，占样本总数比例的20%。有6个样本检察机关提出的是幅度刑的量刑建议，占样本总数比例的40%。其余6个样本为确定刑的量刑建议，占样本总数的比例同样为40%。对上述样本的分析可以提取出以下问题：

第一，适用比例不足。量刑建议精确化虽然在理论与实践中逐渐达成共识，但不可否认的是，在现阶段犯罪未成年人认罪认罚案件中能够提出确定刑量刑建议的检察机关仍然占少数，量刑建议欠精确的现象确有发生。

第二，量刑建议的内容尚欠规范。根据《刑事诉讼法》规定，量刑建议内容包括以下三个方面：一是主刑，包括主刑的刑种与幅度。二是附加刑，包括附加刑的刑种和幅度。三是是否适用缓刑，即刑罚的执行方式。量刑建议是检察机关请求法院对被追诉人从宽处理的“意见载体”。故量刑建议精确化应当要求对以上几个内容同时予以精确化，不仅包括是否适用缓刑，也要对缓刑的适用期限予以精确化。而在上述样本中，对以上内容在不同的个案中均存在不精确的情况。

另外，有实证研究表明，对犯罪未成年人认罪认罚案件适用缓刑的比例较高。但是，对“没有再犯罪的危险”“宣告缓刑对所居住社区没有重大不良影响”等缓刑适用条件，在很大程度上依赖审前阶段的社会调查报告，但笔者在调查中发现，审前阶段的社会调查覆盖率在未成年人认罪认罚案件中很低，这不仅与《未成年人检察工作白皮书(2014—2019)》“积极提高社会调查覆盖率，充分发挥社会调查在办案帮教中的基础性作用”的精神不符，也影响了检察机关对是否提出量刑建议与提出缓刑适用期限的判断，从而不利于缓刑适用建议的精确化。

第三，缺乏释法说理。提出精确化的量刑建议还要求检察官，在量刑协商是对犯罪未成年人“释法”，在提起公诉时对法院“说理”。检察机关提出精确化量刑建议根本目的有二：一是与认罪认罚的被追诉人达成协议，促进被追诉人积极主动的认罪认罚。二是提高量刑建议的采纳率，从而减轻法院对简单件案件量刑工作的压力，使法院可以集中司法资源解决复杂、新型的案件。而对量刑建议的“释法说理”与精确化量刑建议的价值取向完全相同。故笔者认为，“释法说理”部分是量刑建议的重要组成部分，应对该部分同样要求充分、全面，以达到量刑建议精确化的目的。通过对上述6个提出确定刑量刑建议的样本分析发现，在实践中存在着释法说理不全面、不充分的现象。例如，在马某盗窃案中，检察机关直接提出量刑建议，没有就任何量刑建议的理由予以说明，更谈不上说理全面、充分。① 又如，在李某妨害公务案（共同犯罪）中，检察机关只对李某的未成年人的身份说明的情况下就提出了量刑建议，并未提到其他认罪认罚表现，也未说明其他理由。笔者认为，这种情形可以视为没有说理。② 再如，在律某、杨某寻衅滋事、故意伤害案中，检察机关在认定“二人在审查起诉阶段认罪认罚”的基础上“同时适用自首的规定”，本案中虽然较之前案件中说理明显更具体，但似乎并没有厘清“认罪表现”和“自首”之间的关系从而重复评价了“自首”这个量刑情节。③ 总而言之，实践中“释法说理”的“土壤”十分“贫瘠”，检察机关需要对提出的量刑建议进行全面、充分的“释法说理”。

（二）未成年人案件量刑建议不足

量刑建议是检察机关依法就未成年人适用的刑罚种类、幅度等对法院提出的建议。法院审判权的行使不受外界干涉，但一般都会采纳检察机关提出的量刑建议。面对同一案件，检察机关、审判机关适用的法律相同，对案件的考量也都专业。所以，一般检察机关的量刑与法院的最终审判结果差别不大。从节约司法资源以及激发未成年人认罪认罚积极性的角度出发，也能看出检察机关量刑建议地

① 参见甘肃省宕昌县人民法院刑事判决书，(2019)甘1223刑初61号。
② 参见河北省文安县人民法院刑事判决书，(2020)冀1026刑初82号。
③ 参见辽宁省彰武县人民法院刑事判决书，(2020)辽0922刑初44号。

位的重要性，虽然它不等于最终的从宽处理结果，但是它对于推动认罪认罚从宽制度的进展起到了重要作用。我国当前没有系统的未成年人量刑制度，未成年人犯罪量刑的有关规定较为散乱，在《刑法》、《刑事诉讼法》等中均有提及。但都是较为原则性的规定，没有具体的未成年人犯罪量刑的规定，未成年人量刑时缺乏参考标准。这样不利于对未成年人的矫治预防，也不利于营造保护未成年人权利的环境。未成年人案件量刑情节不全面，在《量刑指导意见》中也只规定了未成年人量刑的一些方面。未成年人对犯罪的认识、犯罪动机、犯罪时的年龄，以及是否为初犯、偶犯，悔罪表现、个人成长经历等因素都是决定对其是否从宽处罚的考虑因素。以 16 周岁为分界线，将未成年人犯罪分为两个减少相应基准刑标准的范围，即 30%— 60%、10%—50%。但并未规定未成年人 1 人犯数罪或共同犯罪时主、从犯定性等情形如何适用减轻刑罚。因此法官不能只注重庭上调查，也要通过该未成年人家庭状况、悔过态度、社区矫正等进行调查。仅靠案件材料来反映未成年人犯罪案件的法律事实，容易造成难以掌握、不便操作、诉讼效率较低、量刑偏差等情况。所以，专门针对未成年人量刑规范化制定指导文件具有重要意义。

第三章　未成年人适用认罪认罚从宽制度的发展方向和具体路径

第一节　程序的分层选用

认罪认罚从宽制度只有满足"自愿"这个先决条件，才有依法从宽的结果。既然是"自愿"，就说明犯罪嫌疑人、刑事被告人具有是否实施认罪认罚的选择权，既然未成年人也在认罪认罚从宽制度的适用范围内，也就是说未成年人也拥有这项诉讼权力，虽然这是一种限制性权力，实际上未成年人对认罪认罚诉讼行为拥有不完全选择权。是否行使认罪认罚权力意味着未成年人需要选择是否以减损或放弃部分权力来换取更大的诉讼利益，[①]这是一个权衡与博弈的过程，未成年人是

---

① 毛泽金：《基于诉讼行为能力分析视角下的未成年人认罪认罚研究》，载《预防青少年犯罪研究》2019 年第 5 期。

否有足够的能力来恰当合理地行使自身权力，最大限度地保障自身利益，在未成年人认罪认罚从宽制度的适用过程中是一个非常值得关注的问题。

一、严格限制刑事责任下的选用

（一）选用的合适时间

认罪认罚从宽制度贯穿刑事诉讼全过程，这一举措最大化地赋予了犯罪嫌疑人、被告人的人权保障，认罪认罚从宽制度作为一种协商性司法，犯罪嫌疑人、被告人在自愿的前提下可以在任一诉讼阶段启用该制度。学者们针对认罪认罚从宽的启动阶段也提出了不同的看法，有的学者认为被追诉人尽早认罪可以大大提高司法效率，优化司法资源配置，并提出在侦查阶段认罪的可以从宽适用强制措施；[①]也有的学者提出要在不同阶段的适用后果上进行区分，如在侦查阶段的适用主要体现在程序上的从宽，在审查起诉和审判阶段的适用主要体现在实体上的从宽。[②] 前一种观点从诉讼效率为出发点有一定道理，与认罪认罚从宽的初衷是一致的，但是提高诉讼效率并不能作为该制度的唯一目的，维护当事人的合法权益，确保无罪的人不受刑事追究，有罪的人受到公正惩罚才是司法审判的主要原则，《指导意见》中也将“准确及时惩罚犯罪，强化人权司法保障”放在了“推动刑事案件繁简分流，节约司法资源”的前面。如果过于追求速度之快而鼓励被追诉人在侦查阶段认罪认罚，可能带来罪责刑不匹配的后果，有失司法公正性，对被追诉人权益带来损害，或者使其没有得到应有的惩罚。后一种观点对于在侦查阶段认罪认罚的被追诉人有失公正，因为无论哪一个阶段认罪认罚的被追诉人，都应该拥有在程序和实体两方面从宽的机会。办理认罪认罚案件，应当区别认罪认罚的不同诉讼阶段，但从宽结果的判定应当依据的是犯罪事实、性质、情节和对社会的危害程度，应当考虑被追诉人的悔罪态度和表现。[③] 以上两种观点更不适用于未成年人犯罪，尤其与我国未成年人司法中“教育为主，惩罚为辅”的原则不符。办理未成年人犯罪案件，应当重点关注对未成年犯的思想教育，帮助他们形成正确的

---

① 陈光中：《认罪认罚从宽制度若干重要问题探讨》，载《法学》2016 年第 8 期。转引自王艺超、涂龙科：《未成年人犯罪适用认罪认罚从宽制度研究》，载《青少年犯罪问题》2017 年第 6 期。

② 康赞：《认罪认罚从宽制度的适用范围和适用阶段》，载《天津检察》2019 年第 4 期。

③ 详见 2019 年“两高三部”发布的《关于适用认罪认罚从宽制度的指导意见》中第三部分：认罪认罚后“从宽”的把握。

价值观和是非观，使其意识到自身行为不当的情况下，帮助他们重返社会，让他们能够正确处理人与人、人与社会、人与自然的关系。总之，有关认罪认罚从宽制度适用阶段的规定中并未体现出对未成年人犯罪和成年人犯罪的差异性对待，如果将二者一视同仁难免会在实施过程中出现自相矛盾的情况，未体现出我国司法对未成年人的保护理念，也没有将未成年人的心智发育情况这一重要因素考虑在内，因为正是这一因素决定了未成年犯的特殊性，使得未成年人刑事案件与普通刑事案件要区分办理，并更注重对未成年犯的教育与矫治措施。

基于未成年人司法的帮教作用以及儿童利益最大化原则，严格限制刑事责任下的未成年人适用认罪认罚从宽的合适时间应在最高人民检察院核准追诉后。

首先，在侦查阶段认罪认罚从理论层面上是可以的，"认罪"是指犯罪嫌疑人、被告人自愿如实供述自己的罪行，对指控的犯罪事实没有异议，"认罚"在侦查阶段表现为表示愿意接受处罚。在实际操作中，它存在一定的矛盾性，办理认罪认罚案件应当坚持证据裁判原则，以事实为依据，全面收集、固定、审查和认定证据，若在证据不充分、事实不清晰的情况下适用认罪认罚，有悖认罪认罚从宽制度的原则，可能出现被追诉人钻孔子，造成司法混乱，从犯罪者心理角度看，有一些惯犯，主观恶性很深的犯罪嫌疑人、被告人，如果没有充分的事实证据，不到他们心目中的"最后一刻"，不会缴械投降。① 且犯罪未成年人心智尚未成熟，辨认能力和控制能力不足，易受到外界的压迫和影响，占据强势一方的侦查机关可能会威逼利诱犯罪未成年人认罪认罚从而获取口供。② 因此，犯罪未成年人在侦查阶段认罪认罚不是最佳选择。

其次，相较于审判阶段的认罪认罚，在核准追诉后认罪认罚可以获得最大程度上的从宽处理。从宽处理既包括实体上从宽处罚，也包括程序上从简处理。最高人民检察院核准追诉即表明已查明犯罪事实清楚或犯罪证据充分，犯罪已成既定事实，《指导意见》中关于从宽幅度的把握中规定，"在刑罚评价上，早认罪优于晚认罪"，早认罪认罚体现出犯罪未成年人积极的悔罪态度，也意味着其社会危险

---

① 《侦查阶段认罪认罚怎么做、量刑建议如何做到规范精准？首席大检察官答疑解惑。》，载中国青年网，https://baijiahao.baidu.com/s?id=1692345117696793784&wfr=spider&for=pc［2021-11-12］。

② 王艺超、涂龙科：《未成年人犯罪适用认罪认罚从宽制度研究》，载《青少年犯罪问题》2017年第6期。

性的降低,应该得到更大的从宽幅度,如湖北省《关于适用认罪认罚从宽制度实施细则(试行)》中规定,“侦查阶段认罪认罚的,可以在法定幅度范围内减让基准刑30%以内提出量刑建议;审查起诉阶段认罪认罚的,可以在法定幅度范围内减让基准刑20%以内提出量刑建议;审判阶段认罪认罚的,可以在法定幅度范围内减让基准刑10%以内提出量刑建议。”未成年人因其身心发育不成熟而具有可塑性强的特点,其犯罪原因大多也是因为自身价值观的偏离,对犯罪未成年人采取有效的帮教措施,助其形成正确的是非观是办理未成年犯罪案件的首要价值取向。

(二)选用的决定人

犯罪未成年人是未成年认罪认罚案件的主体,但《指导意见》第56条关于具结书签署的问题中指出,“未成年犯罪嫌疑人签署认罪认罚具结书时,其法定代理人应当到场并签字确认……法定代理人、辩护人对未成年人认罪认罚有异议的,不需要签署认罪认罚具结书。”即未成年人认罪认罚应当经过其法定代理人同意,并赋予法定代理人异议权。当犯罪未成年人与其法定代理人意见出现分歧时,应当有谁来做出最终决定?法律中未做出明确规定。笔者认为,对于严格限制刑事责任的未成年人,是否选用认罪认罚,由其法定代理人拥有最终决定权。

二、相对限制刑事责任下的选用

(一)选用的相对决定人

相较于严格限制刑事责任的未成年人,14—16周岁的被追诉人承担了更大的刑事责任,意味着其刑事责任能力的提高,也反映出其诉讼能力的提高,因为刑事责任能力与诉讼能力具有关联性,二者都是以辨认和控制能力为基础。基于他们在诉讼中的主体性,相对限制刑事责任的未成年人应在诉讼过程中占据更高的地位和更大的作用,司法人员应当听取并考虑他们的个人意愿。但由于其心智发育尚未完全成熟,诉讼能力依然具有相对限制性,所以需要其法定代理人的辅佐作为其诉讼能力的补充,这也是我国法定代理人制度的建立缘由。因此,犯罪未成年人是认罪认罚选用的相对决定人,即不再由法定代理人行使完全决定权,犯罪未成年人和法定代理人的意见具有共同参考价值。

1. 诉讼能力的具备

汉语中对“责任”的理解通常可以分为两个意义:一是指个体份内应做的事,

来自对他人的承诺,职业要求,道德规范和法律法规等;二是指没有做好自己工作,而应承担的不利后果或强制性义务。“刑事责任”中的“责任”应取第二层含义,那么刑事责任能力应是指承担其犯罪行为后果的能力,而犯罪行为的后果不仅包括对应的刑罚和执行方式,也包括诉讼过程的体验。由此可以推断出,《刑法》规定 14—16 周岁未成年人需承担部分刑事责任即认定了该年龄段的犯罪未成年人具备了承担诉讼过程这一后果的能力,也就是说具备了一定的诉讼能力。此外,《刑事诉讼法》要求犯罪未成年人在诉讼中一定要独立地行使一些人身性的自主辩护权,就是认定涉罪未成年人有能力作出有效的诉讼行为。[①] 实际上未成年被告人拥有最终的陈述权且需要独立做出这一行为。

我国法律中对于法定代理人及合适成年人的到场权并非强制性规定,当出现法定代理人或合适成年人未能到场的情况时,犯罪未成年人需要独自进行诉讼行为,这也反映出其诉讼能力的具备。

2. 诉讼能力的相对性

相对限制刑事责任的犯罪未成年人所具备的诉讼能力是不完整的,这也是我国法定代理人制度存在的根源。法定代理人制度是对犯罪未成年人的一种特殊保护性措施,是基于其心智发展程度而对其诉讼能力的补充,以保障犯罪未成年人的诉讼权益。如《刑事诉讼法》第 281 条提出的未成年犯罪嫌疑人、被告人的法定代理人的到场权和代为行使诉讼权;第 282 条提出的法定代理人对附条件不起诉的异议权;《指导意见》第 56 条提出的未成年犯罪嫌疑人签署认罪认罚具结书时,其法定代理人的到场权和异议权等。

3. 法定代理人的权限相对性

责任的大小与意志的自由是相对应的,14—16 周岁的未成年人作为相对限制刑事责任人,已经有了意志的相对自由,那么其意志就应该得到尊重。未成年人是独立的个体,而不是成年人的附属品和财产,他们应该被赋予自由表达意愿的权力和机会。未成年人司法的原则之一是“教育”,教育的实施可以贯穿于诉讼的全过程,当然也适用于认罪认罚的过程。未成年人承担刑事责任的最终目的并不是其承担刑事处罚的多少,而是对其进行帮教、感化、矫正,助其形成正确的是非观、价值观,顺利回归社会,这些原则在认罪认罚过程中都可以得到实施和运用,

---

① 陶郎道:《未成年人自主性辩护权行使问题研究》,载《北方法学》2019 年第 5 期。

如宣传教育视频、讲座等。未成年人犯罪案件的核心应该是犯罪未成年人而非法定代理人，如果事事都由法定代理人代为处理，削弱了犯罪未成年人在诉讼过程中的参与感，则背离了未成年人司法的初衷。

因此，相对限制刑事责任下的未成年人认罪认罚案件中，其法定代理人应当具有到场权和异议权，以保障犯罪未成年人的合法诉讼权益，但法定代理人的意见并非决定性的，犯罪未成年人也应有表达自己意愿的权力和机会，并得到尊重。

（二）异议的决定机关

相对限制刑事责任下的认罪认罚案件中，犯罪未成年人和法定代理人的意见都不应具有单方面完全决定性，而是共同决定，当二者意见一致时，司法机关应遵从其意愿选择是否认罪认罚，当二者意见出现分歧时，如果以犯罪未成年人的意见为准，则否定了法定代理人的异议权，与法律规定相矛盾，且由于犯罪未成年人心智尚未完全成熟，这种做法具有一定的风险性，如果以法定代理人的意见为准，则犯罪未成年人的意愿表达只是流于形式，并未发挥真正作用，而且刑事案件中的刑罚后果是施于犯罪当事人个人，通常为生命的剥夺或自由的限制，与法定代理人的利益无直接关联，法定代理人不以犯罪未成年人的切身利益为出发点做出认罪认罚决定的情况也是有可能的。因此，无论以二者任何一方的意愿为认罪认罚的最终决定，都不是最佳办法，此时应当由司法机关代表国家行使“家长”权力，综合考虑犯罪未成年人和其法定代理人双方的意见，最后做出有利于犯罪未成年人的决定。

国家的“家长”权力源自国家亲权理念，国家亲权，即国家作为未成年人的最高亲权人，享有最高的监护权限。[①] 这一概念虽然并非起源与我国，但与我国儒家文化中的“恤幼”理念不谋而合，且与我国未成年人司法中的宗旨一致，以保护未成年人为原则，国家亲权在犯罪未成年人中的适用，首先是以少年符合“有限理性人”为前提条件的，是基于对少年的个人长远利益和社会整体利益考量，其次符合“保障人权”的主旨要求，最后符合“社会整体利益和个人长远利益”的目的。[②] 国

---

① 刘浩：《未成年人认罪认罚具结的反思与重构》，载《四川警察学院学报》2019 年 10 月第 31 卷第 5 期。

② 肖姗姗：《少年司法之国家亲权理念——兼论对我国少年司法的启示》，载《大连理工大学学报（哲学社会科学版）》2018 年第 39 卷第 4 期。

家是全体公民的家长，司法机关可以根据对未成年人的保护理念，以“教育为主，惩罚为辅”为原则，做出专业的判断，确保儿童利益的最大化。

三、完全刑事责任下的选用

（一）选用的决定人

在《刑法》中关于刑事责任年龄的规定中，已满16周岁的人犯罪，应当负刑事责任。完全限制刑事责任下的犯罪未成年人是否选用认罪认罚程序，应该由犯罪未成年人本人做最终决定。无论是我国《刑法》中的刑事责任年龄划分，还是《民法典》第18条中规定，“十六周岁以上的未成年人，以自己的劳动收入为主要生活来源的，视为完全民事行为能力人，”都已经将16—18周岁的未成年人视作和成年人一样的行为能力和刑事责任能力。据此，完全刑事责任下的犯罪未成年人已经具备了独立做出判断的辨认能力和对行为后果的控制能力。由于我国刑事法律中没有明确的关于法律代理制度的适用范围规定，根据我国《民法典》中的相关规定，16周岁以上的未成年人作为完全民事行为能力人，虽然有监护人，却没有法定代理人。① 再考虑到前文所述的犯罪未成年人的悔罪态度和表现在认罪认罚中的重要意义，我们可以认定完全限制刑事责任下的犯罪未成年人又能力且有必要对是否认罪认罚做出独立判断。当出现异议时，如犯罪未成年人愿意认罪认罚而其法定代理人持有异议的，应当鼓励犯罪未成年人的悔罪态度，因为意识到自身的错误行为和后果的危害性是正确的价值取向，也是未成年司法中“教育”的目的所在，故而应遵从犯罪未成年人的认罪认罚意愿；如犯罪未成年人不愿意认罪认罚而其法定代理人持有异议的，一方面，应当保护犯罪未成年人的尊严，且强硬地迫使其认罪认罚有可能引起逆反或仇恨情绪的产生而造成负面效果；另一方面，由于我国未成年人犯罪中的大部分是16—18周岁的未成年人所为，本着责任与福利兼顾的理念处遇涉罪未成年人，应当将责任主义纳入其中。②

（二）完全刑事责任的提高

我国《未成年人保护法》规定对犯罪未成年人，坚持教育为主、惩罚为辅的原

① 陶郎道：《未成年人自主性辩护权行使问题研究》，载《北方法学》2019年第5期。

② 史立梅：《涉罪未成年人机构化处遇问题思考》，载《检察日报》2020年12月10日，第7版。

则。而16—18周岁的涉罪未成年人作为完全刑事责任人，其所承担的刑事责任大小却与成年人相同，使其在接受刑罚时处于一个相对矛盾的境况。首先，16—18周岁的涉罪未成年人虽然在认知能力和控制能力方面趋于成熟，但仍属于未成年人范畴，其心智发育程度仍有别于成年人，如前所述，刑事责任的大小与辨认和控制能力有直接联系，那么将未成年人与成年人两个范畴的刑事责任大小划分为一个层级则有悖于其刑事责任能力的差异性，同时，这也容易导致将16—18周岁的涉罪未成年人等同于成年人的错误观念，在其量刑建议和刑罚决定上失去其作为未成年人应有的权益。其次，根据《民法典》第18条规定，18周岁以上为完全民事行为能力人，而16周岁以上的未成年人，以自己的劳动收入为主要生活来源的，才视为完全民事行为能力人，这体现出民法中规定和刑法中规定的不一致性。再次，我国未成年人犯罪中以16—18周岁的未成年人犯罪案件居多，如《成都高新区人民检察院未成年人检察工作白皮书》中的数据显示，“犯罪时14周岁至15周岁的未成年人占总人数的14%，犯罪时16周岁至17周岁的未成年人占总人数的86%”，而16—18周岁为完全刑事责任人，那么针对涉罪未成年人的司法保护策略对大部分的涉罪未成年人则没有太多的实质作用，以成都高新区人民检察院的数据为例，即86%的涉罪未成年人承担了与成年人同样的刑事责任，未成年人的司法保护体现性较为片面。最后，从最高人民检察院发布的《未成年人检察工作白皮书(2020)》的数据来看，2020年的未成年人重新犯罪率与2019年持平，均为3.83%，为2016年至2020年间的最高值。对涉罪未成年人实施有效的教育和矫治、预防再犯是司法机关和社会应该重点关注的问题。16—18周岁的涉罪未成年人还处在成长阶段，未来的人生还很长，对其秉承教育和惩治相结合，采取必要的干预手段，使其在敬畏法律的同时，矫正其行为和价值观，助其走上正确的人生道路，是更为重要的工作任务。

因此，建议将完全刑事责任年龄提高至18周岁，将相对限制刑事责任年龄划分为14—16周岁和16—18周岁两个阶段，但16—18周岁的刑事责任相对高于14—16周岁。这样一方面保证了我国法律之间的一致性，另一方面更加体现了对16—18周岁未成年人的司法保护，加强对重新犯罪的预防。

第二节 程序衔接的完善

一、不起诉的完善

不起诉制度的理念与认罪认罚从宽制度中的“宽严相济”原则以及我国未成年人司法制度中“教育，感化，挽救”的方针和“预防为主，减少司法干预”的理念互相一致，且与“逐步扩大相对不起诉在认罪认罚案件中的适用”的政策指引，在未成年人认罪认罚案件中应鼓励不起诉的优先适用。

（一）不起诉优先适用的应然性

我国1979年的《刑事诉讼法》中所规定的免予起诉制度和不起诉条款通常被认为是我国刑事案件中不起诉制度的开源，有着重要的意义，虽然当时的免予起诉制度忽略了对被告人辩护权获得的保障，也缺乏对被告人申诉权的救济，加之当时司法监督机制尚不完善，[①]于1996年的《刑事诉讼法》中废除。经过20多年的发展与成熟，我国现行的刑事不起诉制度是在我国宽严相济的刑事政策下，赋予检察机关自由裁量权，为达到司法公正与效率统一的一种方式，以维护和保障人权，落实教育感化方针，维护社会稳定，实现审前分流。

根据《刑事诉讼法》中对不起诉的规定，可以分为以下几类：1. 法定不起诉，如第177条规定“犯罪嫌疑人没有犯罪事实，或者有本法第十六条规定的情形之一的，人民检察院应当作出不起诉决定”；2. 存疑不起诉，如第175条第4款规定“对于二次补充侦查的案件，人民检察院仍然认为证据不足，不符合起诉条件的，应当作出不起诉的决定”；3. 酌定不起诉，如第177条第2款规定“对于犯罪情节轻微，依照刑法规定不需要判处刑罚或者免除刑罚的，人民检察院可以作出不起诉决定”；4. 附条件不起诉，如第282条规定“对于未成年人涉嫌刑法分则第四章、第五章、第六章规定的犯罪，可能判处一年有期徒刑以下刑罚，符合起诉条件，但有悔罪表现的，人民检察院可以作出附条件不起诉的决定”；5. 特殊不起诉，如第182条规定“犯罪嫌疑人自愿如实供述涉嫌犯罪的事实，有重大立功或者案件涉及国家重大利益的，经最高人民检察院核准，公安机关可以撤销案件，人民检察院可以

---

① 王雪谦：《认罪认罚从宽中不起诉制度研究》，广西师范大学2021年法学硕士学位论文，第11页。

作出不起诉决定,也可以对涉嫌数罪中的一项或者多项不起诉”。综合以上类别来看,不起诉的规定阐释了“宽严相济”政策中“宽”的含义,包含该轻而轻,该重而轻,该轻而轻体现的是刑罚公正的应有之义,该重而轻体现的是对犯罪人的感化。① 该理念恰好与认罪认罚从宽制度中的“宽严相济”原则以及我国未成年人司法制度中“教育,感化,挽救”的方针和“预防为主,减少司法干预”的理念相一致。故而在未成年人认罪认罚案件中适用不起诉有其充分的合理性。如果犯罪未成年人认罪认罚后符合法定不起诉和存疑不起诉的条件,则应依法做出不起诉决定,保证未成年人的合法利益;如果认罪认罚后“可能判处免刑的轻微刑事案件”,根据《指导意见》第 30 条规定,可以依法作出不起诉决定。而依据我国未成年人犯罪现状,轻刑罪占据主要地位,以成都为例,《成都高新区人民检察院未成年人检察工作白皮书》中数据显示,2020 年至 2021 年 8 月审查起诉阶段犯罪类型中盗窃罪位居榜首占 39%,聚众斗殴案位居第二占 20%,且适用认罪认罚从宽制度的未成年人犯罪判决情况中,不满 1 年有期徒刑的人数最多,其次为 1 年有期徒刑至不满 2 年。这些数据说明在未成年人认罪认罚案件中,不起诉有着更广阔的适用空间。

因此,无论从价值取向的一致性,还是法律规定的引导性,又或适用空间的广阔性来看,不起诉在未成年人认罪认罚案件中都有优先适用的应然性。

(二)不起诉优先适用的完善路径

1. 强化未成年人司法理念

办理未成年人犯罪案件应秉承“教育为主,惩罚为辅”的理念和“少捕慎诉”的政策,在合理把握量刑标准的基础上,大胆运用不起诉裁量权,把对犯罪未成年人的教育和矫治放在工作重点,帮助其顺利回归社会,预防再犯。我国刑事法律体系中无论是实体法还是程序法上都体现了对犯罪未成年人的轻缓政策,尤其在新修订的《未成年人保护法》和《预防未成年人犯罪法》的背景下,对未成年人的司法保护更为显著和完善。而根据最高人民检察院发布的《未成年人检查工作白皮书(2020)》第 2 项第 2、3、4 条,我国未成年人犯罪不诉率和附条件不起诉率在

① 丁寰翔、刘友水:《未成年人司法制度的构建与实践——以尤溪法院为主要视点》,中国民主法制出版社 2012 年版,第 106 页。

2016 年至 2020 年逐年上升，但是地区之间落实“少捕慎诉”政策的差异仍然较大。检查机关处理未成年人犯罪案件，要重视未成年人司法理念，优先适用不起诉，预防为主，减少司法干预。

2. 细化酌定不起诉的适用标准

前文所述酌定不起诉的《刑事诉讼法》第 177 条第 2 款，因其标准的不确定性，造城酌定不起诉的适用率低下，且引起了学者们对该条款的争议。首先，“犯罪情节轻微”并不是一个明确的执行标准，容易造成判断的不统一。其次，有的学者认为该法条中“犯罪情节轻微”和“依照刑法规定不需要判处刑罚或者免除刑罚”是酌定不起诉适用的共同必要条件，而有的学者认为二者是选择性条件，造成适用范围上的偏差。最后，也有学者认为该法条中“可以”二字属于误用，应改为“应当”。可见不明确的法条规定为酌定不起诉的适用带来了阻力，应在实践中积极探索试用其细化标准，提高其可行性。如山东省某市人民检察院制定了《关于对部分认罪认罚从宽案件适用不起诉的实施办法（试行）》，具体规定了故意伤害罪、非法拘禁罪、盗窃罪、交通肇事罪、危险驾驶罪等常见轻微刑事案件的不起诉标准。

3. 扩大适用附条件不起诉

根据《刑事诉讼法》，附条件不起诉的适用主体为涉罪未成年人，适用的罪名条件为涉嫌《刑法》分则第四章、第五章、第六章规定的侵犯公民人身权利、财产权利或者妨害社会管理秩序的犯罪，适用的刑罚条件为依法可能被判处 1 年以下有期徒刑，适用的主观条件是涉罪未成年人有悔罪表现。基于未成年人犯罪案件的犯罪原因和犯罪特点，可以适当扩大未成年人认罪认罚案件中附条件不起诉的适用范围。首先，涉罪未成年人犯罪的原因多为自身价值观的偏离和自身行为约束力的不足，具体如不恰当的利益观和不成熟的性观念、法律意识薄弱等等。其次，未成年人犯罪多为一念之差或行为过失导致，预谋性较小，且多为轻微型犯罪。另外，最高人民检察院《未成年人检查工作白皮书（2020）》中数据显示，14—16 周岁未成年人犯罪在近两年呈上升态势，由此看来，预防未成年人犯罪和减少低龄化犯罪仍是司法中作中的重点。当涉罪未成年人认罪认罚，有较好的悔罪态度和表现，检察机关在严格审查和决议的前提下，积极适用附条件不起诉，有助于纠正其行为认知和价值观，更大程度地发挥司法的帮教作用，实现未成年人利益的最大化。例如，浉河区人民检察院通过诉前品行严格调查、诉中程序严格审查、诉后表现严格考察,近年来作出附条件不起诉案件 10 余件,涉案人员均顺利回归社会,没有一个重新犯罪。①

第一,适用罪名的扩大。最高人民检察院《未成年人检查工作白皮书(2020)》公布的未成年人犯罪类型中,居前七位的分别是盗窃、聚众斗殴、寻衅滋事、强奸、抢劫、故意伤害、诈骗,七类犯罪嫌疑人数量占全部犯罪人数的 84.03%。可以看出,《刑法》分则第四、五、六章规定的犯罪类型可以覆盖大多数的未成年人犯罪类型。但随着社会的不断发展,未成年人所触犯的罪名开始向智能化、成人化方向发展,如涉嫌信用卡诈骗、编造虚假恐怖信息、非法侵入计算机系统、破坏计算机信息系统犯罪等②,这些犯罪行为可能造成的社会危害性并不十分严重,然而由于不在前述三章的犯罪类型中,失去了适用附条件不起诉的机会。

第二,适用刑罚的扩大。建议将适用的刑法条件扩大为"认罪认罚从宽后的量刑可能为一年以下有期徒刑"。最高人民检察院《未成年人检查工作白皮书(2020)》中数据显示,未成年人犯罪中被判处 1 年至不满 3 年有期徒刑的占比最大,为 44%。扩大刑罚条件后的附条件不起诉给了这部分涉罪未成年人一定的适用机会,扩大了对涉罪未成年人的帮教作用,同时也保证了《刑法》应有的威慑性,避免对涉罪未成年人的过度宽大,对严重犯罪行为起到应有的惩治作用,减少与被害人的利益冲突。

4. 加强监督与制约

要制定严格、有力的监管机制,保证不起诉适用的公正性和各方利益的平衡,避免自由裁量权的滥用。如召开检察官联席会议、强化公开审查和流程监管、细化人民监督员制度、形成书面的不起诉报告等。

二、量刑程序的完善

(一)参与各方的平衡

作为从"控辩对抗"到"控辩协商"转变的体现,认罪认罚从宽制度赋予了刑事案件中控辩双方更多的选择空间,更大限度地体现了司法人权保障。其中的量

---

① 熊建中:《用好附条件不起诉》,载 http://www.xinyang.jcy.gov.cn/jcsy/201405/t20140520_1398088.shtml。

② 刘祎铭:《守护未来:附条件不起诉制度的适用与完善》,载《湖北经济学院学报(人文社会科学版)》2021 年 4 月第 18 卷第 4 期。

刑建议是在检察院和值班律师共同参与协商下的结果，经犯罪嫌疑人同意后，由法院作出量刑决定。

1. 犯罪未成年人及其法定代理人

犯罪未成年人及其法定代理人不仅应该拥有检察院量刑建议的知情权，作为量刑建议的直接承受方，还应参与到量刑建议的协商中，只有在其认可量刑建议的前提下，才能签署认罪认罚具结书。某些地方出现具结书中只有认罪内容而量刑建议在犯罪嫌疑人签署之后补充的做法是不规范、不可取的。

2. 值班律师

《指导意见》第 12 条规定，"……值班律师应当为认罪认罚的犯罪嫌疑人、被告人提供下列法律帮助……（四）对人民检察院认定罪名、量刑建议提出意见……"。应该保证值班律师在认罪认罚案件中的实质性参与。值班律师应保证其阅卷权的充分使用，熟悉案情，并对检察院认定的罪名和量刑建议提出专业意见，保障量刑协商的充分性，不能是只在签署具结书时程序化地阅卷。例如，有一位律师说，"见证的每个认罪认罚案件，我都要提前一天到检察院阅卷、熟悉案情，不是单纯的程序见证，有的案子是要向当事人进行政策解释，提供法律援助和咨询，还有的案子要深度参与，进行实体量刑协商。"①

3. 检察机关

一方面，检察机关应加强与法院的沟通，摒弃"重定罪，轻量刑"的思想，提高量刑能力和准确度。积极学习研究最高人民法院、最高人民检察院发布的《量刑指导意见（试行）》，与法院共同制定量刑实施细则，提高量刑建议的采纳率，减少上诉率。另一方面，应强化与犯罪嫌疑人、被告人及值班律师的协商，听取其量刑建议。

4. 法院

法院拥有最终的量刑决定权，实际上，检察机关的量刑建议并不是对法院量刑决定权的挑战，没有违反"以审判为中心"的原则，检察机关通过与法院的提前沟通，进一步强化了"以审判为中心"原则。②

---

① 《认罪认罚从宽制度中的值班律师》，载 https://www.spp.gov.cn/spp/zdgz/202010/t20201013_481661.shtml。

② 王东明：《"认罪认罚从宽制度"量刑建议精准化的困境与完善路径》，载《云南社会科学》2021 年第 4 期。

(二)量刑建议的准确度

1. 采用分层量刑机制

《指导意见》中未给出具体的量刑标准,在地方制定的认罪认罚实施细则中,较多采用的是"三二一"模式,具体是指在侦查阶段、审查起诉阶段、审判阶段等不同诉讼阶段认罪认罚的,分别可以在法定幅度范围内减让基准刑30%、20%、10%以内提出量刑建议,如湖北省。也有对从宽幅度作出更细致规定的,如杭州市萧山区人民检察院规定,侦查阶段被采取强制措施前认罪认罚且没有反悔的,减少30%基准刑;被采取强制措施后侦查终结前认罪认罚的,减少20%—25%基准刑;移送检察院前认罪认罚的,减少15%—20%基准刑。[①] 量刑要素包括社会危害性要素和人身危险性要素两类。社会危害性要素是指由犯罪的客观危害和犯罪人的主观恶性综合体现决定的因素;人身危险性要素是指反映犯罪人再次犯罪可能性的因素。未成年人认罪认罚案件中的量刑建议应考虑其犯罪行为的严重程度、主观恶性的大小、认罪认罚的不同诉讼阶段、悔罪表现、成长经历、犯罪时的年龄等综合因素,结合对未成年罪犯的教育和矫正,提出准确的量刑建议。

首先,基于认罪认罚的分层。涉罪未成年人在侦查、审查起诉、审判等不同阶段认罪认罚的,分别可以在法定幅度范围内减让基准刑30%、20%、10%以内提出量刑建议。对具有自首、坦白情节且认罪认罚的,可以增加10%以内的从宽幅度。涉罪未成年人认罪认罚,案件涉及被害人或退赃、赔偿且涉罪未成年人确实有退赃、赔偿被害人的意愿及行为的,可以增加10%以内的从宽幅度。

其次,基于涉罪未成年人年龄的分层。《量刑指导意见(试行)》中规定,未成年人犯罪的,根据其年龄段,比照成年犯分别适用不同的轻处比例。犯《刑法》第十七条第二款罪的,14—15岁轻处60%,15—16岁轻处50%,16—17岁轻处30%,17—18岁轻处20%。16—18岁犯其他罪的,再轻处20%。当然这种绝对的轻处规定是可以融入认罪认罚从宽制度中。

综上所述,未成年人认罪认罚应该首先根据所犯罪行和情节选择相应的法定刑,明确量刑起点,确定量刑基准,然后基于其认罪认罚情节和悔罪表现提取量刑

---

① 王东明:《"认罪认罚从宽制度"量刑建议精准化的困境与完善路径》,载《云南社会科学》2021年第4期。

要素,最后根据量刑要素的比例,依照量刑规则,确定最终的宣告刑。

2. 研发智能量刑辅助系统

随着智能化在人们生活中的普及,智能量刑服务系统也是时代发展的趋势。2020 年 11 月,湖北省人民检察院自主研发的智能量刑辅助系统开始运营,减少了检察官大量重复机械的工作,提高了量刑建议的科学性、精准性。智能量刑服务系统使得检察官的工作高效化,留出更多时间用于非机械性主观事务上,有助于提高工作质量。

3. 推广量刑建议说理机制

量刑建议说理机制对控辩审三方都具有实际意义。检察机关通过量刑建议说理可以明确其量刑依据和结论得出的过程,它实际上是对检察机关自由裁量权的一种隐形约束。犯罪嫌疑人、被告人可以通过量刑建议说理更清晰地看到其自身行为与量刑结果之间的关系,使其对是否认可量刑建议做出更理性地判断。法院通过量刑建议说理能更好地判断检察机关量刑建议的精准度,有利于其量刑建议的采纳。它对于控辩审三方的有效协商与沟通都有显著的促进作用。

量刑建议说理机制的运用应该规范、细化,应包括量刑建议和说理两部分。在说理部分,应从客观和主观方面都做出具体说明。量刑过程中的法定要素属于客观方面,检察机关应给出量刑的相关法律依据;酌定要素属于主观方面,虽无法律明文规定,但检察机关应阐释其量刑建议中所包含的量刑要素及相关量刑幅度的判定、计算过程等,做到有理有据。

大数据技术在刑事检察工作中应用的困境与建议*

南召县人民检察院课题组

李兴营　王　璇　李连廷**

近年来，随着社会发展和信息技术的发展，以统一业务应用系统、政法机关跨部门大数据办案平台、12309 中国检察网、"三远一网"等为代表的智慧检务系统在检察机关得到大规模普及和应用，推动检察机关快速的迈进大数据时代，司法办案实现了"人脑 + 电脑 + 智能分析"的多元提升，检察工作也从此由传统的"小米 + 步枪"发展到"C4ISR"多兵种"合成作战"的高质高效发展模式。检察机关充分掌握、科学运用大数据，无异于拥有了追踪、发现问题线索的"金钥匙"，开启了确保法律监督更加精准、高效、务实的"工具箱"。

在检察机关持续深入使用大数据推动检察工作发展过程中，时任最高人民检察院检察长张军多次强调"大数据助力检察工作高质量发展，大有作为！"在 2021 年开展的教育整顿过程中，中央政法委也借助大数据，向顽瘴痼疾整治亮出"科技之剑"，印发了《关于充分运用智能化手段推进政法系统顽瘴痼疾常治长效的指导意见》，主要目的是通过运用大数据分析技术常态化组织开展执法司法巡查和流程监督，实现对执法司法风险环节事前预警、事中监督、事后处置和全过程网上监督、精准监督。这些都足以说明，大数据技术在提升检察机关监督能力、推动检察工作转型升级上，得到了中央到地方各级领导和部门的重视，这些无疑为精准监督理念的落实践行，提供了深厚的现实基础和光明的前景。然而，随着大数据在检察工作中渗透程度越来越深，大数据在检察工作应用实践中的不足也逐渐凸显。

---

* 2021 年度河南省人民检察院理论研究立项课题。

** 课题组成员：南召县人民检察院办公室主任李兴营；南召县人民检察院党组成员、综合业务部主任王璇；南召县人民检察院综合业务部负责人李连廷。

一、大数据在检察工作应用实践中存在的主要困难

（一）刑事检察数据源对接瓶颈依然较为突出，破除数据壁垒任重而道远

当前刑事检察业务数据源主要为检察机关统一业务应用系统内办理的各类案件数据以及其衍生出来的统计数据、各级检察机关历年办理案件扫描后产生的电子档案数据、检答网等各类网络平台系统化的典型案例库等。一是大数据收集机制未完全建立，刑事检察数据源来源还较少影响案件客观公正评价。散落在各级检察机关、其他政法单位的各种刑事办案数据，因管理制度和流通机制等原因，普遍不愿共享，阻碍了彼此间的信息、数据的流通、更新和共享，导致多数涉案数据未转化为刑事检察大数据。如办理涉电信诈骗及帮信案件中，检察机关的电子证据多以“鉴定报告”、犯罪嫌疑人供述等书证形式转化而来，而提供证据的关键部门如银行、网络运营商、公安机关等，与检察机关之间没有直接的大数据共享机制，相关的第一手电子证据检察机关不能直接掌握或分析，虽然这并不影响整体案件的定性或证据采信，但对于一些重大复杂案件，在分析涉案人员主客观统一、作案手段方法、社会危害性评估等方面，主观上受公安机关笔录影响较大，容易形成“先入为主”的印象，可能影响对案件的公正评价。二是目前已有的数据源分属不同平台不同载体，由不同的软件生成，在大数据融合过程中，普遍存在数据不兼容、简单堆叠现象。大量数据以数据孤岛的状态被分割在各部门内部而无法被关联与聚合。同时，检察机关和其他司法机关、行政机关的大数据应用平台多为各自建设，除数据隔离的问题外，还有硬件投入较大导致的零星建设和更新缓慢等问题，这些问题导致调取涉案数据的过程手续庞杂、费时费力。如各级监管场所建设的智能监管系统，既有公安、监狱管理部门建设的，也有检察机关建设的，一方面存在重复建设的情况，另一方面因双方数据“各自为政”，检察机关未同步掌握每个监区的情况，在还原一些重大敏感案件时，一些关键节点容易发生视频“丢失”、设备“损坏”等情况。

（二）大数据分析能力不足，刑事办案的数据价值未能得到充分体现

大数据的真正意义不在“数据量大”，而在于通过数据分析、比对、挖掘等系列“化学反应”，实现的大数据由量变到质变的“升华”，增强检察办案监督科技含量，促进法律监督体系和监督能力提质升级，以便更好地在检察实践中落实习近

平法治思想,为经济社会高质量发展贡献检察力量。一是基层院大数据分析应用能力受主客观制约因素较多。大数据分析的主要作用在于从诸多杂乱无章的办案数据中找出能够提升司法办案水平或法律监督能力的规律,实现对现有的司法办案行为进行规范或提升。要实现这一目的的首要前提是掌握丰富的数据量,数据量越大,在相同分析模型上,能够反映出的规律性就越强,代表性就越高,也越具有说服力。以统一业务应用系统为例,按照现有的数据归集模式,基层院的办案数据归集到省院数据中心,省院数据中心作为中转站,定期向最高检数据中心更新数据。同时,统一业务应用系统软件接口开放权限由省级审核把关,因此,在以统一业务系统为基础的大数据分析过程中,省级院掌握的数据量和数据接口开放程度,就具有很大优势,在进行分析时,几乎不存在技术壁垒,更加便于挖掘办案数据的价值。而基层院几乎没有任何"处置权",仅能通过统一业务系统内置的几个数据查询决策模块进行简单的数据汇总分析。据不完全统计,2021 年,河南省人民检察院及各部门共发布业务分析报告 80 余期,南阳市人民检察院共发布 30 余期,而南召县人民检察院仅借助统一业务应用系统开展了 22 期业务分析报告,基层院借助大数据开展业务分析数量层次落差明显。二是数据价值分析尚属于表层分析,对刑事检察业务的支撑能力还需要进一步提升。在刑事检察中的大数据分析用途上,一方面,通过数据模型的分析,给出某一类案件关联性最强的建议,从而避免承办人在办案过程中因主观判断或认识不同所带来的主观偏见;另一方面,通过大数据分析能够更加高效地监控司法办案规律的变化趋势,根据相关性更准确地预测未来或给予决策建议,及时纠偏。而就目前全省的大数据分析能力来看,现有的检察大数据分析主要以服务考评工作为主,通过报表数据等浅层次分析来核验司法办案情况,但是实践当中不少分析报告仅停留在数据表面,如在开展未成年人犯罪分析报告中罗列被告人年龄、所涉罪名等简单信息,即使做了大量的可视化图表分析,但对这些数据所反映的问题或者这些数据与报告主题的关系缺少深入思考,这种分析模式属于事中或事后分析,虽然对司法办案活动有一定的指导性和纠偏性,但就预防违规办案、强化事前监督等方面来看,存在明显不足。而针对常见多发案件和新型、疑难案件进行的分析,为业务决策、类案监督、调整惩防重点等更深层次的法律监督提供依据等方面,目前就涉足的更少了。如借助大数据技术实现量刑建议更加精准、监督纠正法院同案不同判、对羁押必要性审查评估、不予逮捕案件社会危险性预测评估等方面,目前未见有实质性行动。

（三）上下级大数据建设设计理念和需求不一致，顶层设计与基层创新需要统分结合

在智慧检务系统建设和大数据应用实践过程中，基层更加侧重变革办案方式，把承办人从"司法民工"简单重复的工作中解放出来，解决"案多人少"的矛盾，而高层更加注重如何提升监督质效、规范司法行为，以避免冤家错案等，这就容易造成顶层设计和基层需求不匹配、基层被动适应顶层设计的情况。一是大数据信息平台智能化程度不足，重复劳动现象严重。目前刑事检察案件主要办理平台为统一业务应用系统，在顶层设计上，实现了全国四大检察案件的统一管理，避免了线下办案的种种弊端，也形成了大量的办案数据积累，推动检察办案走向信息化、智能化。但在统一业务应用系统使用过程中，办案数据基本上都靠承办人输入，数据之间未能形成有效抓取、交互、关联，更谈不上案件数据的分析。在人机对话方面智能化程度不高，需要手工填录和修正的内容较多，基本上承办人录入什么就展示什么，如果未录入相关的案卡信息，则系统也不会自动分析抓取案件的关键信息。每次在统计特定案件类型数据的时候，也不能直接从系统中进行识别、抓取，仍然需要通过传统的人工筛查、层层上报的方式来获取数据。再如提升量刑建议精准度上，基层承办人希望可以借助统一业务应用系统的大数据分析，找到提高法院的采纳率、降低被告人的上诉率等方面的不足和改进空间，同时通过历年来的办案数据比对，找出影响量刑建议采纳率的因素有哪些？法院不采纳量刑建议的主要理由是什么？下一步的改进建议是什么？等能够辅助决策、提升办案效率的内容，但在实践中，统一业务应用系统仅提供了起诉意见书、量刑建议等文书的基础模板供办案人员套用，并且对套用模板中的明显逻辑错误，如犯罪嫌疑人中出现张冠李戴、罪名书写错误、是否签署具结书等内容，也未能很好地进行逻辑审查并给予提醒，因此导致大数据在提高刑事检察办案效率方面的功效大打折扣。二是数据调用自主权不足，基层首创精神受到制约。近年来，在推动刑事检察业务创新发展、激发基层首创精神，增强争先创优动力方面，上级检察机关出台了一系列指导意见，并通过考评指挥棒，全面引导基层检察院因地制宜、打造特色品牌和工作亮点，力争实现"一品促一线，一院促一片"的效果。但是，在借助统一应用系统开展辅助办案系统过程中，因统一业务应用系统安全审计策略要

求以及数据接口等方面因素，基层院在开发过程中，很难获取到接入授权，与统一业务应用系统无法对接，只能进行孤立开发，即便是通过“曲线救国”方式开发出了辅助办案系统，一旦统一业务应用系统更新或更换版本，就会造成衔接不畅、信息壁垒，需要二次开发等问题。同时，由于办案人员使用辅助系统办案时需要在统一业务应用系统和多个应用软件之间来回切换，在系统界面、风格、操作习惯和硬件要求方面存在较大差异，在操作过程中极易导致信息填录混淆、“张冠李戴”，数据分析的精确性也得不到有效保障。

二、大数据在检察工作应用实践中的建议

（一）树牢开放、共享、融合的理念，实现大数据由简单堆叠到交互应用的转变

一是通过技术创新破解数据共享中的难点问题。在检察机关内外部开展数据共享和信息访问过程中，要找准数据共享和保密安全的平衡点，除利用传统的技术手段对网络入口边界进行防护和对核心层进行安全加固的基础上，还要通过“间接接触”原则加大对数据接口的开放程度。上级院通过部署数据服务交换站，在检察大数据中心和各级检察院之间架起数据交换的安全通道，下级院通过向该交换站发起数据交换申请并通过数据交换站向目标数据中心移交申请，数据中心在进行用户鉴权后，下发相应的数据至数据交换站。通过这种不直接接触数据中心的方式来保障数据中心的内部结构不会被外部直接访问和探测，既有效增加数据中心数据的保密性和安全性，又向下级间接开放了数据接口，有效解决了智慧检务建设过程中的数据共享“瓶颈”和安全隐患。二是做好规划对接。对于新建或改造的大数据应用项目，要制定统一建设规划和建设策略，将功能需求和现有资源对接，能整合的整合，不能整合的，达到对应功能要求即可，硬件投入上不必一味追求高标准，减少功能重叠和资源闲置浪费。在建设过程中，信息技术部门要与供应商做好新项目的建设对接，对项目软硬件要求结合实际情况及时提出合理化建议，确保新系统在工作中更好的发挥其应用价值。三是加强融合贯通。大量的数据堆砌本身并没有实际意义，对数据分析处理是打造智慧检务的关键，当前检察机关所收集到的有用数据中，价值被隐藏起来的数据量和价值被真正挖掘出来的数据量之间的差距巨大，产生了大数据鸿沟，要想发挥这些数据的价值，只有围绕大数据应用的“深度”和“广度”两大维度，全面串联检察工作的各个环节，

才能提升司法办案、队伍建设、事务管理等各个方面的质量和效率。如通过在同步录音录像、视频接访、远程提审、庭审监督等系统中,积极开展视频搜索、微表情分析等智能化新技术应用,通过设备互联、系统互通实现基于大数据的侦查取证、犯罪嫌疑人心理分析、涉案人员活动轨迹复原等方面综合应用支撑,改变现有条块分割、应用目的单一、使用效能不高等问题。

(二)坚持以价值挖掘为中心,强化服务支撑,全面提升大数据系统提供决策服务的智能程度

一要推动智慧检务向智能化、精准化迈进。以大数据为基础的智慧检务系统较为直观地反映了检察机关内外部环境中需要解决的问题,并在一定程度上体现出问题形成的原因,其主要目的是立足于向检察人员办案或决策提供依据、规律、找出方向,帮助决策者进行主观选择或逻辑验证,但机器不能替代人脑,在涉及案件定性、重大决策等事项,应避免不加思考的依赖智慧检务系统进行决策,陷入"唯数据论"的误区;同时,也要避免以机器决策不可靠为由,形成"拍脑袋决策"的传统决策模式。检察人员可以在智慧检务辅助的基础之上,加入人机互动因素,把自己对事物的认识、经验、思路、逻辑等加入智慧检务系统,进行融合、研判,最终得出较为科学和符合实际的结论;同时也通过这种人机交互模式,进一步促进智慧检务系统的更新、完善,促进其在辅助办公办案、决策等方面,向更加智能化、精准化演进。二要进一步提升检察大数据的挖掘和计算能力。在大数据应用系统建设过程中,一方面要以统一业务应用系统形成的大数据为基础和核心,围绕法律法规新变化、信息技术新发展、业务部门新需求、检察机关新职能,加强与统一业务应用系统配套功能的拓展和计算能力的提升,努力实现检察大数据由简单向复杂、由低维向多维进行增值挖掘;另一方面要加强与其他执法司法信息资源的对接,充分发挥基层院的自主创新能力,积极研发提升各项检察业务智能化程度的应用,努力实现系统内外数据的多元立体交互,从而大力提升运用大数据在快速检索、分析甄别、趋势发现、预警预测、评估研判、辅助决策等智能服务的计算分析能力,提高司法办案专业化、智能化的程度。

(三)注重大数据运用的规范管理,解决好司法办案提质增效和风险防范等问题

一要强化基层人才保障。随着检察工作进入新时代,借助检察大数据服务检

察工作的需求会越来越强烈,各类信息系统在检察工作中的应用会全面铺开并持续深化,对基层而言,信息技术人员就是保障大数据系统正常运转的关键。因此,在对检察机关在引进法律专业人才的同时,要积极的探索各类途径引进信息技术人才,在传统的招录方式引进专业技术人才的基础上,探索遴选、聘请、招聘等多种引进人才方式,加大信息人才引进培养力度,提高信息技术人才数量和质量,积极构建常态化、稳定的人才培养机制,为检察机关开展大数据战略提供专业的人才保障。二要处理好运用数据分析与个人主观能动的关系。大数据时代,检察工作人员办案的每一个步骤都会被大数据所记载和上传,而上级机关对下级工作的考核便依据这些数据,这可能导致某些工作人员为应付上级机关的检查,工作只做表面文章,录入相关案件数据的过程中,只录入对其工作有利的数据,而不是与案件相关的所有数据,造成案件录入失实,影响检察机关的公信力。因此,检察机关在应用大数据进行相应的管理时,应综合考虑各方面因素,给予工作人员一个客观的评价,防止压力过大,造成检察工作的失真,伤害检察机关的权威和司法公信力。应始终谨记大数据是提升检察工作水平的工具,而不是检察工作人员本身,不能本末倒置。三要努力解决检务公开与监督管理的矛盾。大数据时代,随着一些刑事检察案件信息在不同结点同步公开到最高检的案件信息公开网上,公众更容易获得案件的相关进展和基本案情。同时也存在一些涉及个人隐私的信息,会不经意间被发布到网上,这为一些媒体和网民追求眼球效应提供了便利,甚至被一些不良用心的人或机构所利用,制造舆论向检察机关施压,破坏检察机关的公信力。因此,我们在开展案件评查的同时,必须借助大数据系统常态化的对司法办案活动进行逻辑审查、程序审查,常态化的进行事前、事中监督和“巡逻”,推动办案人员努力适应在大数据信息系统监管下严谨办案,不断加强对司法办案人员培训,提高承办人办案安全的主观认识程度。同时要借助统一业务应用系统,采用规范严格的审批制度和审核制度,对案件信息的采集、录入、存储、删除、销毁等阶段,都通过严格的内部规定和程序来约束,防止办案信息不当泄露和被侵犯,实现大数据安全办案和开放共享的有机统一。

生态环境资源和食品药品等领域刑事检察与公益诉讼检察衔接机制研究[*]

——建立检察公益诉讼生态化系统管理机制的初探

南召县人民检察院课题组

孟宪英　王　璇　赛恒健　史　鹏　张玉象[**]

生态环境资源和食品药品是关乎民生的重要领域，国家设立检察机关监督法律实施、维护社会公益，旨在通过充分发挥法律职能使公共利益及时得到司法救济，从而着力提升新时代人民群众获得感、幸福感。实践中，随着经济社会的高速发展，一些行为人为了牟取不当利益不惜铤而走险，加之一些行政机关出现不主动作为等渎职行为，各种新型生态环境、食品药品安全问题层出不穷，如何处理好上述领域刑事犯罪与公益诉讼的有机衔接问题，将其转化为全方位立体化保护的综合法治治理问题，实现保护好绿水青山、保障民众“舌尖上的安全”、维护好社会公共利益的美好愿望，是司法实践中必须关注和亟待解决的重要课题。

一、生态环境、食品药品等领域内公益诉讼保护工作发展现状

（一）2017 年 7 月以来全国公益诉讼开展情况

2017 年 7 月至 2019 年 9 月，公益诉讼案件共立案 214,740 件，办理诉前程序案件 187,565 件、提起诉讼 6353 件。其中，生态环境和资源保护领域公益诉讼案

---

* 2019 年最高人民检察院理论研究立项课题。

** 课题组成员：南召县人民检察院原党组书记、检察长孟宪英；南召县人民检察院党组成员、综合业务部主任王璇；南召县人民检察院政治部副主任赛恒健；南召县人民检察院第四检察部副主任史鹏；南召县人民检察院综合业务部干警张玉象。

件共立案 118,012 件，占立案总数的 54.96%；食品药品领域公益诉讼案件立案 71,464 件，占立案总数的 33.28%①（见图 1）。

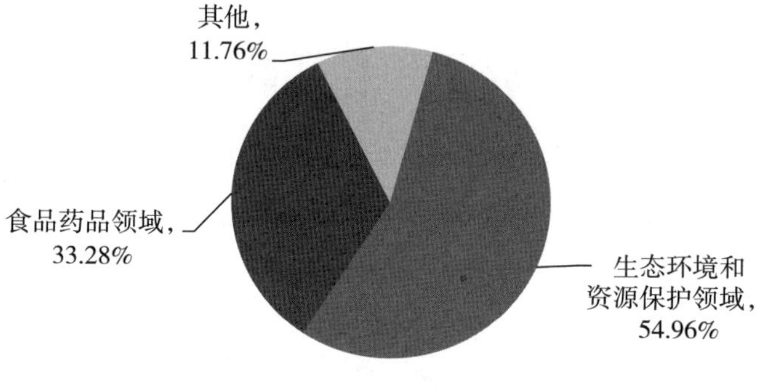

图 1　全国公益诉讼案件立案占比情况

起诉案件中，刑事附带民事公益诉讼案件占 77.82%，民事公益诉讼案件占 6.52%，行政公益诉讼案件占 15.66%，支持社会组织提起民事公益诉讼案件 87 件②（见图 2）。

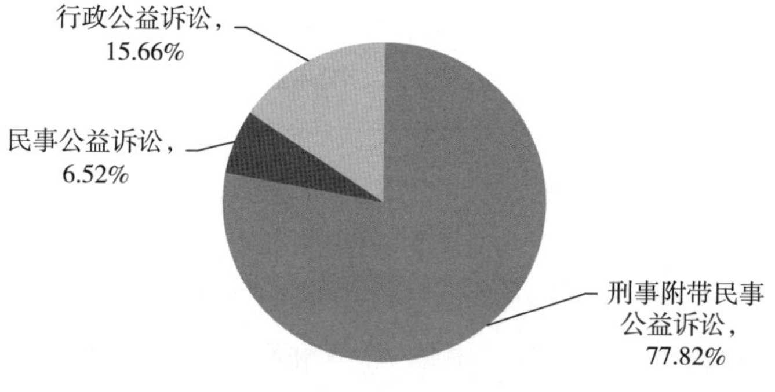

图 2　公益诉讼案件起诉类型占比情况

（二）2018 年 H 省公益诉讼开展情况

2018 年，H 省检察机关共立案 1531 件，通过诉前程序办理 1301 件，其中生态环境和资源保护领域 728 件，占立案总数的 47.55%；食品药品安全领域 289 件，

① 张军：《最高人民检察院关于开展公益诉讼检察工作情况的报告（摘要）》，载《检察日报》2019 年 10 月 25 日，第 2 版。

② 张军：《最高人民检察院关于开展公益诉讼检察工作情况的报告（摘要）》，载《检察日报》2019 年 10 月 25 日，第 2 版。

占立案总数的18.87%；国有资产保护领域127件，国有土地使用权出让领域157件（见图3）。

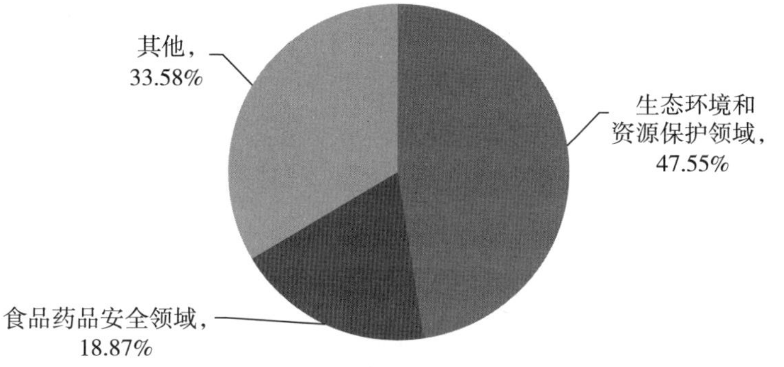

图3　2018年H省公益诉讼案件类型占比情况

（三）2017年7月以来N市公益诉讼开展情况

2017年7月至今，N市检察机关共发现公益诉讼案件线索648件，立案381件，发出诉前检察建议书和公告347份，提起公益诉讼32件。其中，生态环境和资源保护领域274件，占立案总数的71.91%；食品药品安全领域62件，占立案总数的16.27%；国有土地使用权出让领域34件，占立案总数的8.92%；烈士名誉保护领域11件，占立案总数的2.89%（见图4）。

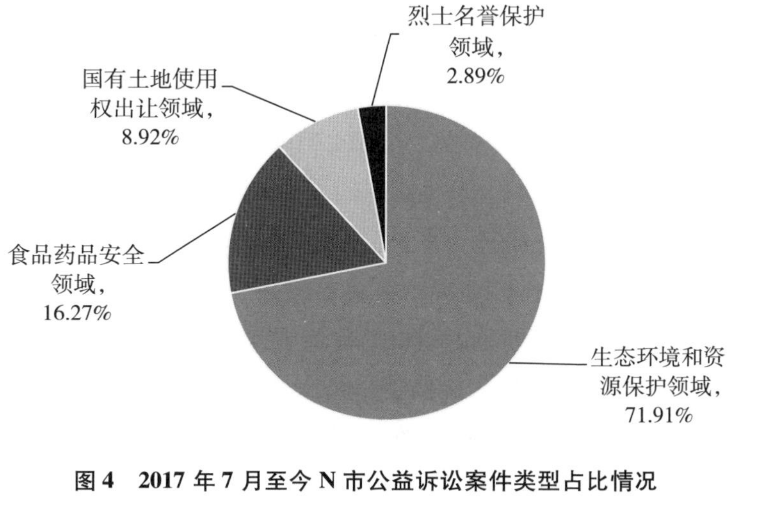

图4　2017年7月至今N市公益诉讼案件类型占比情况

(四)生态环境、食品药品等领域内公益诉讼检察工作现状分析

1. 公益诉讼蓬勃开展。从第一组全国数据可以看出,自 2017 年 7 月 1 日正式全面实施以来,检察公益诉讼开展呈现快速发展态势,这是从中央到地方各级领导各部门和社会各界共同关心支持的结果,也是最高检精准施策和全体检察干警上下齐心共同努力的结晶,具体体现在:(1)党的坚强领导。党中央部署推动,地方各级党委人大高度重视。各地人大纷纷下发了支持公益诉讼的文件。从 2019 年开始,人大每年要专门听取检察机关公益诉讼开展情况专项报告。(2)多部门协作形成合力。检察机关不仅与行政机关形成了既依法督促又协同履职的新型监督关系,而且加强与法院、监委、公安的协作,实现双赢多赢共赢。(3)社会大众共同参与。在线索提供、参与和监督案件办理、推动问题整改等实践环节,社会各界和人民群众都发挥了积极作用。

2. 案件发展不平衡。从案由分布数量和占比来看,生态环境资源领域和食品药品安全领域案件数量占比最大,尤其是生态环境和资源领域案件自上而下基本都占据"半壁江山",主要原因在于:(1)从客观事实上分析,由于我国工业化、城市化进程过快,改革开放以来经济高速发展,很多地方在发展地方经济时,只重视生产,忽视了环境保护,导致环境污染越来越严重。环境保护成了全社会迫切关注的热点、难点、重点。(2)随着社会主要矛盾的转变,物质生活水平的不断提高,人民群众对食品药品领域的安全问题高度关注。尤其是校园及其周边的食品业摊点、商铺等关乎学生的食品安全,药品虚假宣传、外卖卫生等问题尤其受到社会大众的关注。为此,从 2018 年 8 月起,最高人民检察院部署了相关的公益诉讼专项监督活动以保护食品药品安全。(3)2015 年施行的《中华人民共和国环境保护法》与相关司法解释细化了环境公益诉讼的有关内容。最高人民检察院与最高人民法院于 2018 年 3 月 2 日联合发布的《关于检察公益诉讼案件适用法律若干问题的解释》(以下简称《解释》)为检察机关提起公益诉讼提供了法律依据。相关法律法规的健全,赋予了环境公益诉讼的起诉主体更明确的权利与义务,使社会组织和检察机关有法可依,随之而来的环境公益诉讼的案例数量也会越来越多。

3. 案件结构不合理。总体来看,在全国起诉案件中,行政公益诉讼起诉案件偏少,民事公益诉讼数量非常少,社会组织等力量没有充分调动。笔者认为,主要原因在于:(1)诉前程序是检察机关提起公益诉讼的必经程序,通过诉前程序,大

部分的行政公益诉讼案件已经解决，避免了司法资源的浪费。（2）检察机关提起诉讼需以其他有权主体的起诉机制受阻为前提，在启动程序上相对烦琐。对于无特定起诉主体的情况下，检察机关可以提起诉讼；对于存在特定主体的情形，一般利害关系人不敢、不能或无力提起起诉时，检察机关可以支持起诉。（3）刑事公诉案件中，对象确定、证据相对完善，按照《刑事诉讼法》的规定，检察机关有权直接提起刑事附带民事诉讼。因此，在实践中，检察机关为了节约司法资源，简化程序，往往通过提起刑事附带民事公益诉讼的方式办理案件。也就是起诉案件搭“顺风车”多，啃“硬骨头”少，更多的借助刑事追诉已锁定的对象、固定的证据拓展公益诉讼效果①。

综上所述，全国公益诉讼检察工作全面推开以来，生态资源环境领域和食品药品领域公益诉讼案件是公益诉讼的“主力军”。从全国数据看，起诉案件中，刑事附带民事公益诉讼占 77.82%，民事公益诉讼占 6.52%，行政公益诉讼占 15.66%。尽管刑事附带民事公益诉讼可以达到节约司法资源、提高诉讼效率的效果，但其适用面过窄，对于一些行政不作为、环境违法行为等不构成刑事犯罪的行为，刑事公诉的效能无法得到体现。而此类案件在提起民事公益诉讼、行政公益诉讼中又存在法律规定模糊、证据标准不统一、衔接不畅、类型单一、职责不明等问题。因此，有必要对上述领域中在刑事检察与公益诉讼检察的衔接上做更深层次的研究。

二、刑事检察与公益诉讼保护制度沿革及存在的法律衔接问题

（一）公益诉讼保护制度沿革

1. 民事公益诉讼制度沿革。2013 年 1 月 1 日修改生效的《民事诉讼法》第一次对公益诉讼问题作出了规定，确定提起公益诉讼的主体包括与损害没有直接利害关系的有关机关和社会团体；2015 年 7 月 1 日，第二十届全国人大常委会第十五次会议通过《全国人民代表大会常务委员会关于授权最高人民检察院在部分地区开展公益诉讼试点工作的决定》；2015 年 12 月 16 日，最高人民检察院通过《人民检察院提起公益诉讼试点工作实施办法》，这标志着检察机关正式迈出了开展

---

① 张军：《最高人民检察院关于开展公益诉讼检察工作情况的报告（摘要）》，载《检察日报》2019 年 10 月 25 日，第 2 版。

公益诉讼制度的第一步;2017 年 7 月 1 日修改后的《民事诉讼法》第 55 条第 2 款,赋予了检察机关作为补充的适格主体,在生态环境和资源保护、食品药品安全领域中提起诉讼和支持起诉的职责①;2018 年 3 月,《解释》第 4 条和第 20 条明确规定了刑事附带民事公益诉讼案件由审理刑事案件的人民法院管辖,由负责刑事案件的人民检察院一并提起诉讼,赋予基层检察机关管辖刑事案件的刑事附带民事公益诉讼的起诉权,至此民事公益诉讼制度构架基本形成。

2. 行政公益诉讼制度沿革。2005 年 12 月 3 日,《国务院关于落实科学发展观加强环境保护的决定》中,明确提出"研究建立环境民事和行政公诉制度""推动环境公益诉讼"②。此后,公益诉讼制度进一步发展的同时,依旧面临着缺乏法律规范保障的尴尬局面。但是,检察机关一直在作类似的探索,如检察机关机构改革前,其民事行政检察部门办理的行政机关"不当履行职责"案件。2017 年 6 月 27 日,在为期两年的行政公益诉讼试点工作结束前夕,全国人大常委会在《行政诉讼法》第 25 条对检察机关提起行政诉讼予以明确③。这标志着我国行政公益诉讼已经正式成为一项在全国范围内推开实施的法律制度。

(二)刑事检察与民事公益诉讼的法律衔接问题

检察机关提起民事公益诉讼的条件,是行为人的违法行为已经损害社会公共利益、国家利益或具有损害社会公共利益重大风险的污染环境、破坏生态、侵害消费者合法权益的行为。根据案件的具体情况可能涉及以下法律衔接的问题。

1. 环境污染、食品药品侵害众多消费者合法权益的行为已经触犯了《刑法》的规定,涉嫌犯罪有待移送审判;同时,该违法行为已经损害了社会公共利益,在追究刑事责任的同时追究违法行为人的民事责任,这就是刑事附带民事公益诉讼,其涉及法律衔接问题主要是涉嫌犯罪的哪些罪名可以提起刑事附带民事公益诉讼。检察机关在提起公诉时,是依照《刑事诉讼法》第 101 条第 2 款规定提起刑事附带民事诉讼,还是依照两高《解释》第 21 条第 1 款的规定提起刑事附带民事公益诉讼,均没有明确的规定。

2. 行为人具有损害公共利益的污染环境、破坏生态以及生产销售有毒有害食

① 《中华人民共和国民事诉讼法》(2017 年)。
② 《国务院关于落实科学发展观加强环境保护的决定》(2005 年)。
③ 《中华人民共和国行政诉讼法》(2017 年)。

品药品等行为，但尚未达到《刑法》规定的严重程度，仅需要追究行为人民事责任的情形；或者是行为人违法犯罪行为已经被审判机关确认，但所造成的社会公共利益或国家利益损害尚未挽回的情形。社会公共利益受损何种程度或造成经济损失多少，检察机关才应当对行为人提起单独民事公益诉讼，具体的追究责任标准如何界定，实践中缺乏依据。

3. 行为人所实施的污染环境、破坏生态以及生产销售有毒有害食品、药品等违法犯罪行为，既对不特定的公众造成损害，还对具体的个体利益造成物质上损失的情形。这种公益诉讼与私益诉讼并行情形，如被告人长期生产销售有毒有害食品对当地不特定公众造成了损害，并且受害人在食用有毒食品后造成了人身损害的案件，在被害人提起刑事附带民事诉讼时，检察机关是否可以提起刑事附带民事公益诉讼，是公益吸收私益，还是同时审理或者公益优先，均无明确规定。

4. 检察机关在对污染环境、破坏生态以及生产销售有毒有害食品、药品等违法行为在提起刑事附带民事公益诉讼时，社会组织提起民事公益诉讼、或者人民政府提起生态环境损害赔偿诉讼的情形。检察公益诉讼、社会组织公益诉讼与人民政府提起生态环境损害赔偿并行的问题。其中二种或三种均属于公益性质的民事求偿权并行时，如何有效衔接避免冲突，法律法规中尚不明确。

（三）刑事检察与行政公益诉讼的法律衔接问题

检察机关提起行政公益诉讼的条件是，生态环境和资源保护、食品药品安全、国有财产保护、国有土地出让金等领域负有监管职责的行政机关违法行使职权或者不作为，致使国家利益或者社会公共利益受到侵害的现象。

1. 负有监管职责的行政机关违法行使职权或者不作为，致使行为人侵害国家利益或者社会公共利益情形发生，行为人虽尚不构成犯罪，但仍需要提起公益诉讼的情形，形成了检察机关需要对行为人和行政机关提起公益诉讼。《解释》第20条规定检察机关可以提起刑事附带民事公益诉讼，但并未对行政附带民事公益诉讼作出明确的规定，使得案件办理缺乏明确具体的规范性指引。

2. 国家利益或者社会公共利益受到侵害的程度达到《刑法》规定的严重程度，行为人构成犯罪，监管单位人员可能构成滥用职权罪或者其他失职犯罪的情形，形成行为人、监管人员刑事责任和行政责任的竞合，这种情形涉及的法律衔接有两种情况：(1)正向移送。检察机关将行为人和监管人员涉嫌犯罪的材料分别移送给公安机关和监察委员会;(2)反向移送。公安机关和监察委员会将存在国家利益或者社会公共利益受到侵害需要提起公益诉讼的线索移送给检察机关。

3. 刑事检察与行政公益诉讼检察所体现的职能不同,从而在实际办案中违法与犯罪的构成要件也不同,立案标准、证据证明标准也不尽相同,与刑事案件衔接的典型的行政公益诉讼案件类型及所涉刑事罪名、办案程序、办理顺序、管辖等仍需深入研究与廓清。在实践中,行政公益诉讼与刑事检察的衔接时机可能出现在刑事诉讼程序启动之前,也可能在进入刑事诉讼程序之后,还可能出现在刑事裁判之后。因此,如何合理地构建起刑事检察与行政公益诉讼的多元化衔接互通平台,把个案的办理效果扩展到行政监督的每一个环节,是值得检察机关深思的问题。

(四)检察公益诉讼内部衔接问题

1. 案件线索的发现、移送衔接。在实践中,检察公益诉讼案件线索来源主要是依靠自身在履职中发现,其他相关部门履职发现并主动移送的案件线索较少,这与检察部门各自为战的格局有关,且公益诉讼部门与其他业务部门之间的信息共享、工作联动机制不健全,检察机关内部多部门、多环节、多角度开展监督,整体作战、协同发力的优势尚未得到充分体现。导致很多刑事附带民事案件在移送法院起诉后甚至到法院判决后才发现该案件符合提起附带民事公益诉讼的条件,但已经错失了直接提起刑事附带民事公益诉讼的最好时机。

据最高人民检察院统计,2018 年全年共审查起诉 26,287 件破坏环境资源保护案件,其中仅有 2467 件附带民事公益诉讼。这其中当然有部分案件是检察机关采取了附带民事诉讼方式保护被害人利益、刑事和解或不宜提起民事公益诉讼,只有不到一成涉及环境资源的刑事案件附带提起了民事公益诉讼。只有小部分案件被一并追究民事责任,这与检察机关内部职能部门在案件线索发现上缺乏有效的衔接有关。

2. 刑事执行检察与公益诉讼检察衔接。检察机关提起的公益诉讼,不管是“民”还是“行”,起诉—判决—执行的流程必不可少。对公益判决结果的有效执行,是反映公益诉讼取得成效的集中体现。刑事执行监督在公益诉讼案件中的监督范围主要在判决执行、资金、环境修复效果。目前,对公益诉讼判决结果的监督尚未有定论,生态修复资金由谁收取、管理使用,生态修复结果的检查验收监督等方面都没有明确具体的规定。

3. 检察机关上下衔接。2019 年 12 月 6 日，最高人民法院、最高人民检察院《关于人民检察院提起刑事附带民事公益诉讼应否履行诉前公告程序问题的批复》中规定，“因人民检察院履行诉前公告程序，可能影响相关刑事案件审理期限的，人民检察院可以另行提起民事公益诉讼”①。随着“认罪认罚从宽制度”以及“速裁程序”的全面推行，大量的环资、食品药品类刑事案件会在判决后由市级人民检察院提起民事公益诉讼，这给县、市两级公益诉讼部门如何对该类案件的移送、管辖、协调、办理提出了新的“试卷”。

（五）检察公益诉讼外部衔接的问题

1. 公益诉讼案件与监察委员会、公安机关之间的衔接。“两反”转隶后，渎职犯罪由监察委员会负责侦办，在公益诉讼中，会出现一种情况：行为人要对侵害公共利益的行为承担民事责任，行政机关渎职行为也需要被追究责任，如果不构成职务犯罪，还要提起行政公益诉讼，还要追究行为人的刑事责任。试想，针对一个案件，公安机关侦查破坏环境犯罪，检察院调查破坏环境民事责任，监察委员会侦查渎职犯罪，需要三方协调配合。然而，在三方联动、权力交叉等问题上的制度建设还有待完善，这在一定程度上造成制度衔接不畅。

2. 公益诉讼案件与审判机关之间的衔接。一是基层检察机关刑民分离与法院集中管辖不对应的问题。2015 年最高人民法院开始推行环境案件集中管辖改革，到 2018 年 6 月，全国共设立了 1040 个环境资源审判庭，其中专门的环境资源审判庭 390 个，合议庭 571 个，巡回审判庭 79 个②。越来越多的专门环资审判庭实现了民事、行政、刑事“三合一”的模式，而检察机关在内设机构改革后，“四大检察”带动下刑事、民事、行政、公益诉讼的各自发展与人民法院日趋专业化发展出现了不对等情况。二是公益诉讼举证责任、证据标准没有专门的规定。目前，对公益诉讼举证责任的规定使用的是一般规定以及举证责任倒置，然而，公益诉讼的诉讼标的是公共利益，它涉及的范围广、人数多。相较一般侵权诉讼的诉讼标的是个体的利益而有所不同。相同的举证责任规则与公益诉讼之需求不相适。

---

① 《关于人民检察院提起刑事附带民事公益诉讼应否履行诉前公告程序问题的批复》(2019 年)。

② 刘艺：《刑事附带民事公益诉讼的协同问题研究》，载《中国刑事法杂志》2019 年第 5 期。

另外,作为检察公益诉讼证据基石的证明标准还停留在套用民事诉讼和行政诉讼证明标准的阶段,检察公益诉讼证明标准体系还有待建立。

3. 行政执法与刑事司法衔接问题。在行政执法与刑事司法衔接顺畅的前提下,检察机关不仅监督行政机关移送涉罪线索的情况,还对公安机关立案情况进行监督,形成既监督行政执法行为又监督公安机关立案侦查情况。然而,在实践中,以罚代刑是行政执法领域的一个严重问题,"四多四少"现象普遍存在,即破坏市场经济秩序的违法犯罪行为实际发生多,查处少;行政处理多,移送刑事处罚少;查处一般犯罪分子多,追究幕后操纵主犯少;判缓刑多,判实刑少。① 因此,强有力的检察与行政机关衔接制度的缺失,使检察机关立案监督渠道的拓宽、检察机关知情权的拓宽、立案监督的内涵丰富受到了阻碍,既出现了立案监督线索匮乏的"瓶颈"问题,又使检察公益诉讼的保护能力大大削弱。

三、完善刑事检察与公益诉讼制度法律衔接的路径

(一)立法层面之路径

检察机关提起公益诉讼制度已经确立,如何让这项制度继续更好地发展,是检察机关目前要考虑的重要方向,这不仅关系我国司法体制的健全,更关系公共利益的保护。

1. 完善责任竞合下的法律体系建设

《刑事诉讼法》第 101 条第 2 款规定,检察机关可对侵犯国家财产或集体财产的行为提起附带民事诉讼,但是范围限定没有扩大到社会公共利益。笔者建议是《刑事诉讼法》再次进行修改时,扩大附带民事诉讼案件的范畴;同时,增加监察委员会、公安机关在办理刑事案件涉及损害公益犯罪案件移送的规定。

2. 明确检察机关管辖权的法律规定

现行的相关法律规定在应对涉案地缘范围较大的案件时,确定管辖检察机关时相对不那么灵活。建议将公益诉讼相关规定中的管辖原则进行扩充,把侵权行为造成的受侵害地都列入管辖权所有地,为跨区域的调查铺平道路,以应对复杂、大范围的公益侵害案件。面对单个检察机关可能势单力薄,难以发挥效果的困

---

① 张惠芳:《建立执法、司法机关法律监督信息共享机制研究》,载《时代法学》2012 年 8 月第 10 卷第 4 期。

境，也可以探索多地区联合诉讼的机制，避免跨区域的地方保护主义，提高办案效率，分解复杂任务，达到法律效果和社会效果的统一。

3. 检察权力的确立和行使

一个案件能否成功办理，其核心是证据是否确实、充分，公益诉讼案件尤甚。作为维护公共利益的最后一道防线，现实中，法律对检察机关调查权的规定大而化之，建议明确公益诉讼制度中检察权具体内涵，包括但不限于细化、丰富调查方式的规定、提高不配合调查的法律风险等。

（二）实践探索之路径

检察公益诉讼制度的形成，是一个逐步探索、逐步完善的过程。立法层面、实践当中存在的困境以及检察机关内外衔接的问题都是现实存在的。在这种探索中逐步发展完善的模式下，各级检察机关发挥主观能动性，会同或提请相关部门制定出符合客观实际的具有可操作性的一些规定，为弥补当前检察公益诉讼制度上的空白作出有益探索。

1. 人大常委会出相关台文件弥补检察公益诉讼制度中的不足。2019 年以来，河北省、河南省、湖南省、广西壮族自治区、云南省人大常委会相继出台了《关于加强检察公益诉讼工作的决定》，不但规范了检察公益诉讼诉前检察建议的办理流程、跟进监督、成效评估以及诉讼衔接等程序，也对行政机关、审判机关在办理公益诉讼案件过程中的程序衔接作出了基本规定。

2. 以行政部门会签的形式完善检察公益诉讼外部衔接问题。2018 年，河南省人民检察院与财政厅、国土资源厅、环境保护厅等六部门会签的《关于加强公益诉讼工作协作配合的意见》（豫检会〔2018〕1 号）；2019 年，最高人民检察院与生态环境部、司法部、自然资源部等九部委会签的《关于在检察公益诉讼中加强协作配合依法打好污染防治攻坚战的意见》（高检会〔2019〕1 号），均对案件线索移送、立案管辖、调查取证、诉前程序、提起诉讼、人员交流等具体机制做出了规定。

3. 建立内部协作机制解决刑事检察与公益诉讼检察内部衔接问题。2019 年，江西省人民检察院颁布的《关于建立公益诉讼一体化办案机制的指导意见》规定了检察院之间、各内设机构之间应当在线索移送、调查核实、人员调配、装备共享等方面相互支持、密切配合、协同作战，建立一体化的工作机制；甘肃省人民检察院颁布的《关于进一步加强公益诉讼工作的意见》在解决跨区域生态环境案件管辖、司法办案协作和工作沟通交流等问题进行了规定。

4. 建立协调机制解决刑事与公益诉讼衔接问题。2018 年 4 月,广西壮族自治区钦州市钦北区人民检察院与钦北区纪律检查委员会、监察委员会共同出台了《关于建立案件线索双向移送反馈机制的意见》解决了检察机关与监察机关案件线索双向移送的问题,整合了监督资源,增强了公益保护的合力;同年 12 月,河南省西峡县人民检察院与县人民法院、公安局共同出台了《关于建立刑事附带民事公益诉讼工作协调机制的实施意见》明确了刑事附带民事公益诉讼工作协调机制的基本原则,规范了线索发现和移交、提前介入、庭审协调、法律监督等程序,明确了公检法部门在各个环节的职责及协作办法等。

四、探索构建检察公益诉讼生态化系统管理机制

(一)检察公益诉讼生态化系统的概念

检察公益诉讼生态化系统,是指立足诉讼监督为基础,以维护社会公共利益和促进检察公益诉讼可持续发展为目标,按照生态系统管理的基本要求和双赢多赢共赢理念为指导,对现行检察内部系统及外部社会环境进行整合和优化,最终实现检察公益诉讼与人民需求、经济社会发展相容共生的生态系统。

(二)检察公益诉讼生态化系统的理论基础

生态学理论可以运用到检察公益诉讼制度研究上,根本依据是该项制度与自然界的生命体存在一些特点的联系。首先,检察公益诉讼制度作为有机体的类似生存需求。例如,法律授权是该项制度诞生的依据,案件办理是制度成长的营养来源;其次,检察公益诉讼制度成长离不开自身机理的强壮以及自我净化、进化的

过程。例如,办案组织的合理优化,办案人员经验的积累、激励机制的建立等;再次,一项制度的健康发展如同有机体一样离不开健康的内部环境要素和外部环境。例如,刑事、民事、行政诉讼在办理公益诉讼上的衔接以及三大监督职能协同等。外部环境涉及该项制度谋求与社会环境同频共振,协调、稳定、可持续发展等。

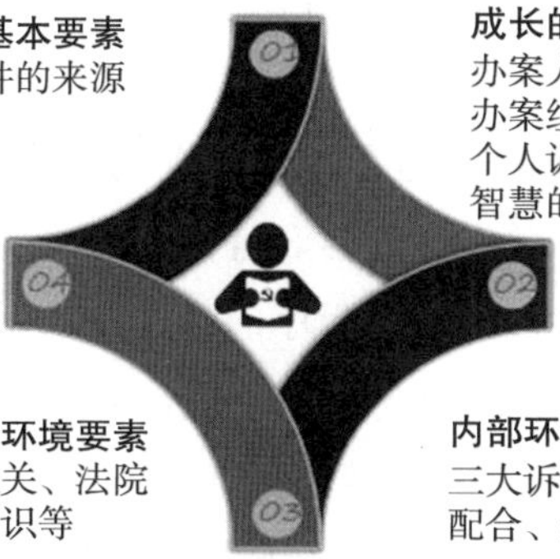

(三)检察公益诉讼生态化系统管理机制实践路径

1. 促进四大检察融合,培育公益诉讼生态化系统沃土

(1)做精刑事监督与检察公益诉讼衔接。2018 年 3 月,《解释》中在民事公益诉讼和行政公益诉讼的基础上,增加了刑事附带民事公益诉讼这一新的案件类型,明确规定生态环境和资源保护、食品药品安全领域的刑事案件中,需要追究被告人侵害社会公共利益的民事责任的,检察机关可以一并提起附带诉讼①。刑事附带民事公益诉讼作为一项创新诉讼制度具有节约司法资源、保护公益、高效及时等独特优势。因此,做精刑事诉讼监督与检察公益诉讼衔接工作是开展检察公益诉讼的有效途径。一是移送线索,共同研判。刑事检察部门在办理案件中发现可能涉及公益诉讼重点领域案件线索后,与公益诉讼部门沟通,共同研判成案的可能性,确保成案率。二是优势互补,发挥整体效能。刑事检察部门在审查涉及公益诉讼的刑事案件时,应严查细审、深挖彻查,及时将案件认定事实及证据采用情况向公益诉讼部门反馈。公益诉讼部门从专项监督的角度审视案件,研判证据是否充分,是否能提起刑事附带民事公益诉讼,并通过刑事检察部门及时反馈给

① 《最高人民法院、最高人民检察院关于检察公益诉讼案件适用法律若干问题的解释》(2018 年)。

公安机关,并且在必要时介入引导侦查。三是刑事监督,查漏补缺。刑事检察部门在办理刑事附带民事公益诉讼案件过程中,与相关部门全程协作,在刑事判决监督过程中对遗漏或发现新的损害社会公共利益的案件,及时沟通,提请上级提出民事公益诉讼。

(2)做实行政监督与检察公益诉讼衔接。传统的行政诉讼监督的范围仅限于在行政诉讼判决结果、执行程序的审判监督,但是,随着司法体制改革的推进,检察机关提起行政公益诉讼正式入法,在检察机关的监督职能已呈现多元化的背景下,目前的行政诉讼监督已经超过了单纯的审判监督范畴,逐步拓展到行政执法监督和公益诉讼等领域。做实行政诉讼监督与检察公益诉讼衔接是实现检察监督职权的延伸及行政公益诉讼前置程序的必要条件。一是审判监督与延伸监督触角相结合。在继续做实行政审判监督和非诉执行监督工作的同时,及时发现行政机关违法行政行为,及时发出检察建议。二是全面覆盖与重点关注相结合。对区域内“环、资、食、药”领域内所有的行政职能部门进行全面覆盖,重点对征地拆迁、安全生产、社会公共安全等领域负有监管职责的行政机关严重违法行使职权或者不行使职权的行为,对群众反映强烈的重点领域的重点部门在评估审查、审批流转、证照发放、监管征收、资金补贴等重点环节的执法行为进行重点监督。三是督促履职与维护公益相结合。建立检察机关与行政机关沟通交流机制,在服务大局中寻找契合点,共同维护政府和司法公信力。对于部分行政机关不讲政治,不顾大局,违法法律不依法履职的,要坚决依法提起行政公益诉讼,保护国家和社会公共利益。

(3)做好民事监督与检察公益诉讼衔接。检察公益诉讼填补了传统民事诉讼模式中公共利益主体缺位的现象,有利于解决公益组织的调查难、取证难问题,也是维护社会公共利益保护的最后一道司法屏障。一是做实民事公益诉讼基础,挖掘民事公益诉讼线索,合理利用民事取证、行政取证、刑事取证、公益取证四种取证模式,为上级院提起民事公益诉讼提供扎实证据。二是探索督促起诉监督制度,对主管或监督部门不行使或怠于行使职责,损害国家利益或社会公共利益可以通过民事诉讼获得司法救济的案件,督促相关单位依法提起民事诉讼。三是大力推进支持起诉制度,根据《民事诉讼法》第 15 条规定,对于损害国家利益和社会公共利益及弱势群体利益行为,支持受损害的单位或个人向人民法院提起民事诉讼。

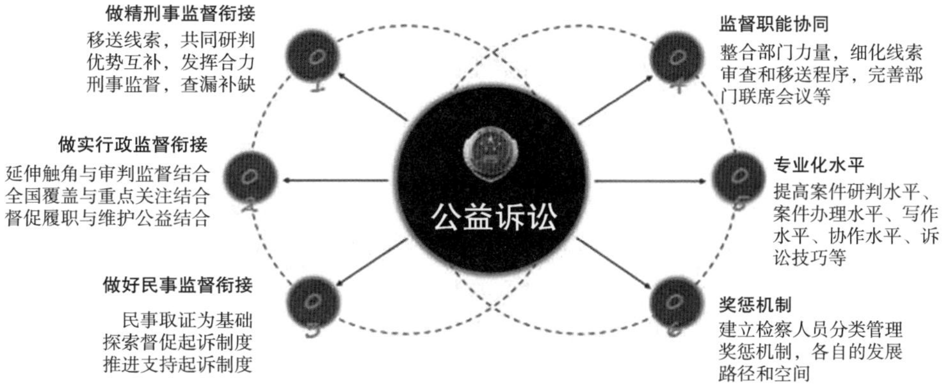

2. 加强监督职能协同，建立检察公益诉讼内部协作生态机制

（1）以案件管理部门为“龙头”调动各业务部门及派出检察机构等力量，充分发挥各自职能优势，强化协作配合，在线索发现与移送、调查取证、案卷查询、信息共享、办案协同、人员支持、案卷流转等方面密切配合，形成监督合力，提高办理公益诉讼案件的质量和效果。

（2）细化线索的审查范围和移送程序，以案件管理部门为入口，重点审查破坏环境资源类、生产销售伪劣商品类、走私类三大类犯罪案件，从中筛选、发现公益诉讼案件线索，并制作《线索移交函》，及时向公益诉讼部门移送。

（3）依托检察委员会，完善联席会议机制，各业务部门积极沟通联系和信息通报，以部门联席会议或检察官联席会议的形式就公益诉讼线索移送、案件办理、反馈等情况进行通报和研究。

3. 健全内部管理机制，实现检察公益诉讼内部协作生态化管理

（1）强组织。组建公益诉讼检察组，集中办理涉及公益诉讼的刑事、行政案件，着力打造基层检察官成为“全科医生”；建立检察人员分类管理奖惩机制，检察官、助理检察官、书记员根据工作绩效进行奖惩。

（2）强业务。探索轮岗交换学习机制，互相学习、取长补短，全面促进办案人员公益诉讼技巧；强化素能培训，提高实战能力，建立公益诉讼专门人才培养长效机制。建智库、借外脑、强业务。邀请专家学者、律师、退休法官、科研骨干、人大代表、政协委员等具有法律背景或专业技术的人才，组成专家咨询委员会，参与检察公益诉讼工作和检察教育培训，提升检察人员自身专业能力。探索建立检察官特邀检察助理机制，检察机关和相关行政机关可定期互派业务骨干挂职，强化实践锻炼和专业化建设，不断提高检察人员办理公益诉讼案件的专业化水平和

能力。

(3)强智慧。积极推进智慧民行检务的创新和建设,探索建立智能检察公益诉讼系统,整合检察机关与行政执法机关信息资源,以大数据、人工智能应用为支撑,借助“科技引擎”,推动公益诉讼智能化进程。

4. 优化外部社会环境,保障检察公益诉讼健康可持续发展

(1)党委统揽,融入大局。坚持当地党委、政府总揽全局、协调各方的核心作用,以围绕大局、融入大局、服务大局为意识,把检察公益诉讼工作融入地方党委、政府工作大局统筹部署推进。

(2)人大监督,稳妥推进。主动接受人大的监督,将开展检察公益诉讼的具体情况向人大汇报,争取人大的理解和支持,必要时请求人大常委会启动询问、质询、特定问题调查等相关监督程序,增强检察公益诉讼工作质效。

(3)部门协作,区域联动。与行政机关会签文件,建立信息互联互通协作机制,健全联合发文、案件线索移送、重大问题研究等有效衔接、良性互动的工作机制,完善异议复核制度。探索行政机关专业技术支持方式,细化公益诉讼专项资金管理办法。

(4)法检共识、统一尺度。加强与人民法院的沟通交流,围绕公益诉讼举证责任分配、证明标准的把握等问题与人民法院统一司法尺度,凝聚共识,共同形成保护国家和社会公益、提升司法公信之合力。

(5)检监配合,双向移送。加强与纪检监察机关信息交流配合,推动建立案件线索双向移送机制,及时反馈处理结果,形成监督合力。

(6)依靠群众,共建共享。制定公益诉讼案件线索举报奖励办法,鼓励和依靠人民群众破解案源线索瓶颈;坚持保护公益为中心,为人民提供优质检察产品为目的,重点关注办理涉及人民群众切身利益的案件。形成依靠群众开展公益诉讼,开展公益诉讼为群众的良性互动、共建共享的格局。

(7)沟通媒体,引导舆论。一方面加强与新闻媒体的沟通联系,善于通过新闻媒体倾听群众呼声,回应群众关切,与新闻媒体形成联动化解难题,争取舆论支持;另一方面通过新闻媒体宣传公益、维护公益、传播检察好声音,讲好检察公益诉讼好故事,共同营造检察公益诉讼良好氛围。

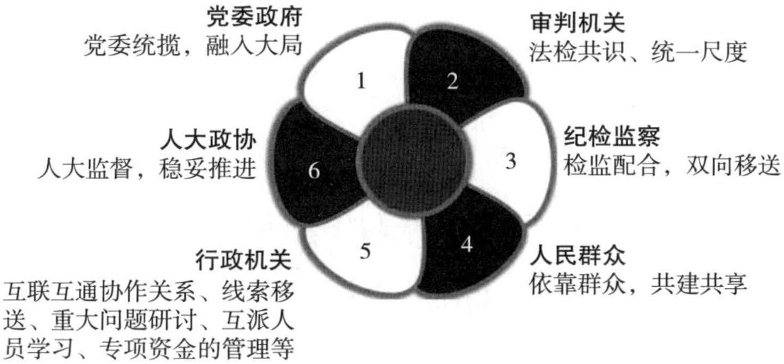
党委政府
党委统揽，融入大局
1
审判机关
法检共识、统一尺度
2
纪检监察
检监配合，双向移送
3
人民群众
依靠群众，共建共享
4
行政机关
互联互通协作关系、线索移送、重大问题研讨、互派人员学习、专项资金的管理等
5
人大政协
人大监督，稳妥推进
6

能动探索

新时期基层检察机关案管工作面临的困惑和难题*

刘　涛**　王　璇***

近年来,检察机关高度重视案件管理(以下简称案管)工作,特别是适应数字检察工作的发展,无论是理论研究还是从制度层面、基础建设、应用实战等方面都对案管工作的要求,提升到一个全新的高度。最高人民检察院也以战略的目光,对案管工作给予了全新的定位和规划,认为案件办理和案件管理犹如检察业务工作的“车之双轮”“鸟之双翼”,越强调案件办理,就越要重视案管工作,全国第二次案管工作会将案管工作定位于检察业务工作中枢①。时任检察长张军更是强调,“实现新时代检察职能建设,案件管理系于不止一半。检察案件管理工作只能加强、健全和完善,这是方向,是永无止境的。”但是,与新形势新要求相比,案管工作上热中温下冷的现象普遍存在,内设机构改革后,基层案管人员流失、空壳化、边缘化问题与检察工作规范化、智能化矛盾的现象也日益凸显。

一、新时期基层案管工作存在的困惑和难点

(一)基层院的案管工作到底算不算检察业务工作

案管工作是一项“年轻”的工作,2011 年,最高人民检察院成立案件管理办公

*　全国检察机关案件管理理论与实务研究征文获三等奖。

**　南召县人民检察院党组书记、检察长。

***　南召县人民检察院党组成员、综合业务部主任。

①　参见徐日丹、刘亭亭:《当好检察办案“大管家”——全国检察机关第二次案件管理工作会议侧记》,载《检察日报》2021 年 9 月 18 日,第 2 版。

室，历经十一年的发展，案管工作不断在开创中发展，在发展中创新深化，取得了显著成效。但是在案管工作十一年的发展进程中，案管部门从部门名称到人员编制、机构框架设置，缺乏明确统一的标准，时至今日，案管工作在整个检察工作体系中到底算不算业务工作，依旧是基层案管工作人员心中的块垒。

1. 部门名称设置不合理

2018 年检察机关内设机构改革后，基层院案管部门和法律政策研究室合并成立综合业务部，在基层院取消了案管工作的单独设置，说它是业务部门，前边又加上了“综合”两字，这让基层的案管部门处于一个相当尴尬的境地，而更有一部分基层院主要领导思想观念滞后，对案管工作认识不足，重视不够，在人员、设施等配备时，直接将综合业务部定位成综合部门。

2. 力量保障不充分

基层院案管部门配备的人员身份复杂，检察官少，绝大部分是事业编和编外的劳务派遣人员，这部分人员流动性大，致使案管人员严重不足。如南阳市某县院在 2018 年内设机构改革时，案管办公室有 8 人，政策研究室 3 人，合并为综合业务部时共有 11 人。其中检察官和司法行政人员各 1 人，事业编 3 人，编外人员 6 人。因公务员招录和转调纪委监委等，到 2020 年综合业务部仅有 3 人，后虽增加了人员，但仍远低于合并时的人数，目前是全院人员最少的部门。

3. 功能定位不准确

一是检察职权范围不明确。在基层，因为定位不准，综合业务部边缘化、事务化的倾向日益严重，原本一些由办公室等其他部门承办的法治政府、综合治理等项工作，也改由综合业务部负责。在基层院现在甚至流行一种说法：办公室是传统的“不管部”，综合业务部是新的“不管部”，其他部门不管的工作都“落户”到综合业务部了。

二是综合业务部员额检察官需办理刑事案件。有些基层院要求综合业务部员额检察官办理刑事检察案件，而其他部门的检察官只管干好自己的本职工作即可。这种人为的不科学定位除额外增加案管部门检察官的工作量外，更主要的问题是造成案管工作职责不清、权重失衡，影响和制约了案管工作的发展。虽然出台检察官权力清单之后，这一现象有所改观，但是整体看，仍不乐观。如南阳市某县综合业务部 6 人，不仅要干案管工作还要做法律政策研究工作，员额检察官还要参与其他部门的刑事案件办理，近年来，仅办理涉黑涉恶刑事案件就达 73 人。

三是骨干人才留不住。案管工作的关键是通过检察业务应用系统为主平台实现对检察业务的保障和案件的管理，系统管理员至关重要，但是基层院系统管理员是由综合业务部还是信息化部门承担无统一标准，好不容易培养出一名系统管理员，也总是难以留住，如2020年南阳市某县院系统管理员因调出，空缺长达十个月之久，而且人员更换频繁，不能确保工作健康有序开展。

4. 考评指挥棒的作用发挥不明显

按要求案管部门负责业务部门考评的指标科学设置和监管等，但实践中案管部门对自身的考评设置却比较笼统或缺乏硬性指标，与传统检察业务相比差距较大，容易被轻看或漠视，虽然最高人民检察院于2022年4月下发了《案件管理工作主要评价指标（试行）》对6项案件管理工作进行评价考核，下一步情况会得到改善，但惯性思维和认识的不良影响还将在一定时段内不会全部消除。

（二）当前影响基层院案管工作由枢纽向中枢转变的考验和挑战是什么

近年来，党中央明确强调要“把深化司法体制改革和现代科技应用结合起来，不断完善和发展中国特色社会主义司法制度”。目前，全国检察机关正在建设“全业务智慧办案，全要素智慧管理，全方位智慧服务，全领域智慧支撑”的智慧检务生态体系①，与之相适应“智慧案管”工作也已全面开启，特别是全国检察机关第二次案件管理工作会议将案管部门定位为检察业务工作中枢。面对案管工作由枢纽到中枢的定位转变②，年轻的案管工作面临诸多挑战和考验：

一是案管队伍素质亟须提升，尽快解决本领恐慌。案件管理工作是技术性很强的综合业务工作，案管人员习惯上被称为“检察官的检察官”。特别是适应“智慧案管”新时期的新要求，办案在网上进行，管理也必须在网上进行的新变化，案管工作人员不仅要懂得检察业务，更要具备信息化、大数据的思维和能力，而信息化大数据的专业化技能和水平，是基层院普遍存在的短板弱项。有些基层院虽有上百号人，但筛选一名专业能力过硬的系统管理员却不易，更不要说相对技术要求更高的数据分析能力、分析研判能力了。案管人员信息化程度低、本领不足、底

---

① 相关内容参见童建明、孙谦、万春：《全国检察机关十大业务系列教材——中国特色社会主义检察制度》，中国检察出版社2021年版。

② 参见吴孟栓：《案管部门立足“中枢”定位提升工作质效的新思路》，载《人民检察》2022年第12期。

气不足、指导不力是当下制约案管工作成为业务工作中枢的“硬伤”。

二是解决关键少数的触网水平，是案管工作中枢作用发挥的基础。内设机构改革之后，员额检察官是办案的主体，办案全部在网上进行，但受年龄等客观因素影响，特别是少数已成为领导的员额检察官和分管领导，习惯于线下办理和审核案事件，对线上工作处理过度依赖助理或书记员，甚至在网上提请一个事项都不知如何走流程；对流程监控和案件质量评查发现的问题，也多持抵触态度，这些都不同程度地影响了案件管理工作的高质量发展。

三是检察工作的数据源来源单一粗放，公检法数据共享难。综合业务部作为基层检察业务的中枢，除了对内需要通过检察业务应用系统2.0为主平台的业务保障体系，做好“十大业务”的流程监督，对办案程序进行全面、实时、动态的监控外，对外更需要发挥好检察机关的重要窗口作用，其关键便在于如何做到政法互联、数据共享，真正发挥业务中枢作用并进而实现大数据应用，为检察工作插上“科技翅膀”。虽然有跨部门政法大数据平台，但因电子卷宗的制作规范化程度不高，多是条目式的粗放录入，网上数据的流转尚不顺畅，离真正的大数据共享还有不小的距离，公检法数据深度共享的发展空间巨大，任重道远。

四是案管工作的管理刚性不足，效能体现难。检察官业绩考评系统对检察官的业绩评价和考核发挥了重要的作用，检察管理的价值在于结果是否得到充分应用，但是因实施业绩考评的综合业务部和人事管理部门分属不同部门，在实践中检察官业绩考评存在考评的结果难以真正和检察官的职级晋升、优劣评定挂钩，管理能效不能真正达到激发内生动力，提升办案质效的实效。同样，案件质量评查的结果，能否与人员绩效管理挂钩也是检察管理合力是否充分发挥、案管对内管理是否具有刚性的重要体现，这些问题和制度衔接解决不到位，案件管理的效能就会大打折扣，并进而影响检察工作整体的提质增效。

（三）当前基层案管工作助力法律监督的短板和弱项有哪些

一是对内做不到案件管理的全覆盖。最高人民检察院要求案管工作做到四统一。即案件进出口管理必须统一；案件分配流转必须统一；案件流程监控必须统一；案件质量评查必须统一。因历史原因，一部分案件不能在网上全部流转，“四统一”在基层实际执行难，如控申信访系统游离于统一应用系统之外。还有的，在案管部门统一受案前增设前置程序，规定公安机关移送的案件，依然由业务部门的检察官先接卷先看卷，再决定是否由案管部门受理录入系统进行流转等等。

二是制度的笼子扎不紧。如在案件分配环节要求应以随机分案为主，手动分案为辅。但在实际执行中业务部门设立这样那样的办案专项组织，一个部门仅有3个检察官却能设置5个办案单元，如扫黑除恶办案单元、简易办案单元等等，众多办案单元设立的结果是：虽然形式上也是随机分案，但实质上是变相的“手动”“指定”分案。

三是对外衔接数据贯通不顺畅。政法数据平台建立后，检察机关业务系统虽然不再是信息孤岛，但利用数据对公安、法院的监督难以实现，尽管在公安机关成立了侦查监督与协作配合办公室，但限于人力和能力有限，不能实现借助大数据系统常态化的对司法办案活动进行审查、“巡逻”，不能对数据实现全流程知晓和监督，仍然沿袭传统的案件线索收集途径，监督就是皮毛和碰运气，不能做到与时俱进的实质性的法律监督。

四是对社会层面，以高质量深层次的数据分析为党委政府提供诉源治理决策参考、做法治助手的能力不足。社会发展越快，文明程度越高，党委政府对法治助手的需求也越多。但是基层检察机关用数据进行监督的能力不足，所以没有能力实现运用大数据赋能法律监督，挖掘数据背后的社会治理问题，进而实现主动当好党委政府的法治助手的效能。

二、关于案管工作存在上述疑问和难点的原因

一是制度供给不足，影响了案管工作的发展。对案管工作定位不准，法律规定不具体，指挥棒作用发挥不明显等，都是造成当前基层案管工作现状的重要因素。案管工作不像成熟的其他检察业务工作，职责界定清晰明确，操作流程具体规范，如统一业务系统的系统管理员应具备什么资质，由哪个部门人员承担，缺乏统一具体的标准，容易形成工作上的推诿扯皮；还有检察人员调离退休，对其名下具体案卷、办公用品等移交有翔实的规定，但对掌握密码、IP 地址等数据工具如何移交，无详细规定，无专人催收，也留下极大的安全隐患。

二是关键少数人的认识问题，制约了案管工作的发展。相当一部分主要领导对案管工作不了解不关注，认为案管工作是综合服务工作，不是纯粹的业务工作，所以出现诸如要求案管员额检察官去办理刑事检案件等现象。所以，下大力气解

决“关键少数”对新时期案管工作思想认识的转变至关重要，只有“关键少数”熟悉重视新时期案管工作，进而带头、引领去抓“智慧案管”工作，去抓大数据的深度运用，基层案管工作才能打破束缚和“瓶颈”，步入高速发展的快车道。

三是有专门案管针对性的培训滞后，案管专业教材匮乏。全国检察机关十大业务系列教材，虽然有案件管理工作的内容，但缺乏业务应用系统操作配置指南，核心技术掌握过度依赖软件研发公司；上级院组织的相关培训与传统检察业务培训相比占比太小，而且在线上举办业务应用系统的培训受数据传输的限制，在场性亲历性不足，认同感低，培训的效果自然大打折扣。

四是应进一步加大统一业务应用系统的数据权限开放。检察业务应用系统通过不断升级完善，功能也在不断增强提升，基层检察院处于数据收集的前端，同时基层检察院的人数占全国检察机关总人数的80%，业务量占全国检察机关业务量的80%左右，基层对数据的应用和数据深度分析的需求也在不断提升，但是上级在统一业务应用系统上对基层院的权限开放持审慎态度，造成基层院对应用系统的强大功能和数据的应用停留在个案或浅层次的表面化上，不能适应时代发展的需要。

三、加强和改进新时期案管工作的对策和建议

（一）切实更新理念，增强做好新时代案管工作的内生动力

新时代新征程上，数字检察、大数据法律监督是检察工作迈向现代化的“船”与“桥”①，而做为数据管理的案管部门无异是数字检察的桥头堡和中枢神经。一是需要各级领导充分认识到新时代赋予案管工作的新职能和责任，给予案管工作业务管理中枢相匹配的认识和支持，紧紧抓住“检察大数据战略”实施这一难得机遇，让案管工作在新一轮智慧建设迭代升级的数据革命嬗变中乘势而上，实现质的飞跃，更好地服务检察工作新时代的发展。二是案管部门的人员也要充分认识到新时代对案管工作的新任务新要求，更加积极主动投身到这场大数据赋能法律监督的深刻变革中，实现推动案件管理工作从局部管理向系统管理，从直线管理向立体管理，从传统管理向现代化数字管理的转变提升。三是建议顶层设计要区别对待。全国四级案管工作的发展建设不一定要上下一般粗，建议金字塔式发展

① 参见张晓东：《数字检察赋能监督促进治理》，载《检察日报》2022年7月21日，第3版。

架构，特别在“智慧案管”的发展上，基层院应侧重数据收集、应用，上三级院要分别侧重数据深度分析、政策引导、技术攻关、网络搭建研发升级等等，分工明确，上下协同，让年轻的案管工作快速成长为新时期检察工作的轻骑兵。

（二）加强队伍建设，夯实新时期案管工作发展的根基

人是一切事业的基石。要着力培养一支政治过硬、本领过硬、素能突出、开拓创新的新时代检察案件管理队伍。一是新时代案件管理工作要有新素能，不光要求案管人员要有与新时代相适应的政治素养、职业操守和履职能力，更是特别要求案管部门人员要注重提升数字思维、数字技能和数字素养，不断提高大数据构建、运用、类案分析能力。二是建议对讲政治、精业务、懂“数字”的高素质案管人员，建立专家库或人才库，特别对入库的业务系统管理员实行上提一级入库、出库管理制度，确保案管工作的核心和高精尖人才梯队稳定、不流失，确保案管工作的发展行稳致远。三是上级要加强对下级院业务指导的力度，对于业务系统的难点和程序性问题，要给予下级院大力支持，加大对基层院案管队伍的培训力度，使之能真正成为“检察官中的检察官”。

（三）进一步加强机制建设，发挥制度效能

案管工作是个年轻的部门，需进一步加强制度建设，同时数字革命、大数据赋能法律监督，新任务新要求，都需要尽快以制度规范来加强工作的引导。一是建议在立法层面，对新时期案管工作的职权边界、网上监督的流程、检察业务实行统一进出口管理、鼓励基层案管工作积极探索创新等做进一步的厘清界定，提供明确的法律支撑。二是下大力气抓好制度的落实执行。要持续深化检察官业绩考评，进一步优化考评标准，把关键的要素定出来，真正把考评结果和检察官的奖惩挂钩，特别要运用考评结果进一步和检察官的退出机制衔接落到实处，真正让员额能上能下，有序流动成为常态。三是要从严抓好错案追责惩戒。认真落实案件管理与检务督察工作衔接规定，结合案件质量评查、人大“两制一办法”检查情况，抓实司法责任调查和错案责任追究，让检察管理长出“牙齿”。

（四）加强以检察业务应用系统为平台的业务保障体系的业务数据的管理应用

新时期案管工作的重点和关键是如何将“业务数据化”在向“数据业务化”的

进程中，给法律监督工作插上“科技翅膀”，深化大数据运用实现“智慧监督”。一是案管部门要切实发挥 2.0 系统使用管理主管部门的作用，树立有为才有位的理念，用好这个平台，加强对本院业务部门的服务指导，切实发挥中枢功能。二是要充分利用掌握业务数据的便利，积极主动推动政法网络跨部门互联互通，打通数据壁垒，有效让数据统起来、汇起来、用起来、跑起来，进而实现关联分析、深度挖掘，真正以大数据助力“智慧监督”，为强化法律监督、深化能动履职、做实诉源治理提供前所未有的线索、依据。三是上级院也要进一步解放思想，紧跟时代发展的步伐，调整工作思路，结合工作实际，适当开放基层的权限应用，让基层院能充分运用业务系统为法律监督工作做出更大贡献。

（五）创新培训方法，补齐理论短板

传统的检察培训工作，注重法学和检察实务的培训引导，而新时期网络成为检察工作的主要工具和平台。在基层相当一部分人特别是关键少数（如有的员额检察官和院领导），网络水平低，影响工作的开展。因此，上三级院在制订检察培训教育计划时应在注重检察实务培训的基础上，增加网络运用的培训教育计划，甚至要把网络培训做为各项培训的基础课程来抓，并不断创新培训工作方法，快速提升基层院全员的触网水平，最起码要注重使“关键少数”的触网能力有大幅提升。同时，对案管工作缺乏专门教材等理论短板，应组织专家学者尽快补齐，为新时期案管工作提供动力和活力。

检察机关维护良好营商环境的实践及反思*

刘　涛

营商环境是世界银行对各个国家经济发展的环境指标进行评价提出的，体现出一个国家与地区利于经济发展、招商引资的难易程度。司法是社会发展的保障，也是营商环境提升的保障，法治是最大的营商环境，营商环境的发展需要法治予以保障，检察机关作为国家法律监督机关，也是司法机关的重要组成部分，在检察环节关注营商领域内的犯罪情况，打击商事犯罪，保护商事主体、维护商事规范活动等有着积极的意义。

一、加强企业合规管理的重要意义

营商环境是资本、人才、技术、数据等资源要素集聚、流动的基础性环境条件。“法治是最好的营商环境”，营商环境法治化是一个国家、一个地区市场商业竞争能力和现代化治理能力的重要方面。企业是社会最主要的微观经济主体，优化营商环境最根本的是优化企业权益保障的法治环境，宏观层面的营商环境法治化和微观层面的企业合规管理应相辅相成、和谐统一。

（一）有利于构建“亲”“清”新型政商关系

良好政商关系是改革开放以来中国经济崛起、政治发展的影响因素之一，其本质是权力与资本、政府与市场、政府与企业的关系。新型政商关系是营商环境的核心问题，深度优化营商环境要从政商关系上找到突破口。加强企业的合规管理，促使企业在法治框架下从市场那里获取资本、土地等资源要素，必将在法治轨

---

* 南阳市检察机关“解放思想，更新观念：优化营商环境，促进企业合规”主题征文获三等奖。

道上规范政府和市场、企业的关系，真正建立起又亲又清的新型政商关系。所以，营商环境法治化建设尤其需要重视企业的合规管理，完善构建“亲”“清”政商关系的政策制度体系。

（二）有利于企业维护权益、持续发展

目前，一些中小企业管理不够规范，甚至个别企业生产经营突破法律底线；部分企业负责人在谋求产业转型升级上缺乏合规意识，致使企业合规管理存在不少问题；政府监管人员“权力寻租”问题短时间难以彻底解决，成为影响企业合规管理的重要外部力量。营商环境法治化、亲清政商关系的完善与企业发展密切相关，企业合规管理势在必行。不合规管理，企业可能会面临巨额罚金、股价下跌、声誉受损、业务模式被否等严重后果。真正有效的合规管理，不是商业道德的作秀，也不是应对监管的权宜之计，而是能够为企业创造价值的保障。合规正成为企业的金名片，正成为企业在公平竞争中获得认可的资本，更成为能从商业竞争的新形态中胜出的利刃。企业的合规管理成为维护合法权益、保障健康发展的自身需要。

二、我国企业合规管理的类型和现状

（一）我国企业合规管理的类型

我国企业的合规管理大致可以分为两类：一类是在美国上市的中国企业，这类民企开展合规管理是为了遵守美国《反海外腐败法》和反舞弊的需要；另一类就是大部分企业，其合规管理基本上只是为了反内部舞弊，包括调查员工职务侵占、受贿、关联交易、利益冲突等直接损害公司利益的行为。在美国上市的中国企业的合规管理主要是监管合规，涉及政府对企业的监管、执法及企业如何配合政府调查，其中涉及最多的就是反腐败。合规部门主要职能包括：制定和修订合规政策；针对业务部门申请的一些费用和项目进行合规审批，提出合规建议；给员工做合规培训，宣传企业合规文化，提高员工合规意识；接收员工的举报，针对举报开展调查，核实举报真实性等等。合规管理整体上既重视反腐败、反贿赂（如员工对外行贿），也重视反舞弊（如员工职务侵占、利益冲突），这些企业的合规管理部门及其职能是渗透在企业的日常工作中的。

(二)我国企业合规管理的现状

目前,我国企业的合规管理只是初步建立了相关的廉政制度,如禁止员工收受供应商回扣、禁止员工职务侵占、欺诈、关联交易或利益冲突等,如果员工被发现违反公司上述规定的,轻者可能被解雇,重者则被扭送司法机关,甚至惩治主管或经理以达到惩戒目的。但是相比外资企业和国有企业的合规管理,大部分企业合规管理部门职能和合规管理制度还是很不规范甚至缺失很多,需要大力借鉴外企和国企的合规管理。2016 年国资委发布了《关于在部分中央企业开展合规管理体系建设试点工作的通知》,几家大央企开始开展合规建设,从合规部门设置、合规体系搭建等多角度多方位开展合规管理工作。随后几年合规管理试点不断扩大,更多的国有企业按照国资委有关要求开展合规管理体系建设,合规管理覆盖面非常广,重点合规监管领域包括市场交易、安全环保、产品质量、劳动用工、财务税收、知识产权等。受当前国际环境影响,国企合规涉及反垄断、反腐败、反洗钱、出口管制与制裁、数据安全等方面。国有企业集团层面设置合规部或合规管理委员会,在一些大央企,董事会、监事会和经理层也都被赋予一定的合规管理职能,例如批准合规战略规划、决定合规管理重大事项等。外企和国企合规管理的做法为企业建立符合自身特征的合规管理体系提供了借鉴。

企业合规管理制度是员工在企业生产经营活动中需要共同遵守的行为指引、规范以及制度规定的总称。企业合规管理建设是以制度体系为依据的,企业合规管理的制度体系包括行为准则、制度规范、管理办法、工作流程、管理表单等内容。一套有效的合规管理体系既符合现有的法律法规要求,又要有一定的前瞻性。一方面,合规管理制度需要保持一定的弹性和实践性,以适应企业内部和外部的多样性;另一方面,合规管理制度应当以公平公正为出发点,这是合规管理制度的旨归所在。

我国企业合规管理具备三个组成部分:一是合规风险识别与评估。要识别合规风险,前提是找到合规义务。合规义务是合规管理中的“尺子”。有尺子,才能找到偏差。合规义务来源于法律法规、部门规章,企业内部规章制度,职业操守和道德规范,是企业与其他主体签订的协议。二是合规管理组织行为。合规管理体系要有效落地,最终离不开人的推动和执行。因此,必须有相应的合规管理组织架构及相关人员,除了强调赋予他们相应的职权之外,更重要的是强调他们对合规管理负有的责任。三是与合规管理有关的制度流程、运行机制、反馈与改进行为以及合规文化塑造。

三、检察机关维护良好营商环境的措施

（一）发挥检察护航作用，支持不同企业生存蓄势、健康发展

放眼改革开放以来的巨变，我们让全世界瞩目的经济快速发展、社会长期稳定“两大奇迹”，离不开司法制度的保障。既要招商引资，又要安商、稳商、惠商，还要让各类市场主体“活下来”“留得住”“经营得好”，这样社会才有稳的基础。检察机关要把服务保障企业发展作为一项政治责任，以思想破冰引领行动突围，认真履行检察职责，促进企业不断健康壮大。一是不断强化服务市场主体意识。人人都是营商环境，人人都有责任。从全国范围来看，检察机关在服务企业发展上还存在不够适应的方面，还存在不少短板和薄弱环节，被动式服务的现象在一些检察机关中不同程度地存在，特别是“有的检察人员仍然存在‘重打击、轻保护’重法律效果、轻社会效果的错误理念，办理涉企案件时纸上谈兵、机械司法，可捕可不捕的捕了，可诉可不诉的诉了，也有的该严的没有严起来。这些问题影响、制约了服务效果”。作为检察机关，必须转变观念，防止入罪即诉、一诉了之，进一步增强服务意识，知责于心、担责于身、履责于行，提升服务能力和水平，更好地保障企业的发展。二是建立依法附条件的容错机制。相对于自然人犯罪的危害性而言，企业犯罪的危害性相对较低，可以探索建立企业经营管理容错机制，对企业犯罪附条件不起诉，通过一定的措施予以止损。目前，为切实保障民营企业合法权益，优化营商环境，最高检发布的指导性案例中，对一些涉诉企业作出了相对不起诉的决定。为提供更多有利有益的经验，最高检还加大探索力度，在一些地方开展企业合规检察制度试点，对企业经营中的违法犯罪建立起依法从宽的规范制度；积极探索建立起与企业合规制度相融的检察工作制度，以丰富的检察实践，助力刑事追诉立法、司法、执法不断健全完善。把握好刑事政策与法律标准，审慎办理相关案件，坚决防止出现“办理一个案子、垮掉一个企业、下岗一批职工”的状况。三是建立各类企业平等发展的保护机制。在司法办案实践中，民营企业与内资与外资、国有企业，大中企业与小微企业，企业与个体之间，受到一定程度区别对待的现象还没有完全消除，不同市场主义之间还没有完全实现平等享受机遇、平等开展竞争、平等实现发展。要实施好《民法典》和相关法律法规，依法平等保

护国有、民营、外资等各种所有制企业产权和自主经营权,完善各类市场主体公平竞争的法治环境。检察机关作为法治营商环境的建设者、参与者,要认真学习贯彻党中央关于优化营商环境的重要论述和重要指示、批示精神,树牢法治观念,充分履行检察职能,对各类市场主体一视同仁,依法保护其享有经营自主权、财产权和其他合法权益,保护企业经营者人身和财产安全。要进一步树立服务意识,运用“互联网+”建立健全市场主体维权服务平台,为市场主体提供更加公平高效的检察服务。

(二)实现检察机关司法依据,为营造法治化营商环境打好基础

企业要健康稳定持续地发展,离不开金融风险的防范和企业的产权保护两个方面。笔者认为检察机关可以从以下几个方面着手,充实检察机关司法依据,保护涉企知识产权,帮助企业有效地化解在发展过程中可能出现的金融风险。一是编撰典型案例,让检察机关办案有据可循。例如,最高人民检察院组织编写的《检察机关涉民营企业司法保护典型案例选编》和各级检察机关撰写的涉企知识产权犯罪分析报告,通过对典型案例的释法说理,让承办检察官知其然,更知其所以然,在碰到类似案件时,就能提高效率,做到快审快结,减少因诉讼给企业造成的不良影响。二是建立各级检察机关与工商联合作机制。以河南省检察系统为例,河南省人民检察院与省工商联共同建立依法保障和促进非公有制经济健康发展的合作机制,对平等保护非公有制经济产权、依法维护企业家合法权益细化了措施,明确了要求,提升了优化营商环境的可操作性。

(三)提升办理涉企案件质量,为营造法治化营商环境提供司法保障

稳定是一切工作的前提,也是企业发展的重要保障,检察机关要将检察工作置于社会大局中,提升涉企办案质量,为营造法治化营商环境提供司法保障。一是积极履行批捕、起诉职能,严厉打击破坏社会稳定和阻碍企业发展的违法犯罪行为,在办案中充分考虑市场经济、创新创业的特点,严格区分经济纠纷与经济犯罪、企业正当融资与非法集资、执行利用政策中的偏差与钻改革空子实施犯罪、合法经营收入与违法犯罪所得的界限,准确把握罪与非罪的标准,注重案件办理法律效果与社会效果的统一。二是注重涉企案件的评估。在查办涉及非公企业及经营者、主要骨干等人员犯罪案件时,坚持慎重选择办案时机和方式,对涉案企业

可能产生的影响进行全面分析、评估，在最大限度减少影响的基础上，帮助企业维持好生产经营。认真落实宽严相济的刑事政策，对涉嫌轻微犯罪的投资商和企业负责人、重要技术人员，依法慎用强制性措施，维护企业正常生产经营。三是强化法律监督，构建多元化保护格局。以安康市人民检察院为例，印发《全市开展非公经济立案监督和羁押必要性审查专项活动实施方案》，通过办理羁押必要性审查、立案监督等各类监督案件，做到每案必审，坚决纠正滥用强制措施、不当查封扣押冻结财物等侵害产权主体合法权益的司法行为，让民营企业专心创业、放心投资、安心经营。

（四）市场为导向做好检察制度机制的供给侧改革

建立科学决策机制。以社会发展与市场需要为基础，顺应时代需要，积极广泛听取市场主体意见，及时做好相关法律与规范性文件的建议修改、解释和清理工作，统一法律适用标准，使“现行”法律规范能够适应营造和维护营商环境的需要。加强产权依法平等保护，健全源头预防涉企错案机制，让企业家有持久的安全、可靠的预期，放手经营发展。加大对侵犯企业家人身权、财产权、人格权刑事犯罪的惩治力度，努力增强企业家的财富安全感、社会获得感、创业幸福感、市场存在感，激发创业创新动力和经济发展活力。建立健全检企对接机制。广泛听取企业家意见建议，不断创新服务途径和方式。加强智慧检务建设，完善 12309 检察服务平台、“两微一端”等检察新媒体平台建设，打造“互联网 + ”绿色检务通道，为企业提供更智能、更精准、更贴心的检察公共服务。

（五）推行政机关依法行政，营造民营企业、非公经济发展新环境

加强与法院沟通，做优做实行政检察工作。最高人民检察院也于 2019 年 4 - 5 月委派第七检察厅就如何利用行政检察服务保障减税降费工作，先后赴上海、河南等地进行调查研究。笔者认为，作为检察机关，要做实行政检察工作，就要走出去，主动寻找案源，及时跟进同级人民法院办理的涉民营企业的行政许可、行政审批、行政处罚、减税降费等方面的案件，做好诉讼监督，注重对民营企业的平等保护，促进依法审判。推动与行政监管部门联动，做好公益诉讼检察工作。通过监督，实现利益多赢。以今年检察机关开展的“保障千家万户舌尖上的安全”为例，自专项整治活动开展以来，检察系统自上而下，主动与各级食药监部门对接，针对

监管部门对入网餐饮服务提供者、网络餐饮服务平台未能依法进行监管，网络餐饮服务平台未核实入网餐饮服务提供者条件或者对入网餐饮服务提供者管理不到位等损害社会公共利益的情形进行了大规模的监督。针对不符合法律规定、损害消费者利益的行为，及时提起公益诉讼，针对存在的风险点制发检察建议。此次专项监督活动，既调动了食药监部门依法履职的积极性和主动性，又履行了检察机关公共利益代表者的职责，也借此进一步规范了互联网领域民营企业的经营行为，优化了网络餐饮业的营商环境。

（六）发挥法律政策研究优势，共同推进完善关于平等保护民营企业发展的法律法规

在现行法律规定中，对公有制经济的保护范围和力度是远远高于民营经济的，以《刑法》为例，《刑法》对不同所有制财产的保护力度是不平等的，如国家工作人员利用职务上的便利，非法占有公共财物的行为，构成贪污罪；公司、企业或者其他单位的人员利用职务上的便利，将本单位财物非法占为己有，数额较大的行为，则构成职务侵占罪。二者在刑期的设置上有很大的差别，贪污罪最高刑为死刑，而职务侵占罪最高刑为 15 年有期徒刑。类似的情形还有受贿罪与非国家工作人员受贿罪的区分，挪用公款罪和挪用资金罪的区分。这种立法层面的不平等保护不利于民营企业的健康发展，也不利于整个法治化营商环境的建设。笔者认为应当通过实地调研、走访、倾听民营企业家对法律保护层面的需求，与各级工商联互通，了解民营企业的立法需求，及时将相关需求向人大法工委报告，共同推进平等保护民营企业的立法工作。最高人民检察院于 2018 年向全国人大常委会报送了《关于建议修改刑法有关条文加强非公有制经济平等保护的报告》，这为各级检察机关如何推动平等保护民营企业提供了可以借鉴的方法，也为各级检察机关如何参与法治化营商环境建设指明了方向。

（七）办案职能与监督职能实现双轮驱动

持续提升刑事司法检察工作质效，维护市场经济秩序。一是积极参与和主动服务保障打好“三大攻坚战”，提升刑事司法检察工作质效。积极参与整顿和规范市场经济秩序活动，为企业优胜劣汰提供公平公正的法治环境。二是加大对侵犯企业家人身权、财产权、人格权刑事犯罪的惩治力度，妥善处理由经济纠纷引发的

暴力讨债、绑架、非法拘禁等案件，保障投资经营者人身安全、出行安全、资产安全。三是坚持惩治违法犯罪与保护合法经营并重，突出打击重点与监督实效。严格把握政策界限与方式方法，通过依法惩治犯罪者、支持改革者、保护创业者、挽救失足者、教育失误者，实现政治效果、社会效果、法律效果的有机统一。完善法律监督，推进营商环境治理体系建设。一是主动融入优化营商环境工作大局。比如，强化办理涉企案件的法律监督和风险管控，加大对相关民事、行政案件审判、执行活动的监督力度，探索在消费者权益保护、数据信息安全等领域开展公益诉讼工作，依法保障各类市场主体公平参与市场竞争。二是发挥"四大检察"职能，构建营商环境治理体系。切实加强对企业产权、市场秩序、科技创新、生态环境保障，为企业和投资经营者提供丰富优质的检察法治产品。比如，探索建立检察机关对行政机关及其工作人员不作为、慢作为、乱作为的监督纠正机制，有效运用检察建议和提起公益诉讼等方式推动行政机关依法履职，努力营造"审批事项少、办事效率高、服务质量优"的发展环境。

（八）发挥法律监督职能，打造法治化营商环境

我国的多个自贸区发展规划中明确提出要营造法治化营商环境，检察机关需要探索建立符合法治化要求，同时也符合营商环境效率要求的工作机制，检察机关需要充分发挥法律监督职能，特别是检察机关与监察委员会的职能重新厘定后，检察机关的法律监督职能更加突显。检察机关需要做好法律监督工作，发挥检察机关在刑事检察、民事行政检察等领域中预防、监督与保护的职能，有效推进我国营商环境的法治化。从刑事检察职能发挥上看，需要针对社会敏感性案件进行重点打击，如针对走私、诈骗、洗钱等犯罪行为要重点打击。在民事行政检察上需要强化涉外营商环境案件的法律监督，做好行政机关的法律监督职责，切实提高服务的水平。在行政执法的监督上，需要积极运用提起公益诉讼的原告资格功能，更好地监督行政机关及其工作人员履职。营商环境法治化要求政府推进"放管服"改革，推进依法行政，借助检察的监督职能，对于办案中发现出现行政机关的行政执法的漏洞问题，采用检察建议、检察白皮书的方式帮助行政机关进行法律风险漏洞的修补。同时，发现存在行政机关的违法行为的，应采用公益诉讼方式保障公共利益。

(九)自贸区设置专门机构,为营商环境法治化提供常态化的检察服务

我国的自贸区建设一定程度上反映我国的营商环境打造的情况,在当前我国的自贸区的检察职能部门的设置上存在分歧,容易导致刑事案件的管辖权分散化,不利于检察职能统一的行使与功能的发挥,不利于预防与打击犯罪活动。因此,针对当前我国的自贸区建设的情况,可以在自贸区设置专门的检察机构,针对自贸区的刑事案件的特点,对重点领域发展的案件进行准确研判。同时专门针对营商环境的检察机关的设置,能够主动推动检察机关深入到企业中,针对企业经济活动过程中出现的法律问题及时给予解答,对企业出现的食品安全、生产安全的问题,采用定点保障服务的方式为企业提供专业化的服务,切实有效地营造良好的商事活动环境,推进经济发展。

结　语

营商环境中法治化是影响其评价的重要因素,营商环境优劣直接影响区域内招商引资的难易度,影响社会经济与社会就业的发展。当前疫情环境下营商环境法治化打造有助于推动区域经济的复工复产,也有助于社会的发展。法治是最好的营商环境,打造法治化的营商环境需要多方主体的助力。检察机关作为法律监督机关,检察环节能服务与保障营商环境,以差异化的司法需求为导向,提供检察供给侧改革,为营商环境法治化建设提供服务具有积极的意义。

参考文献

[1]唐葵:《法治政府、服务型政府视域下的清远政务营商环境》,载《清远职业技术学院学报》2016 年第 3 期。

[2]代玲:《优化法治营商环境助力全区转型升级》,载《法制博览》2017 年第 33 期。

[3]杨旭垠、陈静:《检察环节服务保障优化营商环境的理念支撑与举措支持》,载《法制与社会》2019 年第 36 期。

[4]宋丹:《黑龙江省优化营商环境的司法保障机制研究》,载《经济研究导刊》2019 年第 33 期。

基层院在大数据应用中的困境与建议

刘　涛[*]　　李兴营[**]

当前,随着大数据战略在检察机关的深入开展,大数据技术在提升检察机关监督能力、推动检察工作转型升级上等方面的"战略"价值越来越大,也更加受到各级领导的重视。时任最高人民检察院检察长张军多次强调"大数据助力检察工作高质量发展,大有作为!"在教育整顿过程中,中央政法委也借助大数据,向顽瘴痼疾整治亮出"科技之剑",印发了《关于充分运用智能化手段推进政法系统顽瘴痼疾常治长效的指导意见》,通过大数据分析技术常态化组织开展执法司法巡查和流程监督,实现对执法司法风险环节的全过程监督和精准监督,这些都为检察机关开展大数据战略做出了很好的榜样,也提供了有力的支撑。但是,随着大数据在检察工作中渗透程度越来越深,基层院对上级检察机关掌握大量的"数据资源"的共享、利用、差异化服务等方面的需求越来越强烈,但在具体实践落实中还存在诸多困难和瓶颈,亟须破解。

一、大数据在检察工作应用实践中存在的主要困难

(一)刑事检察数据源对接"瓶颈"依然较为突出,破除数据壁垒任重而道远

当前刑事检察业务数据源主要为检察机关统一业务应用系统内办理的各类案件数据以及其衍生出来的统计数据、各级检察机关历年办理案件扫描后产生的电子档案数据、检答网等各类网络平台系统化的典型案例库等。

---

* 南召县人民检察院党组书记、检察长。

** 南召县人民检察院办公室主任。

一是大数据收集机制未完全建立，检察数据源来源还较少影响案件客观公正评价。散落在各级检察机关、政法兄弟单位的各种刑事办案数据，因管理制度和流通机制等原因，普遍不愿共享，阻碍了彼此间的信息、数据的流通、更新和共享，导致多数涉案数据未转化为检察大数据。如办理涉电信诈骗及帮信案件中，检察机关的电子证据多是以“鉴定报告”、犯罪嫌疑人供述等书证形式转化而来，而提供证据的关键部门如银行、网络运营商、公安机关等，与检察机关之间没有直接的大数据共享机制，相关的第一手电子证据检察机关不能直接掌握或分析，虽然这并不影响整体案件的定性或证据采信，但是对于一些重大复杂案件，在分析涉案人员主客观统一、作案手段方法、社会危害性评估方面，在主观上受公安机关笔录影响较大，容易形成“先入为主”的印象，可能影响对案件的公正评价。

二是目前已有的数据源分属不同平台不同载体，在大数据融合过程中，普遍存在数据不兼容、简单堆叠现象。大量数据以数据孤岛的状态被分割在各部门内部而无法被关联与聚合。同时，检察机关和其他司法机关、各行政机关的大数据应用平台多为各自建设，除数据隔离的问题外，还有硬件投入较大导致的零星建设和更新缓慢等问题，这些问题导致在调取涉案数据的过程困难、手续庞杂、费时费力。如各级监管场所建设的智能监管系统，既有公安、监狱管理部门建设的，也有检察机关建设的，一方面存在重复建设的情况，另一方面因双方数据“各自为政”，检察机关未同步掌握每个监区的情况，在还原一些重大敏感案件时候，一些关键节点容易发生视频“丢失”、设备“损坏”等情况。

（二）大数据分析能力不足，刑事办案的数据价值未能得到充分体现

大数据的真正意义不在“数据量大”，而在于通过数据分析、比对、挖掘等系列“化学反应”，实现的大数据由量变到质变的“升华”，增强检察办案监督科技含量，促进法律监督体系和监督能力提质升级，以便更好地在检察实践中落实习近平法治思想，为经济社会高质量发展贡献检察力量。

一是基层院大数据分析应用能力受主客观制约因素较多。大数据分析的主要作用在于从诸多杂乱无章的办案数据中找出能够提升司法办案水平或法律监督能力的规律，实现对现有的司法办案行为进行规范或提升。要实现这一目的的首要前提是掌握丰富的数据量，数据量越大，在相同分析模型上，能够反映出的规律性就越强，代表性越高，越具有说服力。以统一业务应用系统为例，按照现有的

数据归集模式,基层院的办案数据归集到省院数据中心,省院数据中心作为中转站,定期向最高人民检察院数据中心更新数据。同时,统一业务应用系统软件接口开放权限由省级审核把关,因此,在以统一业务系统为基础的大数据分析过程中,省级院掌握的数据量和数据接口开放程度,就具有很大优势,在进行分析时候,几乎不存在技术壁垒,更加便于挖掘办案数据的价值。而基层院几乎没有任何"处置权",仅能通过统一业务系统内置的几个数据查询决策模块进行简单的数据汇总分析。据不完全统计,2021 年,省检察院及各部门共发布业务分析报告 80 余次,南阳市检察院共发布 30 余期,而南召县院仅借助统一业务应用系统开展了 22 期业务分析报告,基层院借助大数据开展业务分析数量层次落差明显。

二是数据价值分析尚属于表层分析,对检察业务的支撑能力还需要进一步提升。在刑事检察中的大数据分析用途上,一方面通过数据模型的分析,给出某一类案件关联性最强的建议,从而避免承办人在办案过程中因主管判断或认识不同所带来的主观偏见;另一方面通过大数据分析能够更加高效地监控司法办案规律的变化趋势,根据相关性更准确地预测未来或给予决策建议,及时纠偏。而就目前全省的大数据分析能力来看,现有的检察大数据分析主要以服务考评工作为主,通过报表数据等浅层次分析来核验司法办案情况,但是实践当中不少分析报告仅仅停留在数据表面,如在开展未成年人犯罪分析中,在报告中罗列被告人年龄、所涉罪名等简单信息,即使做了大量的可视化图表分析,但对于这些数据所反映的问题或者这些数据与报告主题的关系缺少深入思考,这种分析模式属于事中或事后分析,虽然对司法办案活动有一定的指导性和纠偏性,但是就预防违规办案、强化事前监督等方面来看,存在明显不足。而针对常见多发案件和新型、疑难案件进行分析,为业务决策、类案监督、调整惩防重点等更深层次的法律监督提供依据等方面,就涉足的更少。如借助大数据技术实现量刑建议更加精准、监督纠正法院同案不同判、对羁押必要性审查评估、不予逮捕案件社会危险性预测评估等方面,目前未见有实质性行动。

(三)上下级大数据建设设计理念和需求不一致,顶层设计与基层创新需要统分结合

在智慧检务系统建设和大数据应用实践过程中,基层院更加侧重变革办案方式,把承办人从"司法民工"简单重复的工作中解放出来,解决"案多人少"的矛

盾,而高层更加注重如何提升监督质效、规范司法行为,避免冤假错案等,这就容易造成顶层设计和基层需求不匹配、基层被动适应顶层设计的情况。

一是大数据信息平台智能化程度不足,重复劳动现象严重。目前刑事检察案件主要办理平台为统一业务应用系统,在顶层设计上,实现了全国四大检察案件的统一管理,避免了线下办案的种种弊端,也形成了大量的办案数据积累,推动检察办案走向信息化、智能化。但在统一业务应用系统使用过程中,办案数据基本上都靠承办人输入,数据之间未能形成有效抓取、交互、关联,更谈不上案件数据的分析。在人机对话方面智能化程度不高,需要手工填录和修正的内容较多,基本上承办人录入什么就展示什么,如果未录入相关的案卡信息,则系统也不会自动分析抓取案件的关键信息。每次在统计特定案件类型数据的时候,也不能直接从系统中进行识别、抓取,仍然需要通过传统的人工筛查、层层上报的方式来获取数据。再如提升量刑建议精准度上,基层承办人希望可以借助统一业务应用系统的大数据分析,找到提高法院的采纳率、降低被告人的上诉率等方面的不足和改进空间,同时通过历年来的办案数据比对,找出影响量刑建议采纳率的因素有哪些?法院不采纳量刑建议的主要理由是什么?下一步的改进建议是什么等能够辅助决策、提升办案效率的内容,但在实际实践中,统一业务应用系统仅提供了起诉意见书、量刑建议等文书的基础模板供办案人员套用,并且对套用模板中的明显逻辑错误,如犯罪嫌疑人中出现张冠李戴、罪名书写错误、是否签署具结书等内容,也未能很好进行逻辑审查并给予提醒,因此导致大数据提高刑事检察办案效率方面的功效打了折扣。

二是数据调用自主权不足,基层首创精神受到制约。近年来,在推动刑事检察业务创新发展、激发基层首创精神,增强争先创优动力方面,上级检察机关出台了一系列指导意见,并通过考评指挥棒,全面引导基层检察院因地制宜、打造特色品牌和工作亮点,力争实现"一品促一线,一院促一片"的效果。但是,在借助统一应用系统开展辅助办案系统过程中,因统一业务应用系统安全审计策略要求以及数据接口等方面因素,基层院在开发过程中,很难获取到接入授权,与统一业务应用系统无法对接,只能进行孤立开发,即便是通过"曲线救国"方式开发出了辅助办案系统,一旦统一业务应用系统更新或更换版本,就会造成衔接不畅、信息壁垒,需要二次开发等问题。同时,由于办案人员使用辅助系统办案时需要在统一业务应用系统和多个应用软件之间来回切换,在系统界面、风格、操作习惯和硬件要求方面存在较大差异，在操作过程中极易导致信息填录混淆、“张冠李戴”，数据分析的精确性也得不到有效保障。

二、大数据在检察工作应用实践中的建议

（一）树牢开放、共享、融合的理念，实现大数据由简单堆叠到交互应用的转变

一是通过技术创新破解数据共享中的难点问题。在检察机关内外部开展数据共享和信息访问过程中，要找准数据共享和保密安全的平衡点，除利用传统的技术手段对网络入口边界进行防护和对核心层进行安全加固的基础上，还要通过“间接接触”原则加大对数据接口的开放程度。上级院通过部署数据服务交换站，在检察大数据中心和各级检察院之间架起数据交换的安全通道，下级院通过向该交换站发起数据交换申请并通过数据交换站向目标数据中心移交申请，数据中心在进行用户鉴权后，下发相应的数据至数据交换站。通过这种不直接接触数据中心的方式来保障数据中心的内部结构不会被外部直接访问和探测，既有效增加数据中心数据的保密性和安全性，又向下级间接开放了数据接口，有效解决智慧检务建设过程中的数据共享瓶颈和安全隐患。

二是做好规划对接。对于新建或改造的大数据应用项目，要制定统一建设规划和建设策略，将功能需求和现有资源对接，能整合的整合，不能整合的，达到对应功能要求即可，硬件投入上不必一味追求高标准，减少功能重叠和资源闲置浪费。在建设过程中，信息技术部门要与供应商做好新项目的建设对接，对项目软硬件要求结合实际情况及时提出合理化建议，确保新系统在工作中更好的发挥其应用价值。

三是加强融合贯通。大量的数据堆砌本身并没有实际意义，对数据分析处理是打造智慧检务的关键，当前检察机关所收集到的有用数据中，价值被隐藏起来的数据量和价值被真正挖掘出来的数据量之间的差距巨大，产生了大数据鸿沟，要想发挥这些数据的价值，只有围绕大数据应用的“深度”和“广度”两大维度，全面串联检察工作的各个环节，提升司法办案、队伍建设、事务管理等各个方面的质量和效率。如通过在同步录音录像、视频接访、远程提审、庭审监督等系统中，积极开展视频搜索、微表情分析等智能化新技术应用，通过设备互联、系统互通实现基于大数据的侦查取证、犯罪嫌疑人心理分析、涉案人员活动轨迹复原等方面综

合应用支撑,改变现有条块分割、应用目的单一、使用效能不高等问题。

(二)坚持以价值挖掘为中心,强化服务支撑,全面提升大数据系统提供决策服务的智能程度

一要推动智慧检务向智能化、精准化迈进。以大数据为基础的智慧检务系统较为直观的反映了检察机关内外部环境中需要解决的问题,并在一定程度上体现问题形成的原因,其主要目的是立足于向检察人员办案或决策提供依据、规律、找出方向,帮助决策者进行主观选择或逻辑验证,但机器不能替代人脑,在涉及案件定性、重大决策等事项,应避免不加思考的依赖智慧检务系统进行决策,陷入“唯数据论”的误区;同时,也要避免以机器决策不可靠为由,形成“拍脑袋决策”的传统决策模式。检察人员可以在智慧检务辅助的基础之上,加入人机互动因素,把自己对事物的认识、经验、思路、逻辑等因素加入智慧检务系统,进行融合、研判,最终得出较为科学和符合实际的结论;同时也通过这种人机交互模式,进一步促进智慧检务系统的更新、完善,促进其在辅助办公办案、决策等方面,向更加智能化、精准化演进。

二要进一步提升检察大数据的挖掘和计算能力。在大数据应用系统建设过程中,一方面,要以统一业务应用系统形成的大数据为基础和核心,围绕法律法规新变化、信息技术新发展、业务部门新需求、检察机关新职能,加强与统一业务应用系统配套功能的拓展和计算能力的提升,努力实现检察大数据由简单向复杂、由低维向多维进行增值挖掘。另一方面,要加强与其他执法司法信息资源的对接,充分发挥基层院的自主创新能力,积极研发提升各项检察业务智能化程度的应用,努力实现系统内外数据的多元立体交互,从而大力提升运用大数据在快速检索、分析甄别、趋势发现、预警预测、评估研判、辅助决策等智能服务的计算分析能力,提高司法办案专业化、智能化的程度。

(三)要注重大数据运用的规范管理,解决好司法办案提质增效和风险防范等问题

一要强化基层人才保障。随着检察工作进入新时代,借助检察大数据服务检察工作的需求会越来越强烈,各类信息系统在检察工作中的应用会全面铺开并持续深化。因此对基层而言,信息技术人员就是保障大数据系统正常运转的关键环

节，但是在内设机构改革后，基层技术人员、机构设置等又反而被弱化，因此，在对检察机关在引进法律专业人才的同时，要积极的探索各类途径引进信息技术人才，在传统的招录方式引进专业技术人才的基础上，探索遴选、聘请、招聘等多种引进人才方式，加大信息人才引进培养力度，提高信息技术人才数量和质量，积极构建常态化、稳定的人才培养机制，为检察机关开展大数据战略提供专业的人才保障。

二要处理好运用数据分析与个人主观能动的关系。大数据时代，检察工作人员办案的每一个步骤都会被大数据所记载和上传，而上级机关对下级工作的考核便依据这些数据，这可能导致某些工作人员为应付上级机关的检查，工作只做表面文章，录入相关案件数据的过程中，只录入对其工作有利的数据，而不是与案件相关的所有数据，造成案件录入的失实，影响检察机关的公信力。因此，检察机关在应用大数据进行相应的管理之时，应综合考虑各方面因素，给予工作人员一个客观的评价，防止压力过大，造成检察工作的失真，伤害检察机关的权威和司法公信力。应始终谨记大数据是提升检察工作水平的工具，而不是检察工作人员本身，不能本末倒置。

三要努力解决检务公开与监督管理的矛盾。大数据时代，随着一些刑事检察案件信息在不同结点同步公开到最高人民检察院的案件信息公开网上，公众更容易获得案件的相关进展和基本案情，同时一些涉及个人隐私的信息，也会被不经意间发布到网上，这一方面要求加强对检察机关工作的监督，但也为一些媒体和网民为追求眼球效应提供了便利，甚至被一些不良用心的机构利用，制造舆论向检察机关施压，破坏检察机关的公信力。因此，我们在开展案件评查的同时，必须借助大数据系统常态化对司法办案活动进行逻辑审查、程序审查，常态化的进行事前、事中监督和“巡逻”，推动办案人员努力适应在大数据信息系统监管下严谨办案，不断加强对司法办案人员培训，提高承办人办案安全的主观认识程度。同时，要借助统一业务应用系统，采用规范严格的审批制度和审核制度，对案件信息的采集、录入、存储、删除、销毁等阶段，都通过严格的内部规定和程序来约束，防止办案信息不当泄露和被侵犯，实现大数据安全办案和开放共享的有机统一。

确立“中枢”职能
更好服务检察业务高质量创新发展

王天子*

一、“中枢”职能定位的现行情况

(一)最高人民检察院主要领导会议讲话中明确

在全国检察机关第二次案件管理工作会议上,最高人民检察院副检察长童建明指出,面对新形势新任务新要求,做好新时代案件管理工作,要坚持以习近平新时代中国特色社会主义思想为指导,全面贯彻习近平法治思想,落实“讲政治、顾大局、谋发展、重自强”的总体要求,把握案管部门作为检察业务工作中枢的职能定位,突出监督管理和服务保障两大主责,树牢科学管理、能动管理、智能管理理念,健全业务指导、评价、管控、保障和外部监督等体系,构建科学高效的案件管理工作新格局,促进检察工作高质量发展。① 明确了案件管理(以下简称案管)部门是检察业务工作中枢的职能定位。

(二)案管业务内容的系统性、全局性、导向性和重要性

当前,几乎所有的检察业务都从案管部门开始、在案管部门结束、受案管部门全程监控。案管部门一个窗口对外、一个闸门对内,外接人民群众和其他政法机关,内连各个检察业务部门,上接上级机关和本院领导、下连下级检察院和一线检察官。案管部门要服务检察长、检委会对业务工作的管理,做好检察长和检委会

---

* 南召县人民检察院综合业务部党支部书记。

① 童建明:《构建新时代检察机关案件管理工作新格局　为促进检察工作高质量发展提供坚强管理保障》,载《检察日报》2021 年 10 月 28 日,第 2 版。

对业务工作要求的"传导器",依托业务数据分析研判会商平台等,向办案部门传达检察长和检委会的要求,确保各项工作沿着正确的方向推进。案管部门要融合办案部门的管理,加强与办案部门的配合,通过提前通报监管情况、定期召开联席会议等方式,共同发现、解决业务运行中的问题,形成管理合力。案管部门要对接其他管理部门的管理,做好与检务督察部门的衔接,加强案件质量评查,及时移交涉嫌违法违纪线索;做好与政工部门的配合,科学设置检察官业绩考评指标,推动检察官业绩考评有序开展。案管业务呈现出了前所未有的系统性、全局性、导向性和重要性。

(三)案件管理业务发展的趋势

近年来,通过不断的增添、加强案管职能,案管业务的发展呈现出贯通上下左右、有效联络各方,从局部管理向系统管理、从直线型管理向立体化管理、从个案管理向业务治理的提升。案管业务的发展正从传统的一般管理向科学管理、能动管理、智能管理上发展。案管业务正在朝向自动化、智能化、知识化、信息化、全息化发展。

二、"中枢"职能定位的不足及不良影响

(一)有"中枢"职能的迫切需求,缺少"中枢"职能的明文确立

时任最高人民检察院检察长张军强调,实现新时代检察职能建设,案件管理系于不止一半。检察案件管理工作只能加强、健全和完善,这是方向,是永无止境的。最高人民检察院副检察长童建明也指出,新形势孕育新要求。"为大局服务、为人民司法离不开优质高效的案管工作。""全面提升法律监督质量和效果离不开优质高效的案管工作。保障检察权依法正确行使离不开优质高效的案管工作。"①

新时期检察业务的高质量发展,向案管部门提出了"中枢"职能的迫切需求。但是这些"中枢"职能是在案管业务发展的过程中逐步赋予的,"中枢"的重要作用也是在案管业务的开展中体现出来的,具有谦抑性、滞后性和定位不清晰性。虽然最高人民检察院主要领导在会议讲话中予以明确案管业务的"中枢"职能定

① 童建明:《构建新时代检察机关案件管理工作新格局　为促进检察工作高质量发展提供坚强管理保障》,载《检察日报》2021 年 10 月 28 日,第 2 版。

位,但是还缺乏刚性,不利于案管部门贯通上下左右、有效联络各方、系统化管理、立体化管理等向新时期案管业务发展,不利于发挥案管部门的“中枢”作用。

(二)有具体“中枢”职能职责,缺少“中枢”职能职责与普通业务的界定

随着案管业务的迅速发展,案管业务早已不是单纯的收案、分案、送案等机械性普通业务,而是集常规业务和各种数据化、信息化、智能化、系统性、全局性的“中枢”职能为一体的繁杂内容。案管业务日益增多,繁杂性和重要性并存,如果不能很好的分门别类、区分界定,将不利于案管业务的高质量发展,不利于案管“中枢”职能作用的发挥。

(三)监督管理职能和服务保障职责不明晰

当前,各级检察机关的案管工作发展不均衡、“上热下冷”,特别是市县院案管职责事务化、地位作用弱化等问题相对突出。笔者认为,出现这些问题的原因,除了上述1、2点之外,还有就是监督管理职能和服务保障职责不明晰。这里强调的是监督管理的“职能”和服务保障的“职责”。案件管理业务较为繁杂,但概括起来就是两个方面:监督管理和服务保障。当前,各级院案管部门多数强调了监督管理的“职责”和服务保障的“职能”,监督管理缺少强制性、服务保障缺失主动性、监督管理职能和服务保障职责不明晰突出,容易造成监督管理弱化,服务保障不力的结果。影响案管“中枢”职能定位的确立,反过来案管“中枢”职能定位的不确立也直接影响着案管部门监督管理和服务保障的职能职责。

三、如何确立“中枢”职能、消除壁垒、完善不足,发挥出案管工作的最大作用,更好的服务检察业务高质量创新发展

(一)确立案管“中枢”职能,不仅需要条线内强调,更需要站在全系统的高度去明确

要想真正压实案管“中枢”职责,充分发挥案管“中枢”职能,仅在案管条线内强调是不行的,俗话说“剃头挑子一头热”,很难取得案件管理和服务实效的。当前,案管工作的上层部署已经赋予了案管的“中枢”职能定位,各项案管工作的开展也不同程度的发挥着“中枢”职能作用,已具有“中枢”职能之实。随着检察业务的高质量创新发展,要想更好地满足新时期大检察业务发展的“中枢”需求,还

需要站在全系统的高度去确立案管的“中枢”职能。只有站在全系统的高度，全局性的看待案管工作，才能真正发挥案管的“中枢”职能，才能建设好精准实的数字案管、能动智能的智慧案管，才能向领导层提供高质量的数据分析和有效的决策参考，也才能实现科学管理和高效服务。

站在全系统的高度去确立案管的“中枢”职能，重在正确处理管理与办理的关系。案件办理和案件管理犹如检察业务工作“车之双轮”“鸟之双翼”。准确把握案件管理与案件办理的内在关系，深刻认识“监督不是高人一等，而是技高一筹”，不断增强工作智慧。积极发挥案管工作系统性、协同性管理效应，以平等立场履行监督职能，与业务部门凝聚共识，以高质量的案管服务保障高质量的案件办理，做到“双赢、共赢、多赢”。

站在全系统的高度去确立案管的“中枢”职能，重在加强系统观念、法治思维、强基导向，讲政治、顾大局、谋发展、重自强，树立综合协调观念，做到“有担当、能担当、善担当”，认真落实院党组、检察长、检委会的宏观管理，尊重办案部门和检察官的自我管理，对接政工、检务督察等部门协同管理。

站在全系统的高度去确立案管的“中枢”职能，重在加强顶层设计，建好“章”立好“制”。探索构建科学的案件管理工作机制。立足中枢定位，健全制度机制，破解案件管理“难”“软”瓶颈。以检察业务绩效考评为着力点，健全办案规范化监督配套机制。以大数据分析研判为基础，形成立体的业务数据分析研判会商机制。建好监督管理和考评考核的对接机制，做好内部考评与上级院考评的有效衔接，建好监督管理和纪检监察的线索衔接制度，建立问题移送和结果分享机制等等。

（二）确立案管“中枢”职能，不仅需要有具体的“中枢”职能职责，还需要与传统普通案管业务作区分

当前案管工作内容较为庞杂，从基层院来看，各地区案管工作内容大同小异，大致有以下内容：案件受理、分配管理、案件流程监控、案件质量评查、信息公开、电子卷宗及律师阅卷、业务数据质量计分、检察官业绩考评、统计分析和报表、涉案财物管理、公开听证、人民监督员工作、两制一办法工作、精品案件、法律文书、指导性案例评选、统一业务系统的运维管理等工作。这些案管工作中，有些是常规性的普通案管业务，具有机械性、重复性、流程化特点，需要的是照章办事、精准

操作、勤奋细心,发挥着基础保障性作用。但有些工作就更具有技术性、信息化、数据化、智能化的特性,需要的是高技术、高水准、高站位、系统化、全局性,发挥着决策参谋、统计分析、智慧案管等更高科学管理的作用。将二者加以区分,有利于分工协作、科学管理,有利于人才培养、突出职能,能够彰显出案管"中枢"职能,以便更优发挥"中枢"作用。

确立案管"中枢"职能与传统普通案管业务作区分关键是要定位精准、主责清晰、突出工作重点,切忌"眉毛胡子一把抓"。同时,要兼顾好各项普通业务,不可顾此失彼。这就要求我们不是简单的把现有案管工作加以分门别类,而是既要区分职能,又要划分清楚职责;既要体现出"中枢"职能的重要性,又要兼顾普通职能的不可缺少性。让"重"者恒重,"轻"者不失,以使案管工作创新突出优势,健康全面发展。

(三)确立案管"中枢"职能,不仅要明确"管理"职能,更要明晰突出"服务"职责

确立案管"中枢"职能,明确"管理"职责的同时,更要明确"服务"职责。"管理"和"服务"两者同等重要。"管理"要有刚性,要有力度,要有成效;"服务"要贴心到位,要发挥出信息化、智能化、大数据统计等"智慧案管"的优势。要在"管理"中服务、"服务"中管理,"服务"的范围要扩大,不仅服务领导决策层,还要服务好各业务部门;不仅服务员额检察官、业务承办人,还要服务好公安、纪监等外部业务对口单位和人员。只有明确"管理"职能,才能更好地履行"服务"职责;也只有善于服务、服务到位,才能发挥"管理"职能。监督管理是方法、是手段,是确保发挥案管"中枢"职能的必须,但归根结底是要落脚到"服务"上的,服务领导正确决策、服务检察官提升办案质效、服务检察事业的发展大局等等。有细枝末节的小服务、更有系统、宏观、全局的大服务。因此,更要明晰突出"服务"的职责。

当前,检察机关重管理轻服务的现象比较突出。关于管理的创新举措、规章制度层出不穷,却少有对于"服务"职责的探索明晰,缺少关于案管部门"服务"职责、"服务"方法、"服务"模式、"服务"评价的规章制度。要想充分发挥案件管理工作的"中枢"职能,就要真正的明白理解"监督管理"和"服务"的辩证关系。

对于如何明晰突出"服务"职责,笔者认为,除了要树立"服务"理念、创新"服务"方式、建立"服务"制度外,我们要善于打造科学的案件管理工作模式。在这个

科学的案件管理工作模式下，我们既能充分发挥“监督管理”职能，又能突出体现“服务”职责，实现完美诠释“监督管理”和“服务”的辩证关系。当然，科学的案管工作模式不一定要“一个模式通吃天下”，而是可以在不同的业务范畴内建立不同科学工作模式。例如，河南省郑州市人民检察院打造出的质量效能评价模式、核心数据分析研判模式和工作业绩科学评价模式；上海市人民检察院建立的涉案物品公检法共管模式；湖北省人民检察院构建的条线筛选、案管部门统筹复核、评审组把关评审的优秀法律文书评选“三步走”模式；江西省赣州市南康区人民检察院“1＋3＋N”的督促落实模式等，都不同程度的体现了建立科学案管工作模式的思路。但笔者需要强调的是，要在探索建立科学案管工作模式中突出体现“服务”职责，这样才能更好地发挥案管“中枢”职能。

（四）确立案管“中枢”职能，还需要案管工作人员有新的境界、新的格局、新的思路、新的素能

最高人民检察院副检察长童建明检察长曾提出，新时代案件管理工作要有新境界、新思路、新格局、新素能。同样，新时期案件管理工作人员也要有新的境界和格局、新的思路和素能。

确立案管“中枢”职能，需要案管工作人员有新的境界和格局。思想意识是实践行动的先驱，因此提高政治站位，增强做实做优做好新时期案管工作的政治自觉、法治自觉和检察自觉是案管“中枢”职能定位的人才要求。案管工作人员要有站位全局、服务大家的境界和格局，绝不能局限于“内部监督管理”的小视野，必须具有服务大局、为民履职的大情怀；绝不能有“自守一亩三分地”的小格局，必须具有我为人人、功成必定有我的大心胸。

确立案管“中枢”职能，需要案管工作人员有新的思路和素能。案管工作人员不仅要是政治上的明白人、还要是法律政策的清楚人、业务的内行人。案管工作人员不只是本领过硬、素能突出的专业者，还要是敢于创新、富有思路的开拓者。

检察机关首先是政治机关，案件管理人员如果政治敏锐性不强，就不能很好地理解法律的本质、政策的方向，也就不能很好地确定管理的重点、工作的方式，高质量案件管理就无从谈起。因此，案管工作人员首先要提升政治素能。其次，案管工作人员是“检察官的检察官”，从事的是业务工作，承担的是司法责任，这就要求案管工作人员必须具备过硬的专业能力。因此，案管工作人员要全面提升专

业素能，包括政策把握能力、法律适用能力、数据统计能力、分析研判能力、程序监管能力、质量评查能力等新时期案管工作所必须的各种素能。

同时，新时期案管工作人员要有开拓创新的勇气，有敢于试错的担当，有契合新时期案管工作发展大势的新思路。当前，数字化检察时代已经到来，数字化检察工作正全力推进。案管工作人员应当具有数字化工作思路，应当具备数据治理工作素能。在数字检察时代，案管工作人员应当主动对接新发展新需求，站在以数字规范化定义的案管“中枢”职能定位的高度去创新开展案管工作，构建出以数据要素为基础的、以指标数据为牵引的、“数据贯通”的立体案管工作新模式，以更好服务检察业务的高质量创新发展。

注重“五个坚持”　努力锻造过硬检察铁军*

赛恒健

检察队伍建设是全部检察工作的根本，在检察事业发展中居于基础性、战略性地位。作为身处一线，直面改革发展问题、亟待回应群众关切的基层山区小院，现结合南召县院实际，主动创新基层院建设的新做法，深入剖析短板不足，以期探索出一条适合基层院队伍建设的新路子。

一、影响和制约检察队伍建设的问题

（一）政治建警在执法办案环节落而不实

检察队伍中仍不同程度存在重业务轻理论学习现象，政治理论学习不够积极、深入，学用“两张皮”。近年来，通过开展“不忘初心、牢记使命”主题教育、政法队伍教育整顿、党史学习教育、观念能力作风建设年、质量建设年等活动，这一现象有所缓解，但仍有个别干警对政治理论学习重视程度不够。部分干警在树牢政治意识、严明政治规矩、强化政治担当等方面还存在差距，执法理念更新不够彻底，还存在就案办案的情况，以按部就班、流程不错了事，没有完全把案结事了、实现“三个效果”的统一作为工作标准。执法办案中片面突出员额负责制，请示报告制度执行不力。

---

* 南阳市检察机关“喜迎党的二十大，建设高质量检察队伍”主题调研征文获一等奖。

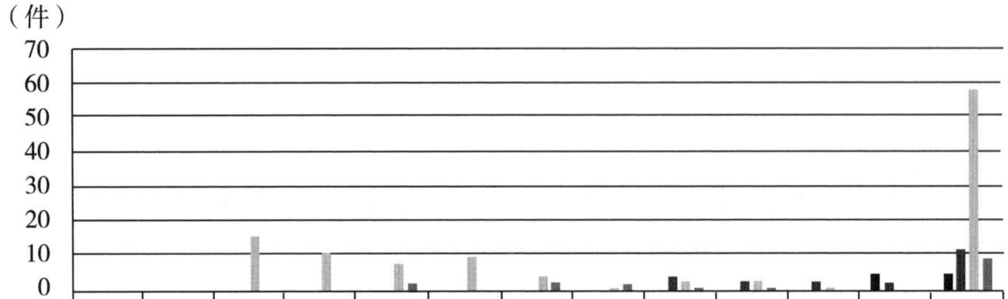

	1月	2月	3月	4月	5月	6月	7月	8月	9月	10月	11月	12月	合计
■ 2019年	0	0	0	0	0	0	0	0	0	0	0	5	5
■ 2020年	0	0	0	0	0	0	0	0	4	3	3	2	12
■ 2021年	1	0	16	11	8	10	4	1	3	3	1	0	58
■ 2022年	0	0	0	0	2	1	2	2	1	1	0	0	9

图 1　过问案件记录情况

从图 1 中可以看出，在执行“三个规定”，上报过问案件情况中，仅有 2021 年 3 月— 6 月上报数相比较多，其余月份基本为个位数甚至“零报告”。这充分说明在贯彻执行“三个规定”不够到位。对打听过问案件的情形记录不到位，存在普遍“零报告”情况。

（二）人才流失、队伍结构断档问题突出

受经济水平、福利待遇、职级待遇晋升等因素影响，基层院人才流失现象突出。近两年来，选调生自主选择分配中无 1 人愿意到南召发展。南召县院近 5 年来，通过公务员招录进院 6 人，但流出本院的干警就多达 12 人，其中考走或调出干警 8 名，辞职或离职干警 4 名。另外，院班子成员平均年龄 50.7 岁，最年轻的 45 岁。全院中层正副职中，没有 35 岁以下年轻干部。中层正职中只有 2 名 35 岁— 40 岁的干部。

检察队伍结构断档问题日渐突出。南召县院现有编制数 81 个，实有检察干警 69 人，从图 2 中可以看出，55 岁以上干警 7 人。中层干部年龄均在 35 岁以上。从年龄层次上看，整个队伍结构呈不规则的“腰鼓”型；从人才梯队建设上看，年轻骨干人才储备不足，队伍良性梯次结构尚未形成。

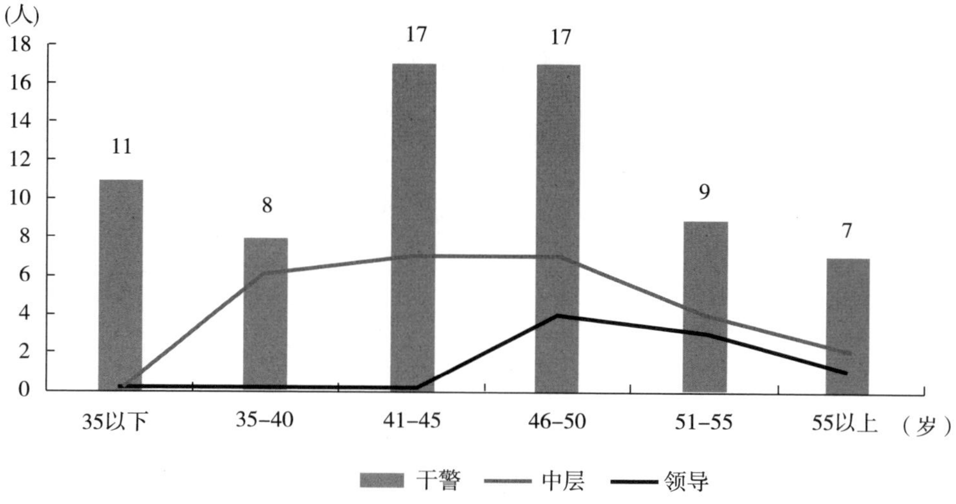

图2 在编干警年龄分布

(三)队伍专业能力不足,影响办案质效

受基层县院案件类型“单一化”客观影响,在办理金融犯罪、侵犯知识产权犯罪、公益诉讼等相关案件时的“能力恐慌”较为突出,落实“三同步”要求、做好群众接待等方面的意识和能力仍有欠缺。部分员额检察官在独立承办案件时存在就案办案的情况,片面追求法律效果,对案件的社会风险认识不足,综合分析研判、解决疑难复杂问题的能力不足。

(四)各职务序列干警职业化建设不够协调

员额制改革、人员分类管理、内设机构改革接续推进后,员额检察官经历从案件层批到自行决定、终身担责的办案过程转变,但在思想上重视程度还不够,仍然追求多办案、快结案,对履职担责有畏难情绪,职业尊荣感不强烈、不明显。检察官助理、司法行政人员存在一定心理落差,对于自己的定位缺乏清晰认识,没有发挥应有作用。司法行政人员稀缺,面对工作压力大、薪酬待遇与员额检察官相比差距较大的现状,导致对司法行政工作缺乏认同感和荣誉感。

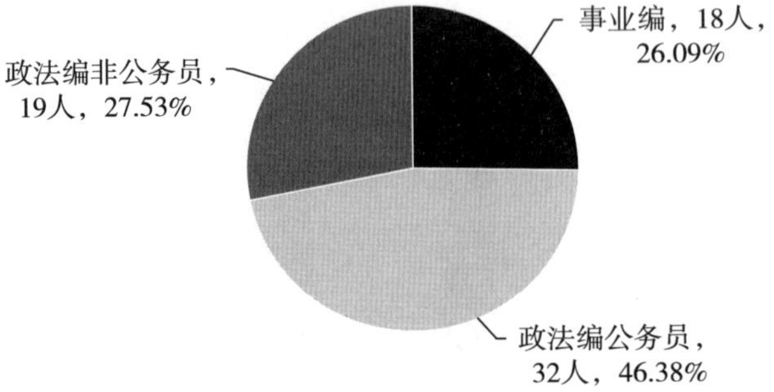

图3　在编干警人数及占比

(五)人员成分复杂,“身份不正”人员占比较大

南召县院作为山区小院,司法资源匮乏,案多人少矛盾突出。因历史原因,南召县院69名干警中,仅有32名政法编制公务员,剩余53.6%的干警属事业编、聘干等非公务员编制,因受身份限制,进步空间有限,心存疑虑,很多干警发展空间存在“天花板”瓶颈,价值体现差异化、边缘化等矛盾突出,待遇相对偏低,晋升空间小,很大程度上影响了工作积极性,影响干警士气提振,影响全院争先创优的精气神。

二、南召县院在加强队伍建设中的探索

近年来,南召县人民检察院深入学习贯彻习近平新时代中国特色社会主义思想和习近平法治思想,紧紧围绕上级院关于队伍建设的工作部署,以争创“双先进”基层院为引领,进一步创新工作机制,细化工作措施,努力打造一支能够适应新形势下各项检察工作要求的高素质人才队伍。

(一)坚持政治当先,在保忠诚、保方向、保信念上下功夫

南召县院树牢“抓好党建是最大政绩”的理念,坚持“抓党建带队建、促业务促发展”的工作思路,努力构建思想认识“跟得紧”、目标定位“够得着”、执行部署“落得实”的党建工作新格局,着力实现以党的建设高质量推动检察工作发展高质量。一是坚持以党的政治建设为统领。始终坚持把讲政治的要求贯穿到检察工作全过程,切实发挥党组班子把方向、保落实作用。始终坚持“政治性极强的业务机关与业务性极强的政治机关”属性定位,确保全院检察干警牢固树立“四个意

识”,坚定“四个自信”,坚决做到“两个维护”。二是坚决贯彻落实上级各项决策部署。坚决执行中央、省市县委的决策部署以及最高人民检察院、省市院的工作要求,做到令行禁止、不打折扣、不搞变通,确保办理的每一个案件都经得起“三个效果”的检验。三是强化对意识形态工作的领导。严格落实“三同步”规定,定期组织分析研判、开展专题研讨,邀请专家开展意识形态专题讲座。制定门户网站、“两微一端”审批管理办法及舆情监测与应对处置办法,切实加强意识形态阵地建设。

(二)坚持素能提升,在革命化、专业化、职业化上下功夫

一是坚持以政治建设为根本、素能提升为目标,业务培训、绩效考评、多岗锻炼、选拔任用等同步推进的多元化人才培养机制,努力“打造一流的检察队伍、创造一流的检察业绩”。二是坚持“精准滴灌”,实施“AB”岗、“1 + N”岗工作制度,全方位促进青年干警加速成长。参加各类网络教育培训、开展“十大业务大讲堂”“领导干部上讲台”“业务能手大讲堂”等“讲学互促”活动45次,举办优秀案例评选、法律文书评比、案件质量评查等活动12次,切实提高队伍整体素能,激发干警干事创业热情。三是成效明显。2020年以来,先后有4名同志分别被河南省人民检察院授予“全省调研骨干人才”、“全省检察机关优秀办案检察官”、“全省涉军维稳先进个人”和“全省检察系统先进工作者”等荣誉,1名干警被评为“全市百优政法干警”,2名干警被南阳市院评为“十佳公诉人”,1名干警荣立个人二等功,14名干警荣立个人三等功。

(三)坚持担当有为,在提质效、保民生、促发展上下功夫

坚持司法为民理念,找准检察机关参与社会治理的切入点,满足人民群众对公平正义新需求。一是大力推行检察听证,提升群众满意度。坚持“能听证、尽听证”原则,以公开促公正,用听证赢公信,让听证成为检察说理、化解矛盾的重要载体。目前,已开展公开听证14场。二是建立量刑建议阐释书制度,增强社会认可度。认真贯彻认罪认罚从宽制度,采取量刑建议阐释书的形式,对量刑建议开展释法说理,使量刑建议最终被犯罪嫌疑人接受、被害人认可、审判机关采纳。截至目前,南召院共运用该制度办理认罪认罚案件366件,量刑建议被采纳率97.4%。三是坚持“主动送法”,提高群众法治意识。主动“开门纳谏”,积极邀请人大代

表、政协委员和社会各界人士到院座谈的同时，由院领导带队深入社区、企业以案释法，宣传检察职能，发放宣传资料，筑牢群众法治防线，促进企业合规经营。大力开展“送法进校园”，2022年来，南召县院“检爱宣讲团”和受聘的“法治副校长”走进辖区各类学校送法宣讲14次，特别是为农村偏远学校开展普法宣讲6场。

（四）坚持优化环境，在强堡垒、提干劲、重关爱上下功夫

一是坚持党管干部原则，做好选人用人精准化。坚持党的绝对领导，保证党对干部人事工作的领导权和对领导干部的管理权；坚持德才兼备、以德为先的标准和干部“四化”方针；坚持正确用人导向，努力做到选贤任能、用当其时、知人善任、人尽其才。2020年来，先后任命2名党组成员任副检察长，1名中层干部任党组成员、政治部主任，2名干警晋升为四级高级检察官，配齐配强领导班子，形成良好政治生态。积极向市院和县委汇报，争取支持，先后经人大批准任命专职委员会委员1人、检委会委员2人，战斗力凝聚力进一步加强。二是坚持落实好检察人员职业待遇保障。在干警职务职级晋升、待遇等方面，切实做到从优待检。司法体制改革以来，先后为30余人实现检察官等级晋升，8名事业编制人员实现职级晋升，积极争取支持，聘用人员薪资水平得到提高，提升干警职业待遇保障水平。三是坚持文化育检、注重人文关怀。打造健身房、机关公务灶、党建雕塑群等设施，营造良好的工作环境党组带头对干警重大疾病进行慰问探望，对困难干警家庭优抚优待，充分体现党的温暖和党组人性化关怀。关心关注干警身心健康，每年定期组织体检，落实“为干警过生日”“干警喜报送到家”“为结婚干警送传统送祝福”等活动，提升干警集体荣誉感和凝聚力向心力。

（五）坚持从严治检，在抓廉政、抓管理、抓落实上下功夫

一是以案促改抓提升。主动做好司法体制改革“后半篇”文章，持续强化作风纪律整顿，以检察队伍教育整顿、党史学习教育和巡视巡查等活动契机，全力整治顽瘴痼疾，及时清除害群之马，确保检察肌体健康。开展为期三个月的以案促改专项活动，下大气力排查梳理各业务条线、各岗位的廉政风险点，织密检察权内部监督网，着力打造“四个铁一般”检察队伍，促进检察队伍作风与业务工作提升高质量。二是规范管理显实效。主动做好司法体制改革“后半篇”文章，对相关的规章制度进行修订完善，重新出台规章制度26余项。主要围绕作风纪律、警车管

理、财务管理、安全卫生、综合治理等五个方面加强巡查，并且在大屏幕上公开通报亮相。督查时不定时间、不定对象、突击检查，促使干警纪律作风的转变。2022年以来共对党建、业务同步督察通报4次，事务督查通报79次，对8个部门和120人次干警进行预警和绩效积分奖惩。三是警示教育常态化。坚持立足实际，以文促廉，在办公楼七楼精心打造兼具传统文化和现代气息的廉政文化阵地。设立警示教育栏，定期发布督察通报及干警违反院规院纪的检讨书，防微杜渐，真正做到红脸出汗，入脑入心；并在大厅中央建有谈心谈话区，安装多媒体电视，定期开展谈心谈话，不定时播放廉政教育片和廉政广告，以案说法、以案讲廉，丰富教育形式，让干警时刻绷紧“廉洁从检”这根弦。

三、加强新时代检察队伍建设的对策建议

问题是时代的声音，也是推进工作、谋求发展的突破点。新时代检察队伍建设应始终坚持问题导向，在发展中解决存在的突出问题，努力建设一支党中央放心、人民群众满意的检察铁军。

（一）狠抓政治建设，夯实思想根基

要进一步更新思维理念，强化政治担当，毫不动摇地坚持党对检察工作的绝对领导。认真学习贯彻习近平新时代中国特色社会主义思想，完善和细化政治轮训制度，试行员额遴选、等级晋升政治理论测试制度。坚持正确选人用人导向，在干部选拔和员额遴选中进一步突出政治标准，“首关不过，余关莫论”。严格纪律规矩，以高压强震慑、立规矩、明底线。以党的政治建设为统领，突出政治功能，提升基层党支部组织力和战斗力。

（二）强化人才选育，增强队伍活力

积极推荐干警参加上级机关遴选，拓展基层干警发展空间。有序推进系统外引才引智工作，提升队伍综合实力。着眼于人员分类管理的实际需求，细化完善差异化考核评价机制。大力加强优秀年轻干部培养，建立完善青年干警培养选拔工作机制，实现检察队伍接续发展。培养后备人才队伍，按照备用结合、动态管理的原则，开展后备干部推荐选拔工作，形成短期可用、中期培养、长期储备三个梯队，落实好选育管用相关制度，不断增强队伍活力。

建议上级检察机关在基层招录人才、挽留人才上给予更加优惠政策，联合组织、人社等相关职能部门出台更加明晰的政策精神，为基层院的实操提供强有力的政策支撑。解决检察机关“门槛高、进人难”的问题，必须探索拓宽进人渠道的机制，如积极争取人事编制部门的支持配合，采用面向社会公开招考的办法，对通过国家统一法律职业资格考试取得法律职业资格的社会各类人才和其他部门人员，愿意到检察机关工作的，免笔试，直接进行专业试、面试和考核，以扩大检察官队伍的补充渠道。

（三）立足素能现状，聚焦因材施教

针对素能提升，实行干警分类施策培养，大力开展岗位练兵和技能比武，深入开展模拟论辩、侦查实训、文书比武、案件评比、出庭考核等活动，鼓励干警参加业务研讨和理论争锋。着眼于合力解决区域新型案件，探索建立与有关行政机关、金融管理部门互派干部挂职工作机制，提升检察干警专业办案能力。探索跨区域办案交流机制，丰富年轻员额检察官办案类型，积累更多实践经验。积极抽调优秀干警配合上级机关办专案、办大案，不断提高复杂案件的攻坚能力与水平。持续深化检务公开，主动接受群众监督，倒逼规范司法，提升办案质效。制定员额检察官脱产培训计划，确保培训效果。聚焦实务实战实训，开展“检察官教检察官”活动，打造一批质量高、针对性强的精品培训项目。

（四）持续深化改革，实现均衡发展

完善检察人员分类管理制度规范，健全司法责任制配套制度，努力形成各司其职、各有发展、各安其位的良好状态。强化职业荣誉保障机制建设，落实入额晋升宣誓制度，邀请领导干部、代表委员、新闻媒体列席宣誓活动，提升检察官的职业荣誉感。抓紧落实司法行政人员职务与职级并行、检察辅助人员晋升等改革措施，让改革红利更及时更公平的惠及全体检察人员，营造担当作为、干事创业的良好氛围。

基层检察机关公诉工作转型升级的思考与对策

王 璇 张 伟

随着“以审判为中心”的诉讼制度改革的深入推进，在新形势下基层检察机关公诉部门如何聚焦主责主业履行职能定位、强化在诉讼进程中的影响力、提升公诉工作品质、重塑检察权威，成为检察官们迫切需要思考的问题。笔者结合基层检察机关公诉工作实际情况，对基层公诉工作在改革中面临的挑战、困境及应对提出建议。

一、挑战：“以审判为中心”的改革对公诉工作的挑战

一是诉辩双方庭审对抗性日趋增强。以审判为中心的诉讼制度改革，增强了庭审中诉辩双方的对抗性。以往的庭审抗辩主要集中在言词证据，而现在，随着大数据、信息化、DNA 技术等科技手段突飞猛进，以言词为证据体系指控犯罪的基础正在悄然瓦解，取而代之的是客观性证据之辩、法律之辩、程序之辩，乃至量刑之辩。

二是公诉人举证质证压力增大。以审判为中心的诉讼制度改革是以庭审为核心，而庭审则以质证为中心，法官更多的是以当庭询问、讯问，控辩双方举证、质证、辩论的庭审方式来了解案件全貌。加之证人出庭、侦查人员出庭、鉴定人出庭案件的增多，大量不可控因素也随之增多。言词证据具有不稳定性及可变性，公诉人将难以预测庭审中的变化及结果。这一系列连锁反应加大了公诉人支持起诉的难度。

二、困境:新形势下公诉工作面临的主要问题

(一)陈旧司法理念根深蒂固

长期以来公诉人受“侦查中心主义”“口供中心主义”等陈旧观念影响,更加注重有罪证据的考量,有时会忽视对犯罪嫌疑人权利的保护和尊重,忽视对犯罪嫌疑人罪轻或可能从轻、减轻处罚情节的证据收集,忽视对犯罪嫌疑人自我辩解的调查核实以及诉讼程序规范,导致犯罪嫌疑人权益无法得到全面保障。

(二)缺乏证据审查方式和办案模式的创新

多年来,我国刑事诉讼奉行强职权主义诉讼模式,一些公诉人对在卷证据有很强的依赖性,对于侦查阶段的书面意见和卷宗材料容易先入为主地形成有罪预断,缺少对在案证据的深人审查,导致“就案办案,一诉了之”的机械办案模式。

(三)公诉人出庭指控犯罪能力有待提高

在传统侦查中心主义模式下,公诉人出席庭审,往往是将公安机关调查收集的证据进行逐一展示,对于犯罪嫌疑人及辩护人提出的证据瑕疵意见,公诉人大多是以“该证据是以合法手段经法定程序收集的,客观真实,合法有效”的答辩给予概括笼统回应,缺乏对证据资格和证明力的主动探明,缺乏对法官采信证据的有力判断。

三、应对:基层公诉工作的转型升级

(一)公诉办案模式的转型升级

一是树立执法办案新理念。公诉人要树立正确的执法理念,从重打击轻保护转变到惩罚犯罪与保障人权并重,从偏重实体的价值观转变到实体与程序并重的观念,从依赖言词证据的证明观转变到重视客观证据的证明观。严格依法审查案件,不断提高办案质量。

二是建立证据审查新方法。公诉人要改变事必以口供为先的证据收集思路,坚持客观性证据优先运用原则。客观性证据应作为认定案件相关事实的关键性证据予以审查,经查证属实的客观性证据应作为最佳证据规则在定案中优先运

用。在重大证据存在疑问时,公诉人应当亲临案发现场进行复勘,实现从“在卷审”向“动态审”转变。同时,建立疑难复杂案件提前介入机制,引导侦查机关收集和固定证据。

三是探索建立公诉新方式。在当前案多人少矛盾极为突出的情况下,从公诉到审判,都必须进行刑事案件的繁简分流。依照正在推进的认罪认罚从宽制度,形成普通程序、简易程序、速裁程序相互衔接的多层次刑事诉讼体系,建立与其相适应的公诉模式,对被告人认罪案件和不认罪案件,采取不同的公诉模式,实现简单案件效率导向、复杂案件精细导向、敏感案件效果导向,优化司法资源配置。

四是打造智慧公诉办案新模式。着眼当前信息化发展大环境,理清思路、立足实际,借助“互联网+”打造以“智慧公诉”为重点的现代化办案模式。努力推动“三远一网”建设,积极协调公检法部门之间互联互通,共享信息,让办案更快捷。

(二)诉侦、诉审、诉辩关系的转型升级

一是强化诉前主导,积极建立新型诉侦关系。准确把握“检警一体”的尺度,既要互相配合,又要相互独立。在共同完成指控犯罪的过程中,提前介入、引导取证,通过出席现场勘查、参加讯问和案件讨论等方式,对收集证据、适用法律提出意见,有效监督侦查活动,促进侦查工作由“抓人破案”向“证据定案”转变,夯实案件质量基础。

二是注重审前过滤,推动建立新型诉审关系。一方面,认真把好事实关、证据关、程序关和适用法律关,对达不到起诉标准的案件在审前依法进行分流,防止事实不清、证据不足或者违反法定程序的案件“带病”进入审判程序;另一方面,充分利用庭前会议,及时掌握被告人的思想动向。做好证据补强、完善律师提出的意见和建议等,并且及时调整指控思路,减少庭审中必要的纠缠和对抗,保证庭审效果。尊重法官的居中裁判地位,尊重法官对庭审节奏的把握和为推进庭审效率所作出的决定,庭审中发现审判活动违法,应当记录在案并在庭审后依法提出监督意见。

三是尊重律师权利,着力建立新型诉辩关系。公诉人、辩护人之间虽是天然的对抗关系,但检察官和律师都是法律职业共同体的重要成员。在处理具体案件时,诉辩双方应当互相尊重、平等对抗。要认真落实依法保障律师执业权利的规

定，尊重律师在会见、阅卷、调查取证、收集证据等方面的权利，并提供方便；对于律师提出的关键性意见，要认真审查核实，并在相关文书中作出说明。对辩护律师正确的意见和建议应当及时采纳、吸收；通过探索建立被告人认罪案件诉辩量刑协商制度、完善庭前会议制度，不断加强与律师的沟通协作，真正做到对抗而不对立，推动形成彼此尊重、平等相待、相互促进、良性互动的新型诉辩关系。

（三）公诉人才队伍的转型升级

一是强化政治素养，改变公诉工作作风。公诉人要扎实开展"不忘初心、牢记使命"主题教育，推进"两学一做"学习教育、党史学习教育常态化制度化，积极开展"规范司法行为、全面从严治检、推动转型发展"大讨论活动，着力解决理想信念、宗旨意识、执法理念、执法行为等方面存在的突出问题。同时，针对司法体制改革和"以审判为中心"的诉讼制度改革给公诉人带来的压力和挑战，公诉部门要做好引导工作，培养公诉人临场应变的能力，切实适应"司法工作新常态"。

二是加大培训力度，推进公诉队伍专业化建设。"以审判为中心"的诉讼制度改革要求公诉队伍的业务能力和素质不断提升。可以员额检察官为骨干和基础，结合本地毒品犯罪、网络信息犯罪、涉众型金融犯罪案件突出特点，筛选出具有办理某类案件特长的公诉人，建立分门别类的专门型公诉人员队伍，并对专门型公诉人才实行统一管理，制定"赛训比考"和实践训练相结合机制，坚持以"模拟＋实战""高校＋实训""竞赛＋考核"等方式培养专业精神和专业力量，采取不定期召开学习和办案交流会、外出专业考察和组织旁听点评、案件庭审等方式进行有针对性、实效性的培训，进一步提高公诉人出庭应诉能力和沟通协调能力。

三是加强执法保障建设，推动公诉工作健康发展。采取积极有效措施，不断加大对公诉部门人力资源的投入力度，加强公诉队伍办案力量的配备。强化"严管厚爱"工作机制，充分发挥院党组、党支部和工会组织作用，解决公诉人员实际困难，落实解决公诉人员职级待遇问题，切实保护公诉人员执法权益。抓好检察长列席同级法院审委会会议制度的落实，公诉部门要重视列席会议前的准备工作，了解掌握合议庭的意见或动态，有针对性地阐述抗诉理由和法律依据，争取审委会对抗诉意见的认同和支持、增强监督效果。

基层检察院构建新型检律关系的探索和实践

尹小平　高　稳

律师是社会主义法治建设的重要力量，是法律职业共同体的重要组成部分。新的《刑事诉讼法》实施以后，律师对刑事诉讼活动的介入在时间上提前、在范围上扩大、在程度上加深，给检察工作带来了新的机遇和挑战。时任最高人民检察院检察长在全国律师工作会议上强调，各级检察机关要深刻认识律师在全面依法治国中的地位作用，保障和促进律师依法执业，维护律师合法权益，着力构建彼此尊重、平等相待，相互支持、相互监督，正当交往、良性互动的新型检律关系。最高人民法院、最高人民检察院、公安部、国家安全部、司法部出台的《关于依法保障律师执业权利的规定》，更加明确要求构建和谐检律关系。检察官和律师作为社会主义法治建设的捍卫者，在推进社会主义事业建设中肩负着重大使命，建立新型检律关系是贯彻执行新《刑事诉讼法》的必然要求，也是适应国家法治建设的迫切需要。新形势下，检察官和律师要如何履行好各自职责使命，实现良性互动，共同维护社会公平正义，成为一个重要课题。

建立新型检律关系对于保障人权、维护公正、增强公信力、推进社会主义法治国家建设具有重要战略意义和现实意义。作为研究课题，不仅在理论上有待进一步探讨，更需要在实践中深入探索。新《刑事诉讼法》对刑事诉讼的理念、程序、权利义务关系等做了全面修改，将“尊重和保障人权”写入条款，大幅度扩大律师诉讼权利，全面深化检察机关监督职能，多角度完善了刑事诉讼程序，最高人民检察院连年出台保障律师权利的多项举措，2017 年又部署建立健全维护律师执业权利快速联动处置机制，这些都将有力地促进新型检律关系的构建。但是，“徒法不足以自行”，“纸上的法”成为“实际中的法”仍需一系列制度的配套改革和观念的创新，唯其如此，才能建立良性互动、互相理解、互相尊重、互相支持的检律关系。

近年来,南召县人民检察院以案件管理为中心,以互联网+为依托,建立辐射所有业务部门的律师接待网络、探索建立服务保障一体化模式,为律师行使执业权利提供安全、便捷、高效服务,构建彼此尊重良性互动的新型检律关系。

一、夯实基础,开辟律师接待绿色通道

一是健全接待制度。出台《南召县人民检察院案件查询及辩护人、诉讼代理人接待工作管理办法》《律师阅卷规定》《律师会见规定》等,进一步明确案管中心统一接待律师及当事人的工作职责,细化工作流程。二是设置标准化接待场所。扩建案件管理大厅,开设专门的律师接待室、阅卷室,增设触摸查询机、高速扫描仪、光盘刻录机等10余种设备,为律师提供案件信息查询、各种阅卷方式、受理会见申请等“全方位”服务。可容纳两名律师同时工作,复印、扫描纸质卷宗,拷贝、刻录电子卷宗,全程免费。三是专岗专人接待。在全院挑选两名经验丰富、责任心强的干警,到律师接待室担任专职律师接待员,实行专人对接机制,对外与律师沟通联系,对内与业务部门协调办理相关事宜,实现咨询、查验、受理、登记、预约、反馈等律师执业“一站式”服务。2016年以来,南召县院为律师接待基础建设投入20余万元,累计接待律师874次,安排阅卷729次,为律师节约费用约3万元,将以往律师复印、扫描阅卷至少2个小时的时间缩短至15分钟,极大地提高了律师阅卷效率。

二、智慧引领,打造律师服务智能平台

一是构建立体式预约平台。依托南召县检察院“心连心”网站、“阳光检务一键通”手机客户端、“南召检察”微信公众号,搭建立体预约平台,随时随地接受律师网上预约申请,由系统客服和人工客服各负其责,及时梳理分流,限时回复。针对部分年龄较大的律师不习惯网上预约的现实需求,开通电话预约或律师接待电话声讯服务系统,实现24小时自动接听、自动答复。平台运行以来,共接受律师预约事项227次,全部如期办结,达到“零延误”。二是探索远程阅卷模式。以微信平台为基础,接入市县执业律师数据库和实名认证App,律师只需通过微信平台上传身份证、律师证、委托书、律师事务所函等照片,经系统自动比对和人工核实双重过滤后,便可实现实名认证和身份核查。检察人员即可根据律师阅卷申请,提前将对应案件电子卷宗刻录为加密光盘,由律师本人持身份证领取,真正实

现“零等待”，或以涉密挂号信寄至律师，以其预留手机号码在微信平台再次验证并获取对应密码后，即可读取。系统运行以来，通过远程核查律师身份193次，精准率100%。三是实现案件信息智能推送。在当前微信平台中植入智能推送模块，经过实名认证的律师，只要输入其辩护对象的相关信息，系统便自动以短信和微信方式，向其发送对应案件的强制措施、延长羁押、移送起诉、延期审查、退回补查、提起公诉等检察环节程序性重大节点变动信息，有效地保障了律师的知情权。外地律师、案件当事人及其近亲属，在首次现场办理一次性身份认证后，也可以在短信和微信中收到相应案件程序性信息。该功能运行后，累计向辩护人、诉讼代理人、利害关系人等300余人推送案件信息2000余条。

三、完善机制，全方位保障律师执业权利

一是建立律师辩护权保障机制。制定《听取律师意见工作办法》等文件及配套格式文书，对于办理的有聘请律师案件，要求每案必听律师意见，对律师依照《刑事诉讼法》提出的无罪、罪轻、证据合法性问题等意见，以及收集调取证据材料、变更强制措施等申请，认真审查核实，办案部门制作笔录附卷，案管部门存档。该机制建立以来，已受理律师意见79条，申请事项32件，制作相应文书174份。二是建立律师执业事项跟踪督办评价机制。由案管中心安排专人，负责跟踪监控律师提交申请等事项，及时督促办理，及时反馈律师，及时提出监督意见。在律师办理完相关申请事项后，就执业满意度、案件办理情况、态度作风等，主动以电子邮件、短信、微信等方式进行回访，收取意见建议，及时督促整改，确保律师权益保障到位。机制运行以来，已向办案人员提出监督意见12次，收到律师评价反馈75条，整改问题9项。三是建立律师维权保障机制。建立完善业务部门和检察人员违法阻碍律师依法行使诉讼权利的记录、通报和责任追究制度。开辟律师维权绿色通道，建立控申、纪检、案管联动机制，对保障律师权利不到位或阻碍律师依法行使诉讼权利的行为，给予及时调查、严肃追责。运用联动机制，三部门已协同处理律师申诉控告事项7件，均达到当事人满意。

四、加强互动，着力增进检律共享互惠

一是探索建立“4+1”信访矛盾沟通化解机制。制定《关于律师、信访代言人等第三方介入信访案件的实施办法》，对不服检察机关不批准逮捕、不起诉决定等

七类信访案件，由公安、法院、检察、律师与信访代言人共同参加“圆桌会议”，通过说法释理促进矛盾化解。赋予律师在介入信访案件过程中享有知情权、阅卷权、申请调取证据权等权利，确保信访案件得到有序解决。截至目前，律师介入化解涉法涉诉信访案件 21 件，息诉 19 件，息诉率达 90%，特别是促成 2 件 10 年信访案件圆满解决，取得了良好的社会效果和法律效果。二是构建常态化沟通协作机制。与县司法局、律师协会和 8 家律师事务所联合会签合作意见，成立联络小组。定期举办联席会、座谈会、研讨会、辩论会等，增进检律相互之间的了解和信任。聘请德才兼备的律师为专家咨询委员会委员，与检察官共同对检察工作中的重大案件及其他重大业务事项进行研究探讨和提供专业咨询，进一步增强检律之间的职业认同感。2016 年以来，共举办检律联席会、研讨会等 8 次，召开律师专家咨询会议 3 次，为南召县院提供法律咨询意见 13 条。三是建立律师对检察业务的评价机制。增加人民监督员中律师比例，邀请律师参与案件质量评查，把律师对检察业务的评价，作为全院业务督查的一项重要内容。对于律师在执业和履职中提出的关于检察人员违法办案、违反程序、案卷质量、工作作风等问题，定期开展整改情况专项督查，使律师评价成为规范司法行为、强化作风纪律、推动检察工作发展的重要途径。2016 年以来，南召县院共开展律师对检察业务评价专项督查 5 次，发布业务督查通报 7 期，整改各类问题 12 个。

五、汇聚合力，有效规范检律职业行为

一是建立检律监督新机制。与县司法局、律师协会制定《检察官和律师交往准则及监督办法》，三方联合成立检律办公室，配备检律监督员，专职负责对检律职业行为的监督监管和违规行为的调查处理，规范工作流程，明确责任追究，形成监督合力。机制运行以来，共发现双方不规范行为 19 件，纠正 12 件，行政处理 6 件，移送公安机关追究刑事责任 1 件，整改问题 32 件。二是探索检律监督新模式。尝试推行律师会见同步录音录像制度，由律协组织实施，司法部门存档，检察机关监督，需要时按程序启封，推进律师执业阳光化；强制实行检察官和律师会面登记制度，严令禁止律师执业期间和检察官“私会”，确保检律交往清清白白。至目前，已制作律师会见视频光盘 379 张，登记检律会面信息 261 条，以此发现各类不规范问题 57 个，均已由相关部门核实处理。三是拓展检律监督新空间。充分运用智慧检务，通过检务公开平台和案件信息推送平台，最大限度地公开案件的

承办检察官和辩护律师的身份、照片、单位、电话等基本信息，融合检察、公安、司法、律协等部门资源，设立网上、掌上、窗口“三位一体”的检律违规违法举报平台，将检察官和律师的职业行为置于全社会监督之下，实现自我监督、社会监督、舆论监督的全覆盖。截至目前，已经公开检察官和律师身份信息 365 条，接到视频、图文形式的举报 46 件，给予党政纪处分 2 件，行政处罚 5 件，刑事立案 1 件。

新时期基层检察机关如何“走”好群众路线

王　璇

群众路线是以毛泽东为代表的中央第一代领导人的理论独创。新时期，群众路线仍是党的生命线，是党的重要法宝之一。检察机关作为国家的法律监督机关，其工作离不开人民群众的支持和帮助，只有紧紧依靠群众，坚持走群众路线，建立血肉联系的检民关系，充分发挥法律监督职能，才能完成党和人民赋予的各项工作使命。

一、突出一个“严”字，努力锻造一支人民群众信赖的检察队伍

2014 年 3 月 9 日，习近平在参加十二届全国人大二次会议安徽代表团审议时，首次提出了“三严三实”①的重要论述，强调各级领导干部都要树立和发扬好的作风，“既严以修身、严以用权、严以律己，又谋事要实、创业要实、做人要实”。这些要求是共产党人最基本的政治品格和做人准则，也是党员干部的修身之本、为政之道、成事之要。言之谆谆，字如千钧。对于按照“五个过硬”标准，努力建设一支信念坚定、执法为民、敢于担当、清正廉洁的检察队伍有很强的指导意义。

一是要严以修身，切实提升干警品德修养。古之文武百官都有规训诫渝，修洁净之身、养浩然之气、成清廉之风，是志士仁人的人生追求。“其身正，不令而行；其身不正，虽令不从”；国治必先家齐，家齐必先修身，身修必先心正，这个“正”便是传统文化的精华。检察官从诞生那一天起，就要扛起来检控犯罪、惩治腐败、维护社会公平正义的神圣使命，这是一种只有君子才能承担起来的使命和责任。要成为君子，必须从理想信念、人格品格、良心良知、理性认知等方面，加强个人素

① 梁佩韵：《关于“三严三实”，习近平总书记这样说》，载求是网，http://www.qstheory.cn/laigao/ycjx/2019-03/21/c_1124257744.htm。

质修养和能力修为，三省吾身，提升品位，方能不辱检察使命。

二是要严以用权，让检察权在阳光下运行。检察官不是官，却有检察权，一旦权力加身必须戒尺在手、敬畏在心，用权有度，严格按照法律规定行使检察权。落实权利义务告知、重大疑难复杂案件公开听证、公开答复制度，完善检察门户网站功能建设，开展“检察开放日”活动，确保人民群众对检察工作的知情权、参与权、监督权。深化检务公开，筑牢执法为民一线平台，推动联系服务群众工作制度化、常态化，保障公开、透明、信息化条件下群众对检察工作的监督权，使人民群众知道检察机关职能作用和基本工作情况，自觉接受社会监督。

三要严于律己，确保规范公正廉洁执法。树立“善禁者，先禁其身而后人”的观念，要求别人做到的自己首先做好，对人民群众心存敬畏、对党纪国法心存敬畏。进一步完善检察人员违法违纪案件查处机制，坚决查处办关系案、人情案、金钱案和索贿受贿、徇私枉法等执法犯法问题。对检察干警违法违纪行为“零容忍”。要求干警严格遵守办案纪律、最高人民检察院“八小时外行为禁令”等有关规定，加强执法办案风险评估，确保办案安全。

二、紧扣一个“实”字，把求真务实的工作作风贯穿于教育活动的每个环节

开展群众路线教育实践活动要务必需坚持求真务实，防止空喊口号、坐而论道的“空对空”，要以真抓实干的精神状态开展活动，每个环节都要联系检察干警的思想实际和工作实际，敢于面对问题，敢于承认缺点，敢于解剖思想，确保活动取得实效。

一是学习教育要结合实际。抓好学习教育是扎实开展教育实践活动的基础。要结合检察实际，紧紧围绕解决世界观、人生观、价值观“总开关”问题，增强坚持和贯彻群众路线的思想自觉和行动自觉。要切实强化理想信念教育，组织广大干警深入学习马克思主义群众观点、党的群众路线和理想信念教育。要切实强化党风廉政教育。强化政治纪律、组织纪律、财经纪律及相关法律法规教育，运用正反两方面典型，引导干警自觉遵守党纪国法。切实强化良知教育，引导广大干警坚定信仰法治、坚守法治的职业操守。

二是征求意见要掌握实情。听取意见，关键要在于广、深、真上下功夫。做到联系实际，创新形式，畅通渠道，广泛征求检察系统内外对检察机关贯彻党的群众路线及加强作风建设方面的意见、建议。要深入基层和一线，接地气、察民情，深

入查找“四风”特别是执法司法作风方面存在的突出问题；要进一步了解群众实际需求，广泛开展“法律六进”、带案下访、平安创建等活动，“个别听”和“集体谈”相结合，认真听取各方面的意见建议，了解群众实际需求。

三是查改问题要务求实效。整改落实、解决问题是教育活动的根本目的。要抓好查摆问题、开展批评工作，认真开展谈心谈话活动，认真撰写对照检查材料，认真开好党组专题民主生活会和党支部组织生活会。做到既讲民主又讲集中；既讲批评又讲团结；既深刻剖析和检查自己，触及思想深处、问题痛处，又开展诚恳的相互批评，善意指出问题、真诚帮助提高。要抓好整改落实、建章立制工作。把问题整改贯穿活动始终，狠抓专项整治，狠抓正风肃纪，坚持边学边改、边查边改，立改立行，不留死角，确保学习教育到位，查找问题到位，党内生活到位，整改落实到位。

三、把握好一个“活”字，善于借助多种载体和手段推进工作

要联系执法办案实际，突出问题导向，灵活运用各种形式，借助各种载体，丰富活动内容，推进教育活动深入开展。

一要采取多种方式开门搞活动。采取座谈走访、随机调研、网络咨询、登门入户等方式，积极主动地请群众参与。进一步拓宽民意征集渠道和发现问题途径，深入推进检务公开，充分运用12309举报电话、微信微博等方式深入查找本单位、本部门和自身存在的突出问题。

二要坚持分类施教。在普遍教育的同时，区分对象、各有侧重。在遵循统一原则要求的基础上，根据不同部门、不同层面的检察人员，区分班子成员、中层干部、执法一线人员等，有针对性地组织教育，不搞“一刀切”。各部门要立足各自不同的工作性质和具体情况，做到基本环节不能少、不变通，把“规定动作”做到位，同时结合各自思想实际和工作实际，搞好“自选动作”。

三要坚持实践特色。要围绕检察工作实际，着眼于解决突出问题，做到查找问题从实践入手、制定措施以实践为基础、解决问题用实践来推动、检验成效以实践作标准。

四、最终落脚于“为民”二字，以群众路线教育活动的成效推动检察工作

坚持把群众观点贯穿于执法办案始终，充分利用基层检察院直接联系群众的

优势,努力把矛盾纠纷化解在基层,把维护和谐稳定的任务落实到基层。对人民群众反映强烈的民生问题,做到全力投入,优先办理,妥善解决。

一是全面推行答疑说理制度,注重疏导群众情绪。全面推行不捕、不诉案件和不抗诉案件答疑说理制度,在制作法律文书时,强化文书的释法说理功能,避免信访人因对程序或处理结果不理解而引发继续上访。不但让当事人明白结果是什么,还明白为什么;不但让当事人从实体上感知法律的公正,还从程序上感知法律的公正。

二是依法落实刑事和解制度,坚决维护群众合法权益。建立完善轻微刑事案件快速办理机制和非羁押诉讼制度。对于因邻里、婚姻家庭、田间地头纠纷等人民内部矛盾引起的轻伤害案件,无加重情节的交通肇事案件等,在查清事实,分清是非的基础上,建议双方当事人进行和解,并向案件双方当事人进行相关的法律政策教育和必要的组织协调工作。

三是适时组织专项活动,突出查办危害群众利益案件。既坚决查办发生在领导机关和领导干部中的职务犯罪案件,又严肃查办发生在群众身边的腐败犯罪。深入推进查办和预防发生在群众身边、损害群众利益职务犯罪专项工作,组织开展查办房地产税收征管领域贪污贿赂犯罪专项活动,坚决惩治教育、就业创业、社会保障、医疗卫生、食品药品安全、征地拆迁等领域职务犯罪,坚决查处新型城镇化建设用地、农村土地制度改革、农业转移人口市民化以及扶贫开发、支农惠农资金管理使用等领域的职务犯罪,以出色的工作实绩取信于民。

实现党建工作与检察工作深度融合的探索

赛恒健

党的建设不仅是中国革命的三大法宝之一，而且是三大法宝的核心。党的十九大已经将党的建设提到了从未有过的高度。当前，检察机关转型发展正在深入推进，司法体制改革正在进行“精装修”，在当今新的历史时期，如何进一步推进机关党建工作和检察业务工作深度融合，是值得我们深入研究和探索的课题。

一、党建与业务融合中存在的问题及成因

一是“党建引领”作用发挥不够。没有正确认识党建与业务的关系，不善于从业务工作薄弱环节的背后查找党建的短板，不善于以拉长补齐党建短板，促进和保证业务工作上水平，努力做到党建与业务工作深度融合，切实解决“两张皮”问题。主要原因是对“党建思维”是一种新理念认识不深，存在党建工作“说起来重要，抓起来次要，忙起来不要”的思维误区；对“党建思维”是一种方法论认识不深，不能够熟练运用党建规律、党建要求和党建规章等对所担负的各项工作进行分析、思考、判断；对“党建思维”是一种价值观认识不深，不能把抓好党建作为“第一责任、最大政绩、最强主业”，深度融入自己的价值观，从内心深处认同抓党建的重大意义，作为解决问题的有效思维模式。

二是系统构建党建工作体系上有差距。各部门党建工作的重视程度不同，运用开展的方法载体不同，导致各部门之间党建工作开展不平衡。主要原因是机关党委刚刚成立，各部门对机关党委的认知还停留在初步认知阶段，还没有形成机关党委主抓、各支部具体落实的系统党建工作格局。

三是党建主体责任有待进一步压实。教育引导各支部书记牢固树立“抓好党建是本职、不抓党建是失职、抓不好党建是渎职”的意识不力。坚持层层明责、传

责、督责、考责、问责，逐级压实责任，建立科学规范、运转高效的机关党建工作责任体系不完善。机关党建“灯下黑”问题没有完全解决。主要原因是顶层设计谋划不及时，履行抓机关党建的主体责任和“第一责任人”责任需要进一步加强。

二、南召县人民检察院党建工作开展情况

近年来，南召县人民检察院严格按照上级精神，坚持“抓党建带队建、促业务谋发展”的工作思路，坚持目标导向、问题导向和效果导向，把党的领导贯穿检察工作各方面、全过程，始终把党建工作与管好案头、人头作为一项系统工程进行谋划，围绕党建和业务的契合点，大胆初探初试，在方法、手段上不断创新，切实发挥党建工作的牵引力，把工作亮点、闪光点进行总结提炼，推动党建工作和业务工作深度融合，以党建工作高质量实现检察工作高质量。三年来，连续两年被评为全市检察机关“先进基层院”。2018 年，南召县人民检察院被南阳市委授予“全市先进基层党组织”荣誉称号，控申党支部被南阳市检察院评为“全市检察机关十佳党支部”，执法满意度连年大幅提升。

（一）举措新阵地实，以人为本，把“党建统领”作为基本抓手

以党的政治建设为统领，牢固树立“抓好党建是最大政绩”的理念，坚持以人为本，建阵地、找抓手，把党建工作作实作深。一是配强党建专班。内设机构改革后，南召县人民检察院成立了机关党委，配备专职机关党委副书记，成立了机关党委办公室，配强专职机关党委办公室成员，负责党建工作的创新推进和督查督导工作。创新建立“311”沟通机制，由机关党委每周用三天时间，每天抽出 1 个小时深入各支部调研座谈，了解支部党员干警的所思所想所需，现场办公解决至少一项实际问题，帮助他们把党建和业务的关系捋清楚，从思想认识上融合起来，最终实现党建业务的真正融合。二是做实支部建设。积极探索“支部建在连上”的新路径新方法，按照“支部建在科室、先锋亮在岗上、党旗红在院里”的思路，全面加强党支部规范化建设，确保检察业务工作延伸到哪里，党建工作就辐射到哪里。在内设机构调整后，南召县人民检察院主动与县直党工委积极沟通，健全组织架构，以改革后的 8 个部门为单位成立党支部，配强支部书记，实现党组织和部门的设置协调一致，明确党支部书记在抓队伍、管业务等方面的责任，把党建和业务工作做新做实做强。三是建全活动阵地。该院全力打造新型党建活动阵地。在院

内，精心打造“五心”服务阵地，即党员活动中心、支部议事中心、案件讨论中心、教育培训中心、便民服务中心，8个党支部全部建立了自己的活动场所，并着力建好管好用好党支部活动场所。在院外，以帮扶的白庄村为载体，在白庄村支部构建有场所、有设施、有标志、有党旗、有信念、有制度的“六有”党建阵地，着力解决党建阵地匮乏、党员历练不足的困境。四是常抓党建活动。坚持对党建活动从长谋划，常抓不懈。紧抓党建实践载体，周二政治学习“雷打不动”，适时开展红色电影主题展映、“庆七一”党性教育活动月、“不忘初心、牢记使命”微党课竞赛、业务能手上讲台、邀请专家授课等活动，增强学习教育的吸引力和感染力。通过“四到位”即顶层设计到位、组织保障到位、机制保障到位、经费保障到位，使“规定动作”成“工作常态”，“自选动作”成“精彩舞台”，确保党建活动既丰富多彩又入脑入心。

（二）模式新融合实，由表及里，把开发“检察产品”作为重要任务

南召县人民检察院创新“党建+”新模式，由做强“表层”党建到带动“内层”业务，有效立足职能，全面服务大局，开发更多更优的“检察产品”。一是党建助力平安建设，维护社会和谐稳定。坚持党员干警以扎实工作来锤炼党性，促进党建工作落地生根。在办案一线成立临时党小组，实行党组班子“包案”，党员干警“打捆”，将党建元素融入日常办案中，达到“提士气、升素质、净思想、强党性、促业务”的效果. 在深入开展扫黑除恶专项斗争、办理涉及重大项目建设和生态环境资源保护的各类案件、服务乡村振兴和绿色发展中，使党建成为服务中心的强大引擎。南召县人民检察院刑事检察工作的经验做法，得到县委书记和市检察院检察长肯定性批示3件。二是党建助力保障民生，强化公共利益维护。第四党支部围绕涉农公共利益保护，把公益诉讼作为治理乡村生态问题的新引擎，深入乡村实地调查，党员干警带头查办生态环境和资源保护领域公益诉讼案件11件，监督相关职能部门拆除非法污染企业4家，修复被毁公益林200余亩，保护鸭河口水库国家一级饮用水源地1处、南水北调备用水源地1处。办理的太山庙乡政府违法履职导致生活垃圾露天堆放污染环境一案，不仅解决了群众最怨、最烦的环境污染，更是帮助党委政府解决了乡镇垃圾倾倒问题，实现办理一案、恢复一片生态的良好效果。三是党建助力普法宣传，密切联系服务基层。第五党支部成立全市首个“检爱”宣讲团，吸纳社会各界力量，选拔优秀人才作为宣讲员，深入全县各乡镇及

偏远乡村开展法制宣讲活动。以班子成员为首的党员领导干部作为法制副校长分赴15个乡镇开展“送法进校园”活动，受益学生达2万余人次，掀起一轮又一轮护航成长关爱未成年人的热潮。

三、立意新机制实，以点促面，把健全“保障体系”作为有效途径

加强顶层设计，健全保障体系，以规范的制度确保党建和业务不“两张皮”、不留形式、不走过场。一是“一岗双责”把两项责任“同肩扛”。对每个部门支部书记实行“一岗双责”，既管党建又抓业务，当好“四员”，既是“指挥员”“战斗员”，也是“监督员”“勤务员”，实现党支部书记和部门负责人“党政同责”“主抓负责”的责任制新格局。严格落实“一岗双责”机制，班子成员分别到8个支部与支部书记谈心交流，掌握思想动态，鼓励其在党为党、敬业奉献，把抓党建作为必谈内容，督促其严格落实“一岗双责”，为党建和业务深度融合提供组织保障。二是“三督一评”把工作绩效“亮出来”。将党建工作纳入考评，打造党务、业务、事务三者相统一的绩效评价体系。通过“月中推进、月末通报，季度点评”，强力推进各项业务工作；围绕主要业务指标、作风纪律、财务管理等七个方面，加强督查督办，并公示“亮相”；细化党建工作责任清单，制定《南召县人民检察院党务督察考核方案》，各支部支委每月根据本支部党员及干警的学习积极性、参与度对本支部全体干警进行打分，并报机关党委核准，与干警年终绩效挂钩，为党建业务深度融合在机制上提供保障。三是“联盟会商”把外部智慧“借过来”。该院探索建立“联合会商机制”，通过资源共享、活动共联把基层党建的整体效应显现出来。与工商联党支部联合会签文件，开展南召县人民检察院“访千企”送法进企业活动，党员领导干部确定30家分包企业，主动到企业听取民营企业家的意见建议，合力解决民营企业发展存在的法律问题，增进了解，凝聚共识，促进党建工作和服务民营企业发展齐头并进，更好地护航民营企业良性发展。四是“联心帮带”让基层组织“强起来”。南召县人民检察院创立了党员干部带支部的“联心帮带”机制，3个党组成员分别负责3个贫困村的党建帮扶工作。强化组织保障，党员干部所在党支部与帮扶村党支部开展结对共建“手拉手”活动，深度交流，在帮扶村形成了“发展找支部，办事找干部”的良好工作格局。在联心帮强基层党组织的同时，及时发现自身建设的不足，适时改进，强化了自身党支部的“三大功能”即政治功能、组织功能和服务功能，增强了自身党支部的“三力”即凝聚力、战斗力和向心力，战斗堡垒作用

得以充分发挥。

四、进一步实现党建与业务深度融合的探索

（一）持续深入推进“不忘初心、牢记使命”活动开展，大力加强党的思想理论建设和精神文明建设

持续深化理论武装，结合开展的“不忘初心、牢记使命”主题教育，把学习贯彻习近平新时代中国特色社会主义思想作为重中之重、贯彻始终，推动学习往深里走、往心里走、往实里走，不断增进政治认同、思想认同、理论认同、情感认同，把习近平新时代中国特色社会主义思想融入血脉、扎根灵魂。通过领导干部讲党课、业务能手上讲台、选树先进、主题电影展映等形式，借助“学习强国”等新媒体载体，寓教于乐，使干警在团结紧张、严肃活泼的氛围中加深对党建知识的掌握，筑牢检察干警忠诚、干净、担当的思想根基，在推动学习型党组织建设上取得新成效。

（二）以党支部标准化规范化建设为重点，进一步提高基层党组织的凝聚力和战斗力

建强基层组织、夯实基础工作、提升基本能力，推进基层党组织建设全面提升、全面过硬。围绕组织设置、组织生活、党员管理、信息台账、活动阵地等重点，加快推进党支部活动室的设计建设，推动党支部工作有标准、程序有规范、管理有制度、责任有落实，使党支部工作开展常态化、制度化、规范化。要抓好深度融合，把党建融入日常、抓在经常，切实形成党建和业务“你中有我、我中有你”的局面，以党建高质量推动检察工作高质量。

（三）以建设为民务实清廉机关为目标，继续推进党风廉政建设和机关作风建设

要加强廉政警示教育，抓好经常性纪律规矩教育，在突出政治纪律和组织纪律教育的同时，持续推进以案促改制度化常态化，用好用活正反两方面教材，以身边案例教育身边人，做到警钟长鸣，让党员干警知敬畏、存戒惧、守底线。要坚持严管与厚爱相结合，做实做细日常监督，让机关党员干部习惯在监督下工作、在约束中生活。坚持挺纪在前，从严落实党风廉政建设的主体责任和监督责任，持续

开展“五要、五不要”作风纪律整顿教育活动，着力打造一支敢打必胜、干净自律、充满活力的检察铁军。

（四）以创新打造“活力党建”为载体，持续促进党建工作和检察工作深度融合协同发展

以改革后的8个部门为单位成立党支部，配强支部书记，实现党组织和部门的设置协调一致，明确党支部书记在抓队伍、管业务等方面的责任，把党建和业务工作做新做实做强。通过“四到位”即顶层设计到位、组织保障到位、机制保障到位、经费保障到位，使“规定动作”成“工作常态”，“自选动作”成“精彩舞台”，确保党建活动既丰富多彩又入脑入心。各支部要以争创“十佳党支部”为目标，认真总结经验，完善目标任务，落实争创措施，对照考评规则狠抓落实，力争更多支部、更多党员跨入先进基层党组织、优秀共产党员行列。要把检察工作的创新发展，作为党建工作的基本出发点和落脚点，制定支部活动目标和计划，把工作成效作为检验党建工作成效和支部战斗力的主要标准，努力实现党建工作和检察工作的互融共通、协同发展。

党建工作是一项系统化工程。我们要持续坚持以习近平新时代中国特色社会主义思想为指导，牢固树立围绕中心抓党建、抓好党建促发展的工作理念，全面理解和准确把握新时代党建总要求，以南召检察工作再上新台阶、锻造高素质过硬检察队伍的奋斗目标，以全力打造“检察为民”党建品牌为重点，以探索“把支部建在连上”、开展争先创优活动为载体，全面加强机关党的思想、组织和作风建设，促进党建工作和检察工作深度融合，以高质量党建引领检察工作高质量发展。

新形势下加强检察职业道德建设的途径和方法

王　璇

检察职业道德是指从事检察工作的人员在司法实践中行使检察权、履行法律监督职能以及在日常学习生活中应当遵循的基本准则，是一种意识形态，属于上层建筑中文化建设的范畴，是随着经济社会不断变化而逐步形成和发展起来的，是每一名检察人员必须具备的基本道德素养。从事任何一种行业都必须首先遵守其职业道德，而相比其他行业职业道德，检察职业道德有其独特的内在特点，那就是更重要的责任性和使命性、独特的表率性、更大的强制约束性等。因此，检察职业道德是检察官的立身之基、从业之本，是检察干警在职业活动中应当遵循的基本行为准则，它对于检察干警忠实履行法律监督职责，提高检察机关的社会公信力，起着至关重要的作用。

一、加强检察职业道德建设的重要性

加强检察职业道德建设，是贯彻中央加强干部思想道德建设、强化高素质检察队伍建设的迫切要求，也是满足人民群众司法需求、解决检察队伍突出问题的现实需要。当前，社会处于转型期，检察队伍中不乏英模人物的涌现，在人民群众中树立了检察机关的良好形象，推动了各项检察工作健康发展。但同时也应当承认，极少数检察人员出现执法不公正、不严格、不廉洁问题，违纪违法犯罪现象屡禁不止，一个很重要的原因就是职业良心缺失、职业道德失范，而伴随经济社会的快速发展，人民群众的法律知识不断增加，维权意识也相应地逐渐增强，对司法需求也有了新要求、新期待，建设一批高素质的检察队伍的呼声也越来越大，检察人员的职业道德修养亟待提高。残酷的现实告诫我们：加强检察职业道德建设，是社会发展的客观要求，是人民群众的殷切期盼，也是检察机关的历史选择。

二、加强检察职业道德建设的迫切性

检察机关是国家法律监督机关，这是《宪法》中明确规定的，它在国家政治生活和社会生活中占据着重要地位。一直以来，一种理念“法律必须被信仰，否则形同虚设”贯穿于法律的制定、发展、实施过程中，法律的重要作用不言而喻，在日常生活中起着举足轻重的作用，而“徒法不足以自行”，法律本身存在着不可避免的缺陷之处，如滞后性、空白性，因此法律在制定当初给予执法者一定程度的自由裁量权，以便法律在司法实践中得到有效的运用，检察机关作为法律的执行者，如何运用手中的权利达到法律的公平正义目的，很大程度上取决于其的职业道德素质。然而由于全社会在道德建设上确有诸多薄弱环节，在经济社会的转型时期，或人性潜在的意志力薄弱等弱点的存在，在面对种种物质、金钱诱惑时，导致人们出现了一些浑然无序、无规则、非理性的状态，甚至最基本的道德底线被冲垮，出现道德滑坡、信仰迷失、价值观扭曲，这些也都不可避免地对检察官职业道德修养造成一定地影响，因此加强检察职业道德的培养和建设势在必行，任重道远。

再看检察队伍的现状，多数干警特别是年轻干警的法律功底较为深厚，加之近年来大都重视检察业务能力的培养，各种业务知识培训和执法规范化建设也抓得有声有色，检察业务能力建设有了长足进步，司法实践所必须的业务能力经过时间的磨砺无可厚非，相比较而言，职业道德建设则比较薄弱，须下大力气加强和提高。每个检察人员要想承担起“强化法律监督，维护公平正义”这份重担，除具有娴熟的检察业务能力外，职业道德更是不可或缺。实践证明，检察人员职业道德水准的高低，直接影响检察机关执法质量和效果，直接关系法律监督工作的成效，只有两者成为一个有机的统一体，检察事业的发展根基才会深厚而稳固。

三、加强检察职业道德建设的途径和方法

（一）立足思想教育，夯实道德根基。这是加强检察职业道德建设的根本途径

要加大学习政治理论知识的力度，提高理论素养。作为一名检察人员，只有不断加强学习，树立终身学习的理念，坚持把学习作为一种工作需求、一种政治要求、一种精神追求，不断提升政治素养、理论素养，以社会主义理论体系武装头脑，夯实忠于党、忠于国家、忠于人民、忠于宪法和法律的思想基础，才能不断摒弃陈

旧思想，牢固树立社会主义法治理念，树立正确的世界观、人生观和价值观；才能围绕“强化法律监督，维护公平正义”的检察工作主题，不断提高法律监督能力，敢于监督，善于监督，加大对违法违纪现象的查处力度，真正做到自身正、自身硬、自身净；才能牢固树立以人为本、文明执法观念，用文明行为、文明作风、文明语言从事执法办案工作。

（二）党员模范带头，营造良好氛围。这是加强检察职业道德建设的基本途径

领导干部和共产党员要积极争做职业道德模范，带头学习《中国共产党党员领导干部廉洁从政若干准则》《检察官职业道德基本准则》，准确把握精神实质，熟练掌握基本要求，使其真正内化于心、外践于行；带头自觉践行，从基础做起，从工作中的点滴做起，保持高尚的道德情操，自觉抵制拜金主义、享乐主义和极端个人主义的侵蚀，真正做到权为民所用，情为民所系，利为民所谋；带头升华提高，要经常对照检察职业道德准则，对照身边的英模人物，认真查找自身的不足与缺点，并不断改进和完善自己，勿以恶小而为之，勿以善小而不为；带头自觉接受监督，自觉主动地接受群众的监督，把群众的要求和情绪作为第一信号，坚决防止和纠正各种伤害群众感情、侵害群众利益的行为，树立检察官“忠诚、公正、清廉、文明”的形象，为检察职业道德建设创立一个良好环境。

“榜样的力量是无穷的”，榜样具有导向、示范和带动作用，张章宝、杨竹芳等先进典型正是在执法工作中自觉践行检察职业道德，把忠诚、公正、清廉、文明的要求落实到了自己日常工作和生活的一言一行、一举一动中。检察机关要善于发现、大力培养、及时树立和广泛宣传这类职业道德先进典型，以正确的价值观影响人，用身边人、身边事来教育感化身边人，充分发挥近距离榜样的教育作用，通过党员的模范带头作用，进一步形成全体检察人员勤于学习、勤于实践、勤于修养的良好氛围，从而不断提高政治素养、检察业务素养、科学文化素养；在履行检察职责中锤炼职业品德，使检察职业道德在为人民服务和自觉接受人民群众监督的过程中得到提高、完善和发展。

（三）完善规章制度，强化内部管理。这是加强检察职业道德建设的重要保障

良好道德习惯的养成是一个循序渐进的过程，离不开严明的规章制度。良好

的检察职业道德的培养和建设，同样需要有效的制度保障。因此，检察机关要把教育、培养与制度管理有机地结合起来。要结合检察工作实际，制定和完善与检察职业道德相关的规章制度，使之体现检察职业道德规范的具体要求。通过有效的制度和严明的纪律，强化内部监督和管理，督促广大检察干警加强自律，恪守检察职业道德底线，始终坚持自重、自省、自警、自励，在公开和透明的环境下约束自己的执法行为。除了加强制度建设外，还应当建立奖惩机制，赏罚分明，对模范遵守职业道德规范的要给予表彰奖励，对违反职业道德的要批评教育，对严重违纪违法的要依纪依法给予惩处，才能使职业道德规范真正融入检察队伍管理，渗透到检察人员的执法活动、日常工作、学习和生活中去，使检察人员在实践中不断提高职业道德水平。

下篇
检察工作现代化实证研究

机制探索

浅析刑事检察工作机制的创新

王　璇　李连廷

一、刑事检察工作面临的问题

(一)公安机关侦查取证能力与当前裁判证据标准不匹配

公安机关在办理刑事案件过程中的证据收集能力与如今的刑事证据裁判要求还存在一定差距。一方面,在传统的刑事案件办理过程中,通常以侦查为主,公安机关往往主导整个案件的走向,这也给公安机关在证据收集方面养成了一种“得过且过”的思想;另一方面,我国目前刑事案件数量依然巨大,公安机关又业务繁杂,不但要办理刑事案件,而且还要负责户籍、治安管理等日常工作,因此导致办理刑事案件的警力不足,加之近些年来面向社会招收的警察专业限制较少,亦未受过长期的专业培训,造成办理刑事案件的经验严重不足。因此,公安机关在办理一些疑难复杂的刑事案件时,会出现存在证据采集不及时、原始直接证据灭失、侦查时间过长、讯问细节不到位等问题。

(二)网络舆论对案件的影响作用不容忽视

随着移动网络的飞速发展,微信、微博、抖音等移动通信工具的全面普及,如今信息的传播速度已经达到了前所未有的高度,远远超出了我们的想象。刑事案件往往又是媒体和舆论的焦点,都在考验着检察官的智慧和担当,如何在公众朴素的社会情感和理性的法律之间找到平衡,取得社会效果和法律效果的统一,是当下刑事检察工作要面临的一大难题。同时,刑事案件往往牵涉多方利益,尤其是犯罪嫌疑人与被害方的利益矛盾较为突出,难以调和,因此一旦作出对其中一方不利的决定时，不利方就会情绪激动，个别人甚至还会做出极端行为。这就要求员额检察官在对案件准确定性的基础上，还要做好释法说理工作，处理每一起案件都要统筹全局，兼顾各方合法利益，化解犯罪嫌疑人和被害人之间的矛盾，依法秉公办理案件。

（三）审判标准越发严苛

以审判为中心的实质就是"以证据裁判为中心"，这就对公安、检察机关办理刑事案件的证据有了更高的要求。全国的法院系统已经完成了员额制改革，员额法官也要对其办理的案件终身负责，这就使法官在办理刑事案件的过程中更加持谨慎态度。加之，我国虽然尚未正式确立"疑罪从无"原则，但从近些年的司法实践来看，有利于被告人理念已经得到广泛认可。因此，检察机关在今后的刑事案件中将越来越多面临来自法院的无罪判决。现阶段检察机关面临诸多问题，但检察机关面对压力和挑战，从无惧色，一直都敢于创新。新形势下，检察机关要想突破险阻，必须大胆创新，在现有框架和职权范围内，充分行使法律监督职能，找准实际工作中存在的问题，完善并创新刑事检察工作机制。

二、刑事检察工作机制的创新

（一）建立刑事案件公安机关报备机制

1. 公安机关提请逮捕后，检察机关作出存疑不捕决定的案件。实践中，一部分公安机关承办人在收到不批准逮捕决定书和补充侦查提纲后，往往缺乏主观能动性，认为案件已经告一段落，对于证据的再收集工作不积极、不主动，甚至有些极个别办案人员拿原封不动的证据来移送审查起诉。因此，对于此类案件，检察机关应当及时督促公安机关补充证据，以'捕诉一体化'为契机，充分发挥侦查监督职能，要求公安机关在作出不批准逮捕决定后的规定时间内，将补充侦查的证据情况，移送检察机关，由承办案件的员额检察官审查，规定时间内没有补充侦查或是没能全部补充侦查的应说明理由，并制定补充侦查时间表，定期报备。

2. 公安机关未经过提请逮捕程序，对犯罪嫌疑人直接取保候审的案件。此类案件大体分为以下三种：一是犯罪嫌疑人情节显著轻微，公安机关认为没有刑拘和逮捕的必要性；二是犯罪嫌疑人因身体原因不适合关押；三是公安机关认为证据不充分，提请逮捕也不会批准。事实上，检察机关作为法律监督机关，不管是对哪种情况，都应该进行监督，但重点应该是第三类案件。公安机关直接取保候审的案件，强制措施决定下达后，公安机关应及时向检察机关移送相关程序性信息及案件办理情况。此机制一方面可以有效督促公安机关加快案件办理节奏，另一方面还能加强公安机关和检察机关的沟通和案件衔接工作，同时有效保护犯罪嫌疑人的合法权益，避免案件侦查时间过长，影响其正常生活，这也符合《刑事诉讼法》中尊重和保障人权的立法目的。

3. 公诉部门退回公安机关补充侦查的案件。审查起诉阶段，退回公安机关补充侦查的案件，往往疑难复杂，而且由于案发时间较早，部分证据可能已经无法调取。因此，对于此类案件，公安机关应当立即补充侦查并及时向检察机关报备证据收集情况，公诉部门也应发挥主观能动性，在补充侦查阶段积极督促、协助公安机关补充证据，也可以自己主动侦查，以免耽误补证时机。刑事备案机制，涉及检察机关和公安机关相互沟通、协调问题，需要循序渐进，不能急于求成，检察机关应在双赢共进的前提下，与公安机关携手推进，这也是对检察机关智慧的最大考验。

（二）案件分类办理机制

检察机关应建立案件分类办理机制，针对不同类别的案件，以员额检察官为核心，设立相应的办案单元。公安机关在侦查过程中，一般分为刑侦、经侦、治安、交警等部门，不同部门办理特定的案件。而基层检察机关目前实行轮案制，不分案件类型、大小，统一轮案，目的在于避免人情案、关系案。但也正因如此，导致每个员额检察官要办理不同的案件，工作效率低下，需要完成大量重复工作，而且还要不断学习相应的法律条文，短时间的突击学习对于应付一些简单案件没有问题，但当遇到复杂疑难案件时，往往会有力不从心之感。

检察官和交警在专业知识上出现了不对等，难以实现法律监督的最佳效果。交通肇事案件事实相对比较清楚，交警移送案件的证据体系较为固定，因此在办理此类案件过程中，存在大量重复性工作，不同检察官办理此类案件会出现很多重复劳动，影响工作效率。如有专门的办案单元负责，会极大提升工作效率，而且办案质量也会得到提升。另外，案件分类办理机制还有利于上级院对下级院同类型案件的指导培训，可集中力量对办理同类型案件的检察官组织进行学习，从而有针对性的快速全面提升其业务能力。在基层检察机关要想实现案件分类办理机制，一方面，要加强办理刑事检察工作的人员配置；另一方面，还要根据员额检察官的工作经历和业务水平，结合当地的案件类型的多少，因地制宜的科学的划分案件办理类型。

（三）推进庭审实质化，提升庭审效率

案件事实清楚、证据确实充分的简易型案件，检察机关在对案件事实和性质均没有异议的前提下，应简化流程尽快办理。在庭审过程中，协调法院，优化简易程序，创新简化速裁程序，在保护犯罪嫌疑人依法享有诉讼权利的同时，简化审理程序，从而提升庭审效率。检察机关可以结合法院正在推进的庭审实质化，积极采用认罪认罚速裁程序，相互协作、相互配合，庭审实质化的核心也在于繁简分流，对于犯罪嫌疑人认罪认罚的案件，应快速简化办理。集中精力办理复杂疑难案件，通过庭前会议制度，让控辩双方交换意见，庭审过程中仅对双方争议的焦点问题展开辩论，从而加快庭审进程，提高庭审效率。

结　语

在创新检察工作机制、履行法律监督职责的同时，更要注意尺度和分寸，坚持谦抑原则，要协调好同公安机关、审判机关的关系，平衡好犯罪嫌疑人与被害人之间的利益，还要依法坚持各负其责、互相监督、互相制约的原则，只有这样才能实现法律效果和社会效果的统一，全面提振检察机关在社会中的形象与地位。

参考文献

[1]吉树海：《四个方面完善刑事申诉公开审查制度》，载《人民检察》2015 年第 16 期。
[2]邹梅珠：《论社会力量参与未成年人刑事检察工作的理论逻辑和实践》，载《西南民族大学学报》2017 年第 38 期。

新时期检察业务数据分析研判与公开机制研究

李连廷

一、检察业务数据分析研判与公开是辩证统一的关系

（一）检察业务数据分析研判与公开是新时期检察业务科学发展的必然要求

随着信息技术的普及和各项智能化设备的应用，各项信息数据迅速积累，以大数据为标志的新时代已经到来。2019 年全国检察机关重塑性内设机构改革在全国落地，刑事案件的“捕诉一体”办案机制也全面推行。最高人民检察院在全国部署统一业务应用系统，积累了海量的案件数据信息。在新时期改革叠加的背景下，检察业务数据的整合方式发生了新的变化。根据业务类型进行数据重组增强了独立性，只有对其进行分析研判与公开，才能使办案部门相互了解、沟通、对比、改进，进而整体上提升办案质效。司法责任制改革是建立权责统一、权责明晰、权力制约的司法权运行机制的关键。以检察业务数据作为统一的考核标准，能够对检察权的运行起到监督制约作用。

（二）检察业务数据分析研判与公开的概念

检察业务数据的分析研判是指运用统计分析和数据分析的方法，对案件信息数据进行归纳整合，分析各种指标的相互联系，揭示业务发展规律，判断业务发展趋势，寻找问题，挖掘数据背后的原因，并针对性地提出对策，指导实践。检察业务数据公开是指案件数据信息的开放与共享，包括广义的公开和狭义的公开。狭义的公开是指数据向社会公众公开，广义的公开除了包含狭义的公开，还包括数据等多种信息在检察机关内部的公开。检察业务数据分析研判与公开是检察业

务全流程中的最后两个步骤，是实现数据信息功能中最关键的步骤，它们有着密切的联系。

（三）检察业务数据分析研判与公开必须统筹推进

检察业务的发展离不开对业务数据的分析研判，只有准确深入开展业务数据分析研判工作，才能真正发挥检察业务数据在评价检察工作中的“晴雨表”作用。业务数据公开是真正实现业务数据为人服务的关键，是业务数据分析研判成果转化的必由之路。只有将检察业务数据的分析研判与公开统筹推进，用数据说话，才能优化检察服务，使检察工作进一步接受群众的监督，让公平正义真正可触可感可信。因此，检察业务数据的分析研判与公开是辩证统一的关系，它贯穿检察业务的整个动态过程，涵盖数据的收集、统计、分析、研判及公开，各个阶段必须统筹推进。

二、以公开为导向进行检察业务数据分析研判

（一）现状及原因

1. 数据收集不准确，系统填录不规范。数据的准确是分析研判的基础。只有准确的数据才能真实地反映出检察业务的全貌，分析研判才能科学合理，才能发挥实效。实践中由于业务部门的主要职责是办理案件，对系统的填录不重视，对填录规则没有真正理解掌握，造成不填录或随意凭主观猜测填录的情况较多，数据常常出现偏差。

2. 分析研判方式局限，可视化程度低。目前，在一些基层检察机关，由于人员不足且流动性大，常常出现一人身兼数职的情况，没有专人负责业务数据分析研判，专业的程度得不到保障，分析的综合能力不足。因此，出现分析报告的格式和内容千篇一律，缺乏有新意的主题。分析的语言十分严谨拘束，图表的设计展示单一，综合性不足，可视化程度低。给人枯燥死板的印象，不能激发阅读欲望。

（二）对策

1. 提高数据意识，加强对数据填录和分析研判工作的重视程度。统计人员应当在工作中应当积极引导承办人牢固树立严格依法统计观念，在办案过程中对相关的数据及时准确进行填录。同时，还应当引导办案人员全面、全程关注业务数

据的变化情况，以办案支撑分析研判，以分析研判促进办案工作。案件管理部门数据分析研判工作人员应当在日常工作中主动积累分析素材，加强对数据的重视程度，以数据作为管理和决策的依据。

2. 明确岗位职责，设定专项考核指标。案件管理部门专人负责业务数据分析研判，业务部门在工作当中应当主动关注数据的情况。将统一系统的填录落实到具体部门具体责任人，强化信息录入责任。严格落实“谁填录，谁负责”的责任制度。探索建立由案件管理部门牵头进行业务数据分析研判，各部门共同分析研判的制度，推动检察机关全员、全面、全程关注业务数据变化情况。将系统的填录和业务数据分析研判纳入绩效考核，明确填录错误需要承担的责任。建立分析研判相关考核指标，激励办案部门将分析研判成果运用于实践，提升工作主动性。

3. 以公开为导向，确定不同的分析方式、主题和内容、语言表达和展示方式。业务数据分析研判的最终目的是助推检察业务的发展，而公开则是信息的开放与共享。因此，分析研判的成果只有进行公开，办案部门才能掌握相关情况，领导决策才能有数据支撑和理论依据，公众对检察业务的知情权和监督权才能得到保障。因此在对业务数据分析研判时，应当以公开为导向，先根据公开的范围和对象进行划分，包括内部和外部两个部分，每个部分包含宏观和微观两个层面。再根据受众的不同，运用不同的分析方式、确定不同的分析主题和内容、使用不同的语言表达和展示方式。

三、探索建立全方位多层次的公开机制

（一）现状

1. 公开的内容和形式单一。目前我国检察机关向社会公布业务数据信息，仅仅局限在对数据信息本身的公开，并且按照季度进行。公开的形式仅仅是文字公开，没有包含相关图表，内容和形式十分单调，不能激发阅读欲望。

2. 公开的范围狭窄。由于检察机关信息交流的渠道较为单一，只有传统的官方网站、微博微信等，造成公开的范围局限，加上专业化的报告风格，导致只有特定人员会去主动寻找相关信息。要想增进群众对检察业务数据的理解，只有丰富公开的方式，拓宽公开的渠道。

（二）对策

1. 丰富公开内容。对典型类案和社会舆论关注度信息的公开，检察机关能够了解社情民意，掌握群众的关注、疑惑、意见和建议，从而改进工作。群众知晓该信息能够增强法制观念，规范自身行为，促进社会稳定。因此，典型类案和社会舆论关注度信息应当向社会公开。以公开为导向所做出的各类分析研判成果，理论上应当依据受众进行公开。但由于分析研判的成果只有最终落到提高办案质效上，才能真正实现为人民服务。因此，分析研判成果无论受众，应当全部在检察机关内部共享。

2. 完善保密审查机制。要理清数据保密与开放的关系。由于检察机关工作性质的特殊性，在业务办理的过程中会接触许多涉及个人隐私、国家秘密、国家安全与社会秩序维护等不适宜公开的信息。在实践中的做法是案件承办人先对自己办理的案件进行保密审查和技术处理，再由案件管理部门进行复核，最后由办公室发布。但案件承办人和案件管理部门的保密知识不够专业，要求其审查很难起到效果。对此，业务数据的公开应当由保密部门审查。先由保密部门提出是否适合公开的意见，再由办案部门决定是否公开。将保密部门的审查前置，有利于及时发现问题，提前预防，掌握主动。

财产刑检察监督的难点及破解对策

靳升宸　张巧玉

随着社会主义市场经济的发展,人们对物质财富的需求越来越旺盛,一部分人对金钱的追求也越来越不择手段,为此,修改后的《刑法》为了抑制人们的这种欲望,惩罚这种不择手段追求金钱的做法,规定罚金和没收财产的条款有161条,占分则条款的46%。但是,在司法实践中,罚金刑判而不罚、执行不力、缺乏监督等问题也一直困扰着我们,财产刑执行监督仍是检察监督的盲区。笔者从工作实践出发,对财产刑执行的检察监督进行探讨,以期对完善财产刑执行之检察监督制度有所裨益。

一、财产刑的含义及法律地位

财产刑是以剥夺犯罪分子的财产为惩罚内容的刑种,有没收财产和罚金两种。没收财产是没收犯罪分子个人所有财产的一部或者全部;没收全部财产的,应当对犯罪分子个人及其扶养的家属保留必需的生活费用。罚金是指人民法院判处犯罪分子强制其向国家缴纳个人所有的一定数额的金钱。我国现行《刑法》虽然没有把财产刑由附加刑上升到主刑,但其地位和所起的作用越来越大。从条款数量上看,原刑法分则中规定财产刑的有40条,占分则条款的38.8%;现行刑法分则中规定罚金和没收财产的条款有161条,占分则条款的46%。从适用对象上看,现行刑法分则中有关适用财产刑的条文有139条,主要适用于贪财图利的犯罪,如破坏社会主义经济秩序罪、侵犯财产罪、贪污贿赂罪和妨害社会管理秩序罪中的营利犯罪等,上述类罪在我国刑法体系中占绝对主导地位,也是最常见的犯罪类型。从适用方法上看,罚金作为一种附加刑即可以作为主刑的附加刑适用,也可以独立适用。而没收财产主要是附加使用,可见其作用之大。

二、财产刑监督工作中存在的问题

财产刑在我国刑法类罪中占据半壁江山，在刑罚附加刑中独占其二，但在执行与监督方面却未有法律规定，无明确的操作规范和流程，处境尴尬。

1. 财产刑判罚幅度不规范。现行《刑法》第 52 条规定："判处罚金，应当根据犯罪情节决定罚金数额。"第 59 条规定："没收财产是没收犯罪分子个人所有财产的一部或全部。没收全部财产的，应当对犯罪分子个人及其抚养的家属保留必需的生活费用。"刑法第 53 条还规定，由于遭遇不能抗拒的灾祸等原因缴纳确实有困难的，可以酌情减少或免除。这些只规定了对犯罪分子应该处财产刑，遇到困难的，可以减少或免除，但财产刑处罚的上限、下限是什么，如何把握处罚的尺度，如何才能做到罚当其罪，法律法规及司法解释、相关部门的指导性文件都没有相应的详细规定。由法官自由裁量，就难免出现"同案不同判""人情案"的现象。

2. 财产刑执行的法律依据不规范。现行《刑事诉讼法》第 272 条规定："没收财产的判决，无论附加适用或者独立适用，都由人民法院执行；在必要的时候，可以会同公安机关执行。"但现行司法解释，亦无其他规定明确财产刑如何中止执行、终结执行，如何恢复执行，相关的文书如何制作，司法解释及相关规定的缺漏致使各地法院自行探索，各自实践，造成财产刑执行方式被动。

3.《刑法》规定中的疏漏。《刑法》在减刑、假释中没有规定，如果被告人有执行能力而不履行执行义务时，则犯罪分子不应予以减刑或假释的规定。犯罪分子对已生效法律文书确定的义务有履行能力而不履行，本身就是一种不悔罪或者说违法行为，这种行为本身说明其主观恶性的存在，或者说其改造不彻底，因而其不能得到刑法的宽恕，不能给予其减刑或假释，笔者认为，在日后的法律修订中应予以补充完善。

4. 财产刑监督无明确操作规范。最高人民检察院颁布的《人民检察院刑事诉讼规则》第 621 条规定，人民检察院依法对执行刑事判决、裁定和决定的执行工作以及监狱、看守所等的监管执法活动实行法律监督。在《人民检察院刑事诉讼规则》中，只有该款规定与财产刑的监督稍有关联，但也只字未提对财产刑应该如何进行监督，在本节内容中，对自由刑的监督叙述的非常详尽，操作性极强，但唯独遗忘了如何监督财产刑。

三、破解财产刑监督难的对策

1. 加大财产刑罚宣传力度。争取让人人都明白财产刑也是刑罚措施，触犯了法律就要承担相应的责任，驻所检察人员在与新入所人员谈话时，要明确告知：你所涉嫌的罪名会被处罚金刑，罚金刑必须缴纳，这体现着你的认罪态度、悔改表现，是你是否认真履行生效法律文书的体现。通过宣传，我们也要让群众明白：司法机关扣押的犯罪嫌疑人的财物，如果不属于涉案款物应该退还给犯罪嫌疑人或其家属，对于犯罪嫌疑人所欠的正当债务，债务人可以请求从犯罪嫌疑人的财产中偿还。

2. 规范财产刑量刑标准。审判部门可以根据侦查阶段对被告人财产调查的基本情况，结合案件实际案情，在法律规定的财产刑判罚幅度内，做出适当的裁决，既要保证罚当其罪，又要保证财产刑能够得到实现。最高人民法院、省高级人民法院也可发布量刑指导细则，为财产刑量刑提供指导。

3. 建立健全犯罪嫌疑人财产调查制度。《刑事诉讼法》第 141 条中规定，在侦查活动中发现的可用以证明犯罪嫌疑人有罪或者无罪的各种财物、文件，应当查封、扣押；与案件无关的财物、文件，不得查封、扣押。第 144 条中规定，人民检察院、公安机关根据侦查犯罪的需要，可以依照规定查询、冻结犯罪嫌疑人的存款、汇款、债券、股票、基金份额等财产。有关单位和个人应当配合。第 145 条中规定，对查封、扣押的财物、文件、邮件、电报或者冻结的存款、汇款、债券、股票、基金份额等财产，经查明确实与案件无关的，应当在 3 日以内解除查封、扣押、冻结，予以退还。根据《公安机关办理刑事案件程序规定》第 235 条中规定："对扣押的犯罪嫌疑人的财物及其孳息，应当妥善保管，以供核查。任何单位和个人不得违规使用、调换、损毁或者自行处理。"第 288 条中规定："对查封、扣押的犯罪嫌疑人的财物及其孳息、文件或者冻结的财产，作为证据使用的，应当随案移送，并制作随案移送清单一式两份，一份留存，一份交人民检察院。制作清单时，应当根据已经查明的案情，写明对涉案财物的处理建议。对于实物不宜移送的，应当将其清单、照片或者其他证明文件随案移送。待人民法院作出生效判决后，按照人民法院送达的生效判决书、裁定书依法作出处理，并向人民法院送交回执。人民法院在判决、裁定中未对涉案财物作出处理的，公安机关应当征求人民法院意见，并根据人民法院的决定依法作出处理。"

依据这些规定,侦查机关可以对犯罪嫌疑人的财产状况进行调查,那我们就要用尽、用全这些法律规定,在侦查阶段将犯罪嫌疑人的财产状况调查清楚,为后续的财产刑处罚提供事实依据,如果侦查部门没有查清的,公诉部门可以要求侦查部门对财产情况进行补充侦查,为审判阶段财产刑的处罚及受害人权益保护奠定基础;同时也要监督侦查部门扣押的犯罪嫌疑人财物按办案流程向检察机关、审判机关随案移送,对于没有随案移送的财物,必须附卷说明这些财物的种类、数量、保存于何地、何人保管;如果侦查部门没有查明犯罪嫌疑人财产状况,公诉部门在审查起诉时,可以要求其补充侦查。目的是在判决生效后,赃款赃物要及时上缴国库,犯罪分子的合法财产要用于扣缴罚金刑、用于偿还受害人、用于偿还犯罪分子的合法债务,如果不能在侦查阶段掌握犯罪嫌疑人的财产状况,那么上述目的很难实现。

4. 加强对侦查部门扣押、冻结财产的监督。依据《刑事诉讼法》第 139 条规定,在侦查活动中发现的可用以证明犯罪嫌疑人有罪或者无罪的各种财物、文件,应当查封、扣押;与案件无关的财物、文件,不得查封、扣押。第 142 条规定,人民检察院、公安机关根据侦查犯罪的需要,可以依照规定查询、冻结犯罪嫌疑人的存款、汇款、债券、股票、基金份额等财产。有关单位和个人应当配合。第 143 条规定,对查封、扣押的财物、文件、邮件、电报或者冻结的存款、汇款、债券、股票、基金份额等财产,经查明确实与案件无关的,应当在 3 日以内解除查封、扣押、冻结,予以退还。根据《公安机关办理刑事案件程序规定》第 221 条规定:"对扣押的犯罪嫌疑人的财物及其孳息,应当妥善保管,以供核查。任何单位和个人不得挪用、损毁或者自行处理。"第 222 条规定:"对扣押的犯罪嫌疑人的财物及其孳息中,作为证据使用的实物应当随案移送;对不宜移送的,应当将其清单、照片或其他证明文件随案移送。待人民法院作出生效判决后,由扣押的公安机关按照人民法院的通知,上缴国库或者返还受害人,并向人民法院送交执行回单。"

依据这些规定,我们可以与公安机关、公诉部门加强合作,在侦查阶段就查明犯罪嫌疑人的财产状况,监督侦查部门扣押的犯罪嫌疑人财物,按办案流程向检察机关、审判机关随案移送。目的是,判决生效后,赃款赃物要及时上缴国库,犯罪分子的合法财产要用于扣缴罚金刑、用于偿还受害人、用于偿还犯罪分子的合法债务,如果不能在侦查阶段掌握犯罪嫌疑人的财产状况,那么上述目的很难实现。

同时,我们还要保护犯罪嫌疑人的合法权益,接受犯罪嫌疑人及其家属的申请，对于不属于涉案财物的，应当解除扣押、冻结，而侦查机关不解除的，检察机关可以根据犯罪嫌疑人家属提供的证据，经审查确属不应当继续扣押、冻结的，向侦查机关发出检察建议，要求解除扣押、冻结。对于经查明确实与案件无关的，应当在3日内解除查封、扣押、冻结，予以退还，而侦查机关不按规定退还的，对犯罪嫌疑人家属的申请，经审查后向侦查机关发出纠正违法通知，要求侦查机关解除扣押、冻结。对于犯罪嫌疑人家属举报的侦查机关挪用扣押财物的行为，经查证属实的，可以根据情节轻重，追究其党纪政纪乃至法律责任。

5. 建立财产刑处罚与执行工作台账。在目前无相关规定的情况下，做为财产刑监督部门的人民检察院刑事执行检察局要学会走出去，了解本月判决了多少财产刑，哪些判决已生效，哪些判决已履行，哪些判决已生效但未履行，哪些判决已移交人民法院执行局强制执行，了解犯罪分子的服刑地，然后将这些信息记录在册。了解被执行人的财产状况及罚金刑的执行情况，对于有财产但拒不执行的犯罪分子，可以建议服刑地人民检察院刑事执行检察局限制其减刑或假释。

6. 建立跟踪回访机制。凡是被扣押、冻结的财产以及被处罚金刑的犯罪分子，待法院判决生效后，检察机关要到服刑地进行回访，了解其案件在办理期间，涉案款物是否已查明与案件的关联，与案件无关的财物是否已退还；了解其是否被处罚金刑，该罚金刑是否履行，如果没有履行，要向其讲明：这是法律赋予的义务，必须履行，这是其认罪、悔罪态度的体现，这是其是否还存在主观恶性的体现，是其能否被减刑、假释的前提；了解其是否负有正当债务，该债务是否已偿还，若没有偿还，现在是否有能力偿还，债务人是否已提出偿还要求。

7. 发动群众，利用群众的力量监督犯罪分子的财产状况。对于判决了财产刑但又未履行的犯罪分子，可以将其财产刑的执行情况通过人民检察院网站公布，可以在犯罪分子的经常居住地、户籍地公布，并公布监督、举报电话，对于群众的举报，首先必须为举报人保密，其次对获得的线索要及时向人民法院执行局转交，督促执行局及时进行调查、执行。

财产刑执行的监督工作，是一项关系重大但又棘手的工作，需要法律层面日益完善的制度支持，也需要司法解释方面更加清晰明确的补漏拾遗，为该项工作的开展创造良好的制度环境、人文环境。只有这样，才能在财产刑的法律适用方面找到合适的焊接点，在财产刑的执行与监督方面找到合适的切入点，从根本上解决刑事案件财产刑执行难、监督难的问题。

基层检察机关“五化”建设原则及路径探析

张玉象

“提高政法工作现代化水平”①是习近平总书记对政法工作作出的重要指示，检察工作的现代化就是检察办案、检察监督的工作思维、理念、方式、方法的现代化。河南检察机关为落实检察工作现代化的要求，结合实际地提出了标准化、智能化、精细化、专业化、规范化为建设重点的履职能力建设方向，在此思想引领下，立足检察机关对“五化”建设所做的深入研究和有益尝试，本文围绕“五化”各项建设应坚持的原则、解决的问题、实现的目标及具体建设路径等进行探讨，以期切实加强检察机关履职能力建设，提升检察工作现代化水平。

一、标准化建设

标准化建设涉及检察工作的各个环节，要求立足人民群众对检察工作的期望、立足现代司法的内在要求，按照法律法规、司法解释及规范性文件的精神对办案经验进行经验总结，制定统一尺度，避免同案不同办，提升办案精准度，从而实现对公平正义的价值追求。然而，标准的建立是一项巨大工程，耗时耗力，同时稍有不慎便会造成与实际应用不适，背离司法要求和民众期望。

基层检察机关办理了大量的常见、多发犯罪，办案活动中拥有大量经验积累，标准化的建设首先应从基层检察机关作为切入口，就常见多发、相对成熟的刑事案件入手，如危险驾驶类案件等，各地可根据实际情况做初步探索，上级检察机关根据各地成果再组织精细建设办案标准，稳步推进，这样的建设路径可以兼顾标准的适用范围，又能保证实践运用的可行性。因此，标准化的建设顺序应是自下

---

① 新华社评论员：《着力提高政法工作现代化水平》，载中华人民共和国中央人民政府网，https://www.gov.cn/xinwen/2020-01/18/content_5470369.htm。

而上，然后由上而下；标准制定切入口根据案件类型应由常见到特殊。以此路径推进标准化建设能够提高效率，加速标准适用推广，同时能够有效解决实际问题，提高标准化建设质量。

二、智能化建设

目前各级检察机关都积极建设了智能化工作平台以适应政法工作现代化的需求，而智能化要求政法工作的标准化，要求对标准的相对固化，要做到标准与信息深度融合。因此智能化的建设要以标准化的初步成型为基础。目前政法大数据平台打破数据壁垒正在加快推进、“三远一网”等平台已经建成全面使用，可以说检察工作的智能化建设已经形成规模，而检察工作的信息化建设要做到增效提质，升级融合，深入推广仍需要注意一些原则，避免走弯路，遇瓶颈。

虽然上级一再强调信息化工作对政法工作的重要性，但在基层财力、人力不匹配的现状下，信息化建设（主要指配套的使用及维护）跟不上，造成部分检察机关对信息化、智能化认识僵化粗浅，对其推动业务工作积极发展的作用存疑，甚至认为信息化的建设首先是领导要求和考评任务，是可有可无、效率不高的工具，且没有大量资金支持无法建设和提升。要解决此现状，首先，要解放思想，用开放心态拥抱科技浪潮，保持创新、学习的态度，正确认识信息化建设的重要意义，提高对信息化技术的应用意识。其次，政法各部门信息化平台之间依旧存在着信息壁垒，政法工作衔接中许多司法活动的信息传递方式依然受限、不灵活，要提升智能化建设水平需要有一个强有力的统筹部署及人、财、物的保障，避免各自为战，造成资源浪费和重复建设。最后，信息化建设在全面推进的同时，仍应该注意重点突破，从点入手，深入调研，根据地区制定不同的建设计划，着力解决当地最突出的现实问题，集中力量解决痛点，既达到解决问题的实效，又能在一个地区带动对信息化建设的新认识，避免了信息化建设流于形式。因此，智能化的建设要引导开放创新思维的转变，加强信息化建设主动性，鼓励开拓创新；做好统筹安排，保证建设高效有力；注重因地制宜，重点突破，讲求实效。

三、精细化建设

司法活动是解释适用法律、理性决策判断，这决定了检察人员必须具备较高的专业能力素养，并追求程序运用、实体认定、法律适用的精准化。因此，精细化是对实体、程序、执行、价值追求等检察工作全方位、全过程的要求。它的建设基础是对人的优秀品质的极致追求,也是对制度完美性的极致追求。随着检察工作现代化建设的深入,不论是检察机关自我发展需要还是人民群众对司法机关的期待,检察机关司法办案的开展都要追求精细化。精细化建设在契合内外部要求的同时,要进行标准化操作,这也就是它的建设基础是对人的优秀品质的极致追求和对制度完美性极致追求的来源。追求精细化的过程也是不断解决检察事业发展矛盾的过程。

因此,精细化的建设要从人和制度两个方面同时入手,即监督和管理。目前检察机关对检察工作实施监督管理的主要抓手是考评,所以精细化建设应充分利用考评的指挥棒作用提升建设水平。首先,要加强对办案人员的要求和监督,管控各种粗放办案方式,发现问题立即进行处理,同时还要定期向上级提交监管结果,进行公示,必要时可以向社会公示,以利于群众监管。其次,逐步优化考评规则,在评价检察工作水平的诸多因素中,考评规则对基层检察机关的影响占据重要地位,考评规则应对检察工作的精细化进行要求,检察人员要提高自身业务质量,做好精品案件,做好释法说理,做好群众工作。上级检察机关定期发布和表彰精品案件及经典案例,做好案件精细化评查,对工作精细程度进行奖惩。同时,定期对检察人员进行培训,培训内容既要包括业务能力提升,还要进行道德、性格培养,提升检察人员的职业道德意识。另外,精细化建设应与执法满意度相结合,增强广大群众参与检察工作现代化水平。总之,精细化建设应注重人的教育和制度监管,唯有两者齐头并进地有效推进,检察工作的精细化水平才能得以提升。

四、专业化建设

检察工作时业务性很强的政治工作,也是政治性很强的业务工作。检察工作专业化建设水平决定着法律监督质效,决定人民群众司法获得感,决定新时代检察工作创新发展。检察工作专业化建设要以专业体系建设为基础,协同推进平台建设、工具建设、素质建设。

平台建设要依据法定职责、办案组织的高度统一为前提,不断拓宽、加深专业能力,按照案件类型探索专业分工,组建专业办案组织,然后将专业化具体到不同类别和层级,探索办案团队运行机制,针对多个专业类别的办案组织,根据案件类型、难易、人员结构等情况,整合各类办案组织,形成各有所专、纵横交错、灵活机动的办案机制。工具建设要以标准化和精细化的建设作为服务支撑，以信息化为手段，坚持信息化平台的研究应用、信息资源整合利用、智慧检务建设，推动大数据、人工智能等科技创新成果与司法工作深度融合，利用信息化建设打造的便利建设专业设施、现代科技等专业工具。素质建设，首先要抓好专业能力培养，立足高素质专业化检察队伍建设的需要，立足检察工作实际，开展专业教育培训，因材施教，因地制宜广泛开展专业交流、专业协作和素质培育。其次还要深入推进人员分类管理改革及配套制度建设，让各类检察人员发挥所长，能力与责任相适应，素质与岗位相适应，专业人做专业事，专业问题能专业解决。

五、规范化建设

没有规矩不成方圆，规范化的建设是检察工作“五化”提升的保障。首先，标准化、智能化、精细化、专业化的建设首先要遵循一定规范才能推进。其次，规范推进的标准化、智能化、精细化、专业化建设又在更高层次地推动检察工作的规范化，这就达到了以规范促规范，使检察工作得到质的提升。现阶段的规范化建设要遵循的原则是贯穿始终、涵盖全面、注重管理、加强监督。

鉴于规范化与其他“四化”的特殊关系，在“四化”建设的过程中必须要时刻注重规范意识，既要始终用规范的思维、标准的方式去建设“四化”，又要确保建设过程达到或超越标准并合乎规范。并且这个指导思想要求所有的建设要全面规范，不可遗漏。检察工作的质效，要以规范的指标去评价，既评价是否合“规”，还要检验能否成“范”。这个过程就要加强规范监督，因此，检察机关加强和健全内部监督和外部监督制约机制，强化监督措施，加大监督力度，确保强化法律监督，维护公平正义的同时，接受别人监督，自身努力做到规范，才能以规范化的建设高层次地保障检察工作现代化。

“五化”建设是一项系统工程，应根据实际情况，稳步推进；解决统一部署和因地制宜的平衡问题；注重人的教育和制度监管提升精细水平；协同推进平台建设、工具建设、素质建设；始终注重规范意识，加强内外部监督，如此才能加强检察机关履职能力建设，提升检察工作现代化水平。

基层检察机关涉法涉诉信访积案及化解工作问题研究

焦 然

一、涉法涉诉信访案件基本情况

通过县级信访系统对涉法涉诉信访案件的汇总数据，可以将涉法涉诉信访案件大致分为以下几类：一是诉求利益类，涵盖不服人事处理决定、处罚决定、事业编的待退问题等方面；二是控告举报类，主要是对基层工作人员的检举揭发，控告举报贪污、渎职、受贿、不作为等违法犯罪行为；三是赔偿救助类，是对涉法涉诉案件办理过程中存在问题的申请和申诉；四是申请监督类，包括对司法机关办案程序审查和实本审查过程中不服处理决定提起的异议和监督申请；五是积案化解类，一般体现在公安机关侦查环节，因案发时间较早，证据缺失，导致案件事实无法查清，引发的信访隐患案件。

针对各种信访制度，基层信访案件主要有以下几种行动方式和效果：一是导入法律程序办理，此类情况基本可以化解社会矛盾，促使信访隐患得到化解；二是网上信访，发帖或群众来信，此类案件近两年来，因最高人民检察院开展的群众来信件件有回复工作的开展，促使该项工作发展迅速，此类案件得到重视，可以快速反应并快速予以回复，社会效果好；三是打击缠闹访的力度加大，有利于实际解决信访问题。

二、积案形成的主要原因

综合上述涉法涉诉信访案件基本情况，信访工作总体上是畅通有序的，但是，在实际处置工作中也存在一些突出问题，这些问题容易导致积案的发生。

1. 存在程序空转的现象。一些群众来信，反映的情况明显不属于检察机关的管辖范围,但仍然层层向下流转,给各级检察机关增加了重复的工作量,本县级检察机关2019年度办理来信50余件,其中30多件都是不属于检察机关的管辖范围。但是,基层检察机关又没有通道将案件流转到相关部门,即使流转相关部门后,因后期督促程序缺失,问题仍得不到解决。

2. 基层信访工作的职能边界不清。《信访条例》明确规定了信访事项的受理范围,但在实际工作中不易区分,一些不应由信访部门受理的事项也进入到信访渠道,受理范围宽泛,导致信访部门成了解决一切矛盾事项的"万金油"部门和"兜底"部门,一些非正常上访、闹访滋事等治安问题本不该进入信访渠道,实践中,只要群众愿意告,信访部门就得受理,致使一些原本可以通过诉讼来解决的案件也进入到了信访程序,导致信访部门不堪重负。

3. 信访积案出口不畅通。按《信访条例》规定,一件信访事项按照规定程序办结后,应有序退出信访渠道,案结事了、息诉罢访,但是基层实践工作中,信访案件极易出现反复现象,一些信访老户缠访、闹访、三级终结后息访难等问题仍然困扰着信访部门。基层诉访分离制度落实相对困难,很多涉法涉诉案件不能正常导入法律程序,一些当事人遇到问题直接考虑信访渠道,直至缠访不休,甚至恶意访、非法访,导致信访秩序混乱,干扰了司法部门正常的程序性活动,影响了国家权力体系的正常运作。

三、化解信访矛盾的实践经验

近三年来,南召县院未发生赴省进京访和恶性信访事件,信访积案数量也大幅度下降,现将工作中积累的相关情况分析如下:

1. 群众来信件件有回复的细化落实。按照《人民检察院办理群众来信工作规定》的工作要求,细化实施办法,对信访工作的领导小组、管辖、分流、回复、办结等程序加以明确,审批权限上提一级,并形成规范务实的领导亲自办案机制,要求本院接收所有来信均经检察长审批分流;积案均由检察长或检察长指定的院领导办理,确保问题解决到位。

2. 将信访工作纳入院业务考评机制。南召院在完善业务考评机制的过程中,将群众来信和来访的办理和答复工作纳入业务考评机制,争先创优,奖勤罚懒,用制度调动办案人员的积极性,对信访工作办理数量多、效果好的部门和人员,予以加分奖励,对信访办理效果差、引发恶性信访事件的部门和人员,予以追责,由案件管理部门和人事部门定期对信访情况进行考核,作为人事干部考察工作的重要参考。该追责规定压力带来了动力,信访工作效率得到了明显提高,进一步提升了司法机关的公信力和群众满意度。

3. 建立信访案件调解员团队,推行公开听证机制。信访案件处理后,其中有相当一部分案件容易出现反复信访情况,为了消除重复信访行为,近年来开展网上登记、息诉率审查等方法,但实际效果不明显。对此,南召县院引入信访案件调解员并推行公开听证制度。聘请社会上德高望重、在基层组织中有较强说服力,且愿意参与信访案件调解、斡旋的人员,作为信访部门的调解员团队参与信访案件的公开听证工作。这些人员不属于信访机构,身份中立,可具有会计师、审计师、律师、医师等相关专业资格,在具体信访案件处置中具有权威性。聘请人员平时遵纪守法、文化素养较高且身份中立,在参与信访案件调查处置中比较容易使信访人信服,增强了信访案件的调解息访效果,也促使社会人员广泛参与到信访案件的公开调查和公开处置环节,并可以参与公众评价,使信访事项在处置过程中能够将一些不合法或者不合理的事情公布于众,通过社会舆论或者公众监督途径达到监督目的,反向促使信访案件处置过程更加公开透明。

四、解决涉法涉诉信访问题的对策及建议

1. 厘清涉法涉诉案件,把好信访案件入口关。近年来,大信访格局导致信访案件受理人口宽泛,一切影响社会稳定隐患都可信访,面对此起彼伏的信访势头,基层信访工作人员疲于应付,要改变现有信访局面,首先要把好信访案件进口关。对信访案件进行有效的引导分流,对隶属于检察机关管辖、可以导入法律程序的案件,全部法律程序办理,不再作为信访积案对待;对于已经进入法律程序的案件或者司法部门已经做出裁决的案件不再进行信访案件登记和受理,严格按照法律救济的申诉、再审、抗诉、监督等程序办理。对于已经给予司法救助,或者得到赔偿的信访积案,信访人明确表示停访息诉的案件,上提一级审查回访后,进入信访案件终结机制,就一事再重复信访的不再予以登记和受理,对不听劝阻,造成恶劣影响的信访人员依法予以保留证据,严厉打击。真正将信访案件分流到位,将处理信访的人力、物力资源留给更需要的人。

2. 建立涉法涉诉信访处置和案件流转衔接机制。信访案件处置的关键环节有三点:一是信访人是否同意处置意见;二是处置结果能否得到有效落实;三是信

访人是否息诉罢访。将涉法涉诉案件按照司法程序导入法律程序，严格按照流程审查，法官居中裁判、人民陪审员参与审理和案件公开裁决等相关程序性法律规定，可以有效保证信访案件处置程序的正义性。同时，应建立司法部门、纪检监察部门、行政部门信访案件流转配合衔接机制，共同做好信访处置结果的落实工作。对分流的群众来信和来访，按照案件流转和衔接机制予以流转交办，并建立流转案件回复制度，对办理后的案件要在答复信访人的同时，对流转部门予以书面告知。在涉及国家工作人员违法违纪方面，可以流转到纪检、监察、公安部门审查处理，在民事救助方面可以与法律援助机构、民政部门沟通，启动法律援助、司法救助及社会救助等相关程序，最大程度上保障信访人得到正义，促使信访人心悦诚服，主动息诉罢访。

3. 继续全面推开公开听证，形成工作合力。公开听证一方面通过第三方见证把矛盾拿出来说，运用合力消除弥介；另一方面也是检察人员协调能力和办案能力的自我检视。既回应了申诉人的诉求，也化解了矛盾，同时还能充分发动人大代表、政协委员、人民监督员、律师等社会力量的参与。因此，办信部门要坚持“能听证、尽听证”的原则，继续全面推开公开听证工作。

健全执法考评工作机制问题研究

李连廷

考评工作机制作为一项管理方式进入我国后,被行政机关及企事业单位广泛深入的研究和运用,各个单位结合不同工作性质,制定出适合本单位的工作考核标准。考核指标的量化,实现了考评工作的公平公正,极大地推动了各项工作的健康发展,调动了工作人员的积极性。

执法质量是检察工作的核心,为了提高执法质量水平,检察机关结合工作的特点,推进执法规范化建设,实行了执法考评工作机制,这一机制的建立对检察工作起到了积极的推动作用,也取得了良好的成效。

一、检察机关建立执法考评工作机制的必要性

检察工作要实现全面、协调、可持续发展,建立一套适合检察工作长远发展的机制是非常必要的,用机制规范促进和保障检察工作的健康发展,建立执法考评工作机制是新时期做好检察工作的必然选择。尤其是对于基层检察院来说,科学合理的考评机制是促进基层检察工作更好地发挥一线平台力量,更好地联系和服务群众的重要保障。

建立执法考评工作机制是调动检察干警的积极性的重要方式。干警的积极性是检察工作取得良好成绩的重要因素。调动积极性的最好办法,就是建立一套科学合理的考评机制。检察机关开展执法考评工作的核心问题是工作目标得以顺利实现。要实现工作目标解决的关键就是人的问题。执法考评所要解决的最本质的问题就是如何使人力资源发挥最大效能。从根本上来说,制度永远比人更值得信赖,考评机制正是摆脱人评价人的做法,让制度评价人,人的工作积极性靠机制保障能长而持久,工作才能不断创造性地向前发展,才能满足检察工作科学

发展的需要。

建立科学合理的执法考评机制，是检察机关深入贯彻落实科学发展观的重要体现。以科学发展观为指导，遵循考评工作规律，增强考评机制的科学性、完整性和统一性，充分发挥考评机制对检察工作的指引和导向作用。

建立科学合理的执法考评机制，是检察机关进行内部监督的重要手段。上级检察院制定具体考核标准和方案，下级检察院要根据上级检察院的考核分析报告制作整改报告，上下联动有利于检察机关形成整体合力，努力提高服务党和国家工作大局的能力和水平。

建立科学合理的执法考评机制，是检察机关推进“四化”建设的有效载体。随着检察改革的需要，不断更新考评机制，以此为动力大力推进检察机关执法规范化、队伍专业化、管理科学化和保障现代化建设，充分履行法律监督的职能，树立检察官忠诚、公正、清廉、文明的良好职业道德形象。

二、检察机关现行执法考评工作机制存在的问题

1. 考评标准设置需要进行调整。现行的执法考评制度，把检察机关的撤案率、不捕率、不诉率等作为检察执法考核目标中的重要内容，规定了批捕案件的准确率、自侦案件的侦结率、刑事案件的相对不起诉率、撤回起诉率、无罪判决率等指标，尤其是无罪判决率，一旦出现无罪判决即对全部工作予以否定，不能参加当年的先进评选等等。检察机关自贯彻宽严相济刑事司法政策以来，被赋予了对刑事案件，特别是轻微刑事案件有一定的程序选择权，在实际处理案件中，可适度灵活把握。因而，这不仅与既定的考评标准发生脱节，也暴露出现行考评标准本身的弊端。

2. 考评的方式和效果单一化。首先考评一般是采用“期末制”，每到年底，上级检察院各部门对下级检察院对口部门进行考核、评比，这种以“年”为单位进行的考核方式，缺乏对期间的过程及时、明确的指导，不能够及时发现不足、督促工作；其次考评一般只是出现“考”而缺乏“评”，往往只是下级检察院对一年的工作做了总结报告，上级院通过简单的数据统计，然后排名，而缺乏反映检察工作绩效、查漏补缺扬长避短的考后评价；最后考评结果一般是以“数字”形式来表现，数据越高，就代表工作做得越好，这容易造成下级检察院盲目追求数量，使执法考评失去检验检察工作的实际价值。

3. 缺乏有效的外部监督。按照现有的操作模式,各级检察院的考评工作一般都是在系统内部进行。而检察机关各个部门的工作性质直接关系到司法权威与法治信仰,关系到社会公平与正义的维护与实现,同时也直接关系到民众的切身利益,笔者认为,自评的做法不能全面的评价检察官和检察工作。

三、健全完善执法考评工作机制的合理设想

1. 进一步完善的考评标准。设立科学合理的考评指标体系是检察机关考评机制改革的关键环节,在考评指标的设定上必须从符合司法规律出发,必须贯彻宽严相济的刑事政策,合理设置考评项目及评分标准。一是允许撤案率在一定幅度内浮动变化。将撤案率作为业务考评工作的重要标准,既不符合案件侦查的客观规律,不利于保护犯罪嫌疑人的合法权益,也不符合宽严相济的刑事政策;二是取消对不捕率、不诉率、抗诉率的严格限定。要积极肯定不批准逮捕和不起诉检察权能的正确运用,依照法律和刑事政策综合判断作出决定的合法性和合理性;三是采取适合检察机关的分类考评标准。按照干警的法律职务不同,将检察员、助理检察员、书记员、司法警察区分开来,根据其各自的工作职责和权限进行考评。按照各部门工作性质的不同,把检察工作分成综合、业务、技术等类别,业务部门可根据自身的工作性质制定考评标准,将检察业务和司法行政分离开来。这种分类的方式,突出了以人为中心,以岗位来定责任,可以提高干警的工作积极性,克服部门之间交叉考评的问题。

2. 规范考评方式、强化考评结果的应用。首先,实行动态的考评制度。对考评的全过程实行动态管理,能使各个检察院在最短的时间内都能够有明确的目标和努力方向,以提高考评的透明度和公平性。对重点工作、阶段性工作或者临时工作进行专项考核,并将考评结果作为年终考评成绩组成之一。其次,健全完善合理的考评方式,通过信息化规范考评管理程序,积极探索建立网上考评信息平台,运用信息技术的力量弥补人工操作管理的不足,在三级检察网上设立考评系统,由省、市、县三级检察院通过考核软件进行操作,并严格填报制度,加强监督,实现对考评全过程的动态管理。最后,重视考评结果的应用。考评的结果是对检察机关一段时间各项工作进行评价的基本依据,一个科学合理的考评结果,能够真实反映各项工作中存在的一些不足与问题,从而为总结工作提供一些科学合理的有效标准,为此,应当认真分析考评结果,从考核结果中总结好的经验与做法,

及时完善工作制度和优化办案流程，而对一些差距与不足，应当及时吸取教训，虚心学习兄弟部门一些先进做法，努力寻求适合自身实际工作的对策，从而推进工作的向前发展。

3. 加强有效的外部监督。积极推行检务公开制度，让百姓们了解检察院的工作性质、工作状态，对检察工作进行监督。同时重视人民监督员的监督作用，认真听取他们的建议和意见，改进工作中的不足。通过内外监督的作用，推进检察工作健康有序的发展。

总之，检察机关建立健全执法考评工作机制，从理论到实践必然是一个探索和逐步完善的过程，在这个过程中，必须用实事求是的态度去发现和解决问题，用科学发展观去正视和研究考评机制对检察工作的作用，在实践中不断改进和加强。只有建立了符合检察工作实际，保障检察工作正常运行的管理和考评机制，才能凝聚人心、激发干劲、创造效益；才能最大限度地发挥各类司法资源的作用，推动检察事业的不断改革创新；才能不断强化法律监督，维护社会公平正义。

基层检察机关优化刑事执行检察工作模式的实践和探索

余　斌　靳升宸

随着国家法治化进程的不断前进和司法体制改革、监察体制、检察体制改革的深入推进,刑事执行检察进行全方位、多层面、宽领域的转型已势在必然,它不仅是切实履行新时期检察职能的必然要求,更是回应人民群众公正司法新期待的必然要求。在这一新形势下,刑事执行检察部门如何把握宪法定位聚焦主责主业、切实保障社会公平正义、提升刑事执行检察工作品质、助推检察工作转型发展成为当前检察官们迫切需要思考的问题。笔者认为,新时期的刑事执行检察工作应从监督理念、检察思维、工作方式、工作重心、推进举措等多层面上去谋求转型升级,唯有如此才能紧跟新时代,适应新形势,解决新问题,实现新发展。近年来,南召县人民检察院(以下简称南召县院)坚持转型思维,推动各项检察工作转隶之后平稳转机,特别是在刑事执行检察工作实践中,主动转变工作思路,改进工作方法,创新监督方式,积极探索和充分运用新型工作模式,有力地促进了检察监督的质效提升。

一、推动转型,变"办事模式"为"办案模式"

一是推动思想意识转型。建立干警定期学习培训、考试奖惩机制,实行先考试后上岗,不合格暂停岗,倒逼干警增强学习意识,提高业务能力,为办案实践夯实基础;引导干警从提升线索意识、程序意识、证据意识上综合提升办案意识,在实践中自觉按照办案的模式和办案的程序开展监督,实现刑事执行检察办案的证据化、程序化、卷宗化。目前,干警每周业务学习的平均时间不低于 4 小时,每月举行的各种形式考试平均 2 场次。二是推动办案结构转型。运用"大执检"思维,打破部门之间壁垒，在刑事执行检察部门设置若干副岗职位，建立配套激励机制，面向全院招揽人才，吸纳公诉、侦监等部门业务骨干参与刑事执行检察办案工作，实现一举多赢；优化办案组织，设置3个“员额检察官 + 检察官助理 + 书记员”模式的专业办案小组，实现“一专多能”；健全与完善员额检察官退出机制，明确退出情形、程序和要求，建立检察官有进有出的动态管理机制，为优化刑事执行检察官队伍提供保障。目前，已吸纳2名员额检察官在刑事执行检察部门副岗从事办案工作，新型办案小组已办理各类案件62件，效率、效果和质量均实现较大提升。三是推动机制体制转型。制定检察官职权清单，明确刑事执行检察部门检察官除依法履行司法办案相关工作职责外，经检察长授权可以行使11项职权和由检察官提出处理意见，报分管副检察长、检察长批准的15项职权；细化检察官案件清单，明确刑事执行检察部门实体性办案9项，程序性办案5项，为检察官考核、评价提供了准则与方向；完善检察官办案与管理制度，制定《检察官联席会议规定》，全面明确刑事执行检察部门检察官联席会议的运行流程图。制度运行以来，已组织召开联席会议5次，解决刑事执行检察疑难复杂案件2件。

二、完善机制，构建“合力借力”监督模式

一是与县法院、公安局、林业公安局联合出台《关于办理羁押必要性审查案件加强协调配合的若干意见》。建立内部协作机制，侦监部门在审查批准逮捕案件时，对后期可能出现退赔和解等不适合羁押情形的案件，应当通知刑事执行检察部门及时跟踪审查，公诉部门在审查起诉案件时，发现有需要变更强制措施的案件，应当通知刑事执行检察部门进行审查；建立外部配合机制，明确了检察机关在办理羁押必要性审查案件中，办案机关应当配合征求意见或调查取证，无正当明确理由应当采纳检察机关提出的建议，不采纳的应当说明理由和依据等强化办案单位相互协作配合的内容，有力提升了监督的刚性。今年，南召县院在此机制保障下，已办理羁押必要性审查案件18人，占当前批捕总人数的13.4%，办案单位采纳率100%；建立公开审查机制，明确规定检察机关根据需要可以对羁押必要性案件进行公开审查，有关办案单位应当予以配合并派员参加。目前，南召县院已依此机制，公开审查1案2人。这种以公开审查的方式办理羁押必要性审查案件，体现出检察机关以开放的姿态全面听取社会各界意见、主动接受监督的勇气，赢得了社会各界的好评，取得了良好的法律效果和社会效果。二是与县政法委、

综治办、法院、公安局、司法局联合出台《进一步加强社区矫正对接联动工作的实施意见》。进一步建立和完善协调工作机制，联席会议机制，定期会商机制，矛盾解决机制等4项机制，确保各部门、各环节，各司其职、协调配合、共建共管；建立信息互通机制，刑事执行检察部门与社区矫正机构每周一进行数据交换，核对上周入矫、解矫人数，及时防范脱漏管，社区矫正机构在对法院拟判非监禁刑人员的审前调查中，发现有对象是看守所在押人员的，及时告知刑事执行检察部门，进行羁押必要性审查，建议法院变更强制措施。南召县院凭此信息，及时向法院发出变更强制措施2次2人，法院均予以采纳；公安机关发现有社区服刑人员被行政拘留、刑事立案的，及时告知刑事执行检察部门，监督司法局建议法院收监执行。三是借用外力，形成监督"组合拳"。建立内外联动监督机制，如与纪委监委建立刑事执行职务违法犯罪线索移送反馈机制，与党委、人大、政府建立定期类案分析专题报告或通报机制，建立检察建议、纠正违法通知书向上级检察院同步备案和对被监督单位的上级单位同步送达的工作机制。机制建立以来，已向纪委监委移送刑事执行职务违法线索2件，向党委和人大报送监督专题报告3份，取得了较好的政治效果和法律效果。

三、创新载体，打造"智慧执检"工作模式

一是融汇信息支流，建成"大数据"平台。今年，南召县院刑事执行检察局针对社区矫正、监督交付等检察监督中的突出问题和薄弱环节，主动探索监督新方式，拓展监督新领域。与法院、公安、司法等政法单位建立协作配合机制，指派专人定期引入判决、立案、入所、入矫等数据信息，汇总后建成"刑事执行检察大数据"平台，通过比对分析，实现信息融合，问题筛查，预警提醒等功能。截至目前，运用该"大数据"平台，已监督司法行政机关依法接收漏管监外执行罪犯2人，监督交付和收监执行9人，发现社区服刑人员再犯罪2人。特别是今年5月，刑事执行检察局干警通过该"大数据"平台的信息比对，发现在2016年、2017年3名被撤销缓刑的社区服刑人员，至今没有收监执行记录，遂立即启动监督程序。最终监督公安机关依法接收3名在逃社区服刑人员的法律文书并进行上网追逃，上网3天后，一名在外省被抓获，一名主动投案，取得了良好的法律效果和社会效果，实现了南召县院在此领域监督成效"零"的突破。二是建立社区矫正远程检察监督网络。一方面，实现远程"人脸+指纹"双重签到。在各乡镇社区矫正场所建立远

程视频监控系统，通过实时远程监督社区服刑人员报到、学习、教育、劳动、在位等情况监督社区矫正中是否存在脱管、漏管、虚管等问题的存在，对于没有在系统中进行留痕的服刑人员，系统将自动记录保存并立即预警提醒。如刑事执行检察局干警近期在网上“巡查”时发现，网络系统中近两个月缺少城郊乡社区服刑人员毛某的签到记录，经调查，系该司法所长人为增设条件拒绝接收毛某而导致漏管，遂依法监督该司法所立即对毛某进行接收入矫，维护了被执行人的合法权益。另一方面，实现远程“手机 + 手环”双重定位。在原有手机定位的基础上，对于无手机或人机分离、私自外出、不服管理、旷工旷课等不良记录的社区服刑人员，强制安装手环。通过双重定位对社区服刑人员进行日常监督，发现离开县域即自动警告当事人，同时同步对监管和监督责任人进行预警提醒，督促及时对违规人员采取措施。目前，社区矫正机构已对 93 名社区服刑人员安装手环，对违规服刑人员发出警告 31 次，即时纠正 7 次，有力地维护了监外监管秩序。三是建立财产刑执行数据库。一方面，完善基础信息，确保无一遗漏。首先，对涉及财产刑案件的判决书逐一清理核对，逐人逐条建立财产刑执行信息数据，包括查封、扣押、冻结财物情况，罚金、没收财产、没收违法所得、责令退赔、处置赃物赃款等判决情况，使财产刑情况一目了然。其次，利用信息系统对财产刑工作自立案到执行各环节进行检察监督，及时掌握财产刑执行工作变化，实行动态管理，使监督工作全覆盖。最后，每月与区法院刑庭、立案庭、执行庭和计财科核对，掌握涉及财产刑案件的执行和上交国库情况，从根本上确保财产刑执行活动依法有序开展。目前已生成财产刑执行信息 104 条，发现执行违规情况 12 件，已全部及时监督纠正。另一方面，升级关联信息，确保工作实效。与公安、金融等部门建立协作机制，及时查询和财产刑执行对象有关联的信息，如罪犯家庭成员的联系、财产、职业信息，罪犯本人的办卡、纳税、工商、房产、车辆登记等信息，与基础信息数据对接，形成财产刑数据库，通过信息关联比对，使被执行人名下财产无所遁形。目前，我院运用该数据库智能比对功能，发现 5 名罪犯隐瞒财产，已监督法院执行 3 人 2.1 万元。四是设立检官智能电子信箱。当前在押人员与检察官交流主要通过例行谈话、检察官信箱和监所管教传话等传统方式，因存在着不及时、不方便、不安全、不隐和等敛陷，对在押人员的约见、投诉等造成极大的障碍。针对该突出问题，南召县院研发了智能电子信箱系统，在看守所监区安装智能化终端，一方面，在押人员轻轻一按，便将该人员指纹远程传送至检察官办公室电脑系统中，经过系统自动与在押人员指纹库智能比对后，便可清晰的显现出该人员的姓名、监室、案情等信息，检察官可立即依此信息开展“精准”谈话；另一方面，该智能终端还具有实时通话和录音留言的功能，在押人员向检察官反映问题的语音以数据的形式远程传送至检察官办公室的电脑系统中，检察官可根据具体情况选择与其即时隔空对话或随后面对面谈话，真正实现了在押人员与检察官的约见、交流“零”障碍。系统运行以来，已依此约见在押人员 37 名，收到语音投诉等 15 条，通过即时通话解决问题 9 件。

主动探索创新　培育精品案例

王　璇　靳升宸

近年来，南召县人民检察院（以下简称南召县院）刑事执行检察部门始终秉持“一个案例胜过一打文件”的理念，主动更新观念，积极探索创新，注重办案质效，取得了2件案例被最高人民检察院评为精品案例，1件案例被河南省人民检察院评为精品案例的佳绩。

一、探索大数据运用，为案例培育引入智慧源泉

一是以智能化诉求平台畅通案例之源。设立刑事执行检察申诉、控告、举报等手机端诉求平台，接受外界随时随地的诉求和举报等，并对线索智能分析、梳理、筛查、分流，限期在平台上公开答复，不仅让刑事执行检察工作更加公开透明和被知晓了解，还有效提升了举报等处置的效率效果，实现了检察监督、社会监督、群众监督的全覆盖。2020年9月平台开通以来，收到视频、图文等形式的各种诉求83件，筛选出有价值线索16件，有效畅通了刑事被执行人员的诉求渠道和拓宽了司法人员职务违法犯罪线索来源渠道。

二是以智能化监督平台发掘案例之源。配备专职人员定期引入法院、公安、司法等部门的判决、立案、刑（行）拘、入矫、戒毒等数据信息，形成“刑事执行检察信息平台”。通过对各项数据的融会贯通，实现智能研判、自动筛查、预警提醒等功能，通过对近5年12000余条判决、监管、执行等信息进行筛查和研判，精准有效的获取一批类似的案件线索。如2020年4月，南召县院通过该平台比对发现2017年被判处缓刑的两名社区矫正对象姜某、杜某某，在接收登记、在矫、解矫等数据中均无任何记录，于是发现了这起漏管30余月的重大监督案件线索。通过检察机关依法监督，该违法行为得以纠正，相关责任人员被追究相应责任，实现了

“三个效果”的有机统一，该案被最高人民检察院评为精品案例。

三是以内外数据共享平台赋能案例之源。通过深度沟通协调，引入司法行政机关社区矫正大数据和公安机关情报大数据，通过数据比对、碰撞，实现对社区矫正对象入矫、请假、越界和定位等关键信息的全天候、全方位远程网络实时掌控、同步监督，改变了以往实地走访、查阅档案和事后纠错等传统监督模式。2019 年 10 月，南召县院通过大数据平台核查，发现李某等 3 名社区矫正对象电子定位数据长期异常，却未被发现、处理，初步分析三人有明显逃避监管的意图，随即以公安情报大数据固定了 3 人长期在外住宿、多次乘坐火车、飞机等关键证据。大数据成为发掘重大线索、助力调查核实和保障监督刚性的“利器”，这也是该案得以获评最高检精品案例的最重要因素。

二、坚持求极致办案理念，为案例培育筑牢质效根基

一是以精品意识保障案例培育。发现重大监督案件线索后，从着手办理开始，便以精品案件进行精心培育，做到实体合法、程序规范、文书严谨、说理充分，使精品理念和标准贯穿办案始终。同时还要提前谋划，时刻保持较高敏锐度，积极主动挖掘、培养，甚至“设计”精品案件、典型案例，为办成精品夯实基础。

二是以监督刚性助推案例培育。监督不是高人一等，而是技高一筹。在纠正违法文书发出之前，均以“柔软的身段”主动向被监督单位通报案情，表明态度，阐明理由和征求意见等，必要时还邀请代表委员、人民监督员举行公开听证，共商处理意见。以此减轻抵触，弥合分歧，达成共识，从而使检察监督意见顺利落实。在办理姜某等社区矫正监督案中，法院和司法局因如何执行存在较大分歧而导致违法情形不能得到及时纠正，南召县院立即组织召开公开听证会，检察机关“有利于当事人”原则的监督意见被一致认同，最终使姜某等被顺利交付执行。

三是以做好后半篇文章促成案例培育。“行百里者半九十”，对纠正违法通知书不是“一发了之”和“静等结果”，而是密切跟踪关注落实情况和主动配合解决困难、问题，实现了“案结事了人和”。如主动组织各政法单位共同解决姜某、杜某某执行难题。同时针对违法行为背后暴漏的相关政法单位在社区矫正执法中存在的普遍性、倾向性问题隐患，发出社会治理检察建议，促使建立完善管理机制、堵塞监管漏洞和及时消除社会安全隐患和促进了全县平安建设大局，实现了多赢共赢和三个效果的有机统一。社区矫正对象李某等脱管案向南召县司法局通报

后，其局长诚恳地表示，这么严重的脱管问题，再发展后果不堪设想，暴露出社区矫正执法中问题严重，对这样的监督司法局接受、感谢和欢迎。

三、建立激励引导考核机制，为案例培育注入不竭动力

一是以奖励激发案例培育热情。要求干警必须选出案件参加全院每季度组织的精品案件、优秀法律文书评选活动，并参加上级院组织的年度案例评选活动，将获奖情况纳入年度绩效考核，对精品案例培育成果突出的个人在先进表彰、年度考核、组织推荐等方面作为首要考量因素。对获评全国、全省、全市精品案例的案件承办人由院统一设置单项奖，给予荣誉和物质双奖励，激发干警培育精品案例积极性和主动性。2019 年，南召县院干警张巧玉办理的“罪犯黄某交付执行监督案”被河南省人民检察院评为精品案例，按照有关奖励规定，该同志获得全院年度绩效最高分，并获得公务员年度考核优秀、个人三等功和绩效奖金的丰硕奖励。

二是以考评逼升案例培育素能。发挥检察官业绩考评的导向作用，由院考评委员会不断完善业绩评价办法和指标体系，打破简单以数量平均分配绩效的弊端，确立以办案质效为标准的新导向，特别是提高对获评全国、全省精品案例的考评权重，要有明显的不同和差距，引导检察官深化落实案例培育工作要求。通过考评及时发现案例培育工作中的差距不足，真正考出压力、考出动力，让检察官在直观比较中感受本领恐慌，倒逼案例培育素能提升。

三是以协作促升案例培育战斗力。发挥案例培育的主导和统筹作用，注重与其他检察业务工作协同。注重与检察理论研究相融合，将案例作为理论调研的题材对象，发挥后者在法学理论、研究方法、政策理论把握方面的优势。加强与教育培训部门协作，推进案例大讲堂，侧重案例应用的系统培训和方法训练，提高检察官案例应用理念意识和操作效果。在案例“要旨”“履职过程”“指导意义”的编写中，加强信息、宣传和文秘等部门协作，借助其文字写作优势，精准提炼出案件的精髓、灵魂和要义。

实践探索

检察机关公益诉讼中的调查核实权研究

邵明珠　孙灵宝石

一、纳入行政诉讼法律体系

在当前行政公益诉讼中，检察机关行使调查核实权处在于法无据的状态，这势必会导致行政公益诉讼的架空，与公益诉讼初衷相悖。行政公益诉讼立法上的构建，应首先着眼于《行政诉讼法》，以基本程序法的形式赋予检察机关调查核实权，并明确调查核实权的内容、效力。可以在《行政诉讼法》第25条检察机关可以提起行政公益诉讼后，明确检察机关可以对证据、材料等进行调查核实，在引入民事公益诉讼柔性措施的基础上增加强制性措施，必要情况下可以进行查封、扣押、冻结，并对严重阻碍调查或诉讼的人采取人身强制措施。如此，以法律的形式对检察机关的调查核实权及其方式进行规定，将直接赋予检察机关行使调查核实权的权威性，能够在很大程度上弥补检察机关在证据和信息方面的弱势，以及在环保、林业、水利、国土等方面的专业弱势，使得之前处于空转状态的调查核实权有了落脚之地。

在法律做出基础规范的前提下，对于具体实施程序和范围则可以通过司法解释或工作指南来予以规范和界定。同时应在保障调查核实权刚性的基础上保持理性和克制，否则会造成权力的滥用，引发新一轮的权力失控。最值得关注的是，通过司法解释或者相关规定对可以采取强制性措施的“必要情况”予以明确。具体而言，强制性调查核实的措施应当局限在食品、药品安全与生态环境领域涉及重大社会利益、引起较大社会关注的案件，以及国有土地保护、国有土地使用权出让领域导致国家利益严重受损的案件。

二、明确权力属性的同时注重诉讼权利

行政公益诉讼中，检察机关起诉人的身份与形式，实际体现的是法律监督的本质。法律监督主导下的检察制度成为公益诉讼的主要模式，而法律监督权构成了行政公益诉讼的核心。分析行政公益诉讼调查核实权属性及定位既要关注检察机关作为诉讼当事人的普适司法特点，又不能忽略其作为国家公权力机关代表国家保护公益，督促行政机关依法履行职权的法律监督的特殊性。检察机关作为公益诉讼的起诉方应该搜集、提交证据，积极行使证明权以证明案件事实，请求法院支持自己的主张。同时，检察机关作为法律监督机关，天然具有对行政机关的违法行为进行监督的义务，行政公益诉讼是检察机关以诉讼的形式履行法律监督的职责。在此意义上，调查核实权应当在权利的基础上具有权力的属性。

法律赋予检察机关诉讼起诉人的角色，解决的是检察机关在公益诉讼的原告适格问题，在角色赋予的同时，也赋予其诉权，在此基础上的调查核实权就具有了诉讼权利的性质，是为搜集证据进行诉讼的权利。诉讼权利是基于原告的诉讼地位赋予的，应归属于原告的诉讼权利，并非检察机关内生的。

三、形成柔性主导、刚柔并济的实施原则

刚性调查核实权的缺位容易导致调查核实权的架空与虚置。而一味地追求刚性措施则易导致权力失控，干扰正常的行政活动。因此，在刚性调查核实权保障之下的理性克制便成为法律监督、公益保护与权力规制的权衡之举，以柔性主导、刚柔并济的调查核实权制度的建立。

以柔性主导、刚柔并济的调查核实权制度首先需要明确调查核实权的主体，即柔性措施为主。行政公益诉讼具有谦抑性，检察机关对行政权的监督应当是事后监督、有限监督，强制性措施是为了弥补柔性调查核实权的不足设立的，属于补充性和兜底性的，其设立的目的直接决定了强制性措施的后置性，因而调查核实权行使的基础应当是尽可能不干预行政机关正常的行政行为。在此前提下，可以建立调查取证问询制度，其为监督活动的常见有效方法，即监督主体要求监督对象针对某些或某类事项进行问询，监督对象需在特定时间以特定方式，往往以书面方式进行回复。同时所获得的书面问询函可以作为诉讼证据提交法院。在问询无效或没有进行问询的情况下，检察机关应当首先考虑柔性的调查核实措施，

如询问、复制相关资料、委托鉴定以及进行勘验等，如穷尽适用的柔性措施仍然无法获取相关的事实证据，或者在进行调查核实的过程中，遭遇阻碍或恶意干扰，可以在报请上一级检察机关批准后实施强制性措施，对相关场所进行查封以及对特定账户进行冻结，甚至对相关人员实施人身强制。在批准的级别上，之所以需要报请上一级检察机关相关部门批准，是因为在实践中，因地方政府机关的协调与要求，检察机关与行政机关也必然存在一些关联。相对来说，上级检察机关的独立性更强，也更适于做出强制措施的决定。不能忽略的是，批准机关在批准审核时，不仅需要对案件涉及的领域进行界定分析，也要对影响程度进行判断，同时要判断强制性措施实施的必要性。为防止盲目批准或盲目驳回的现象出现，检察机关应当建立将强制措施审查批准适当性纳入考核范畴，对严重不负责任者追责。

四、调查核实权的建议

（一）出台细则，调查核实有法可依

“没有法律上的明确授权，检察机关调查权就没有行使的空间”，但“徒法不足以自行”，仅有原则没有刚性措施检察的调查核实权便难以落在实处。检察机关作为“负有法律监督职能的司法机关，在查案件的过程中当然享有调查权。因此，检察机关可以依照职权和审查案件的需要，决定是否进行调查，怎样调查，对谁进行调查”。国家应尽快在司法解释的层面细则，将调查核实权的运用落实到操作层面上来。

（二）加大保障，提升民行办案能力

各院要提升对公益诉讼工作的重要性的认识，公益诉讼工作不仅关系民行部门的职能转变，更是检察机关重新定位，履行法律监督职能的突破口。在人员调配、设备保障、宣传工作上对民行部门加大投入力度，防止因后勤保障不足而影响公益诉讼案件的调查进程。加强对公益诉讼培训，强调程序合法，强调证据的“真实性、合法性、关联性”，确保证据的证明力。

结　语

总之，对调查核实权在检察机关提起公益诉讼中的运用与完善研究，有利于促进有关工作制度的不断健全和完善，为检察机关提起公益诉讼中的调查核实落

实操作提供充分的支持,促进检察机关履职效能不断提升,具有十分积极的作用和意义。

参考文献

[1]闫雪:《检察机关提起民事公益诉讼的法律地位》,载《法制博览》2019年第16期。
[2]蒋军堂:《检察环境民事公益诉讼举证责任分配问题》,载《法制与社会》2019年第16期。

检察机关优化营商环境促进企业合规的实践与思考

刘　涛

优化营商环境，加强企业合规管理是检察机关深入贯彻落实党中央重要指示精神和决策部署，全面贯彻习近平法治思想，充分发挥检察机关职能作用，积极能动履职，在检察环节关注营商领域内的犯罪情况，打击商事犯罪，保护商事主体，维护商事活动规范，服务保障经济社会高质量发展，助推国家治理体系和治理能力现代化的重要举措，必须落实落细。

一、当前企业合规管理中存在的突出问题

1. 部分民营企业特别是小微企业对经营中的刑事风险防范意识较为薄弱，涉民企犯罪仍处于高发多发态势。虽然国家经常对民营企业出台政策扶持，但主要集中在资金支持、政策优惠等方面，直接从企业的经营管理方面予以指引、帮扶和矫正还有待增强。南召县人民检察院（以下简称南召县院）案管部门调取民营企业和民营企业家涉嫌犯罪的数据显示，民营企业和民营企业家涉嫌违法犯罪情况占有一定的比例。

2. 部分民营企业在治理结构上存在重大缺陷，民营企业合规管理的水平难以维系企业的经营和发展。当前大多数民营企业没有相对独立的职业经理人，也缺乏如国企的外在制约（主管部门和纪检机构），公司治理结构难以实现对企业家的监督，给民营企业家违法犯罪留下了制度漏洞。通过走访企业，在合规管理方面，少数民营企业已建立合规制度，大部分民企对合规管理还处于观望等待状态。

3. 相关职能部门对民营企业合规管理体系建设的宣传、引导和推动力度不够。近年来，在国务院国资委的大力推动下，不少企业探索构建法治框架下的法

律。合规、风险、内控协同运作机制,着力打造"法律合规大风控"管理体系。相比之下,南召县尚无任何监管部门要求民营企业搭建合规管理体系,更无针对民企特点的合规指引性文件,民营企业既缺乏合规动力,又无规可依,纯粹属于企业的自发行为。

4. 部分民营企业对检察机关参与企业合规管理的价值作用认识不到位。在开展"万人助万企"活动中发现,有相当部分的民营企业对检察机关的职能作用不清楚,部分企业对检察机关参与企业合规管理体系建设抱有疑虑。由此反映出检察机关"谁执法谁普法"的工作还有待进一步加大力度,对民营企业的法律服务机制不够完善,宣传检察职能作用的载体、形式和手段不够丰富,服务保障民营企业健康发展的举措针对性、实效性也不够突出。

二、优化营商环境、促进企业合规的对策建议

1. 更新理念,发挥检察护航作用,服务保障企业健康发展。一是强化服务企业意识。作为检察机关,必须转变司法观念,强化"少捕慎诉慎押"理念,防止入罪即诉、一诉了之,要依法让各类市场主体"活下来""留得住""经营得好",切实增强服务意识,知责于心、担责于身、履责于行,提升服务能力和水平,更好地保障企业的发展。二是建立依法附条件的容错机制。探索建立企业经营管理容错机制,对企业、企业家犯罪附条件不起诉,通过一定的措施予以止损。积极探索建立起与企业合规制度相融的检察工作制度,以丰富的检察实践,助力刑事追诉立法、司法、执法不断健全完善。三是建立各类企业平等发展的保护机制。充分履行检察职能,对各类市场主体一视同仁,依法保护其享有经营自主权、财产权和其他合法权益,保护企业经营者人身和财产安全。要进一步树立服务意识,运用"互联网+"建立健全市场主体维权服务平台,为市场主体提供更加公平高效的检察服务。

2. 能动履职,提升办案质量,营造法治化营商环境。一是积极履行批捕、起诉职能,严厉打击破坏社会稳定和阻碍企业发展的违法犯罪行为,在办案中充分考虑市场经济、创新创业的特点,严格区分经济纠纷与经济犯罪、企业正当融资与非法集资、执行利用政策偏差与钻改革空子实施犯罪、合法经营收入与违法犯罪所得的界限,准确把握罪与非罪的标准,注重案件办理法律效果与社会效果的统一。二是注重涉企案件的评估。在查办涉及非公企业及经营者、主要骨干等人员犯罪

案件时,坚持慎重选择办案时机和方式,对涉案企业可能产生的影响进行全面分析、评估,在最大限度减少影响的基础上,帮助企业维持好生产经营。认真落实宽严相济的刑事政策,对涉嫌轻微犯罪的投资商和企业负责人、重要技术人员,依法慎用强制措施,维护企业正常生产经营。三是强化法律监督,构建多元化保护格局。通过办理羁押必要性审查、立案监督等各类监督案件,做到每案必审,坚决纠正滥用强制措施、不当查封扣押冻结财物等侵害产权主体合法权益的司法行为,让民营企业专心创业、放心投资、安心经营。

3. 加强联动,促进依法办案,助推企业高质量发展。一是加强与法院沟通,做优做实行政检察工作。检察机关要做实行政检察工作,就要走出去,主动寻找案源,及时跟进同级人民法院办理的涉民营企业的行政许可、行政审批、行政处罚、减税降费等方面的案件,做好诉讼监督,注重对民营企业的平等保护,促进依法审判。二是推动与行政监管部门联动,做好公益诉讼检察工作。立足监督办案,依法能动履职,切实找准案件背后的行业监管漏洞和社会治理问题,加强与行政主管部门沟通,通过制发检察建议等方式,促进防范相关案件反复发生,促进从个案合规提升为行业合规,努力实现"办理一起案件、扶助一批企业、规范一个行业",促进系统治理、诉源治理,实现通过监督达到利益多赢。三是加强与纪检监察、公安机关沟通协调,推动就是否适用第三方机制形成一致意见。对于涉行贿犯罪案件,要贯彻"受贿行贿一起查"的要求,落实监检衔接机制,适用前注意征求或听取纪检监察机关的意见;要积极探索对涉案上市公司开展企业合规经营、监管落实路径,依法惩防各类证券期货犯罪、涉金融信贷领域犯罪,助力妥善化解金融风险;对于涉案企业责任人可能被判处 3 年以上有期徒刑的案件,以及重大疑难复杂案件,检察机关要全面综合评估涉案企业运行状况、责任人犯罪情节及认罪认罚情况等综合因素,确保积极稳妥、依法规范;涉外企业案件是否适用第三方机制,情况比较复杂,需要具体问题具体分析。

4. 完善机制,改善企业治理结构,提升合规管理水平。一是健全企业合规管理法治体系。探索将"建立有效的合规管理体系"作为企业申请扶持政策、享受便利化政务服务等事项的优先条件,鼓励企业诚信合法经营,主动建立合规管理体系。二是加强企业合规管理服务指导。逐步建立企业合规管理地方认证标准体系,为企业合规建设提供标准化指引。通过发布指导意见、指导建议及制定、发布相关合同示范文本等方式指导市场主体开展合规建设。对市场主体容易疏漏的相关事项,通过发送提示信函等方式进行提醒。三是完善第三方监督评估制度。根据合规案件办理的需要,不断完善第三方监督评估机制"1 +3"规定,增加第三方成员单位,扩展专业人员名录库,为涉案的企业提供精准的合规指引和服务。通过各成员单位密切配合、优势互补,共同推进机制有序运行。四是探索完善合规不起诉公开听证制度。推进企业合规管理,监督不能缺位。对于拟作不起诉决定的合规考察案件,做到"能听证尽听证",借助听证强化对涉案企业的监督。作出不起诉决定后三个月内,检察机关联合行政执法部门通过走访等方式对企业跟踪监管,促进企业形成合规自觉。同时,加强信息公开的力度,将对涉案企业作出合规考察和合规监管文书在专门网站上予以公布,全部流程接受社会公众监督。五是强化企业合规管理宣传机制。开展合规制度宣传、法律法规解读、政策措施释义、合规动态推送,引导企业牢固树立依法治企理念,培育以法治文化为基石的企业文化。组建由专家学者、检察官、律师参加的企业合规讲师团,依托讲师团开展企业合规宣讲,积极在企业中倡导合规文化理念,完善合规法律服务。

检察建议的刚性效力探讨

张玉象

检察机关是我国的法律监督机关，检察建议是检察机关行使监督权的方式之一。在纠正违法行为、确保司法公正等方面，检察建议以其独特的方式发挥着作用。司法实践中，由于检察建议法律规定得不明确，其本身又带有建议性特征，使得效力减弱。根据《宪法》所确立的检察监督权限，检察机关的检察建议权应该得到尊重和落实。同时，检察机关的检察建议也不能无限扩大，也需要界分其权力边界，使检察建议权受到应有的规制以符合司法原则。

一、检察建议的适用困境

（一）检察建议的法律规定

检察机关是我国的法律监督机关，依法履行法律监督职能。检察建议是检察机关行使法律监督权的方式之一，除检察建议外，还有纠正违法通知书、检察意见等法律监督方式。《行政诉讼法》第 25 条第 4 款规定，检察机关在履行职责中发现生态环境和资源保护、食品药品安全、国有财产保护、国有土地使用权出让等领域负有监督管理职责的行政机关违法行使职权或者不作为，致使国家利益或者社会公共利益受到侵害的，应当向行政机关提出检察建议。《民事诉讼法》第 208 条中规定，地方各级检察机关对同级法院已经发生法律效力的判决、裁定，发现有本法第 200 条规定情形之一的，或者发现调解书损害国家利益、社会公共利益的，可以向同级法院提出检察建议，并报上级检察机关备案；也可以提请上级检察机关向同级法院提出抗诉。最高人民检察院发布的《人民检察院检察建议工作规定》第 2 条规定，检察建议是人民检察院依法履行法律监督职责，参与社会治理，维护司法公正，促进依法行政，预防和减少违法犯罪，保护国家利益和社会公共利益，维护个人和组织合法权益，保障法律统一正确实施的重要方式。虽然相关法律、司法解释对检察建议作了规定，但实践中，检察建议的适用依然面临困境。

（二）检察建议的适用困境

一种观点认为，应弱化乃至取消检察建议。因为检察建议的适用在纠正法院的违法行为时可能造成其他风险。如通过检察建议纠正审判程序和执行程序的违法行为，由于监督权力的直接介入，使检察机关可能成为审判机关和执行机关。“这是由矫正式监督本身所具有的命令性和强制性所决定的。如果说对审判行为的矫正式检察建议没有命令性和强制性，就丧失了作为一种法律监督的意义。”另一种观点认为，应强化检察建议的效力，乃至赋予其强制执行力，是由于民事检察建议作为一种监督方式缺乏刚性，在实践中受到不同程度的抵制。2006 年全国各级检察机关共制发检察建议 20288 件，2007 年 28281 件，2008 年 36371 件。由数据可见，检察建议的数量呈逐年递增的趋势，说明在司法实践中，检察建议在预防违法犯罪、纠正司法行为、调解民间纠纷等方面确实发挥了积极作用。但是，不可否认的是检察建议仍存在着检察建议程序不完善、检察建议的回复率低、检察建议内容可行性较低等问题。检察建议的效力问题首先在于法律规定的不明确。虽然相关法律、司法解释规定了检察建议适用的对象，但是却未规定相关机关有接受检察建议的义务；也未规定不接受检察建议的机关应当承担什么样的法律后果。这直接导致了检察建议的效力降低。检察建议效力能否发挥的障碍还在于检察机关、法院之间的关系。法官追求裁判的公正，其作出的判决具有既判力。但是在“有错必纠”的前提下，对于法院作出的错误裁判，检察机关应当积极行使法律监督权，保证法律的正确实施。法院的判决需要权威，检察机关监督权的行使是司法整体公正的需要，这种权威与公正之间的矛盾体现了法院与检察机关工作上的冲突。通过检察建议行使检察监督权，应当既维护法院的权威，又维护好法律监督应有的效力。

二、检察建议的效力辨析

（一）检察建议的柔性效力

检察建议的柔和性主要体现在方式上，即以“建议”的方式行使检察监督权。检察建议的柔和性最突出的特点是监督权行使中能给予被监督对象足够的尊重，尊重被建议对象的主体地位，在发出检察建议后使被建议者能够自觉遵行，营造和谐的气氛，而不用直接采取强制的手段进行整改。检察建议的柔和性还体现在与抗诉制度的区别上。对于检察机关向法院提出的再审抗诉，法院必须启动再审，而对于检察建议提出再审，则需要法院同意，2001 年颁布施行的《人民检察院民事行政抗诉案件办案规则》第 47 条第 1 项规定："有下列情形之一的，检察机关可以向法院提出检察建议：(一)原判决、裁定符合抗诉条件，检察机关与法院协商一致，法院同意再审的。"因此，通过检察建议提出的再审法院不是必须启动再审。检察建议是检察机关行使法律监督权的方式之一，因此当然具有权力的性质。但权力与强制性并不是必然等同的。现代政治学家罗伯特·达尔认为："权力的运作基础是丰富多样的，它除了强制以外，还包括诸如说服、诱导等多种方式。"不同的权力具有不同的强制性。检察建议的权力性质显然不同于行政命令、行政处罚，而更类似于行政机关的行政指导权、法院的诉讼调解权。"法无授权即禁止"是近现代民主国家为了约束国家公权力而普遍适用的一项法治原则，它强调国家权力的行使必须有明确的法律依据，否则即是违法。这一原则适用于行政命令、审判权等刚性权力，而不适用于检察建议等柔性权力。因为"法无授权即禁止"这一原则对国家权力的约束是为了保障公民个人权利。而检察建议权同样是为了约束国家公权力的行使，在一定程度上保障了公民的权利。

(二)检察建议的刚性效力

结合上述观点，确定检察建议是检察机关监督权力实现的柔性机制，即以一种"建议"的方式实现监督，被监督对象既可以选择接受建议也可以选择不接受建议。但这不能否认检查建议的强制性，虽然检察建议的强制性不能与命令等方式相比，但检察建议的强制性是存在的，作为法律监督的方式，尽管较弱的强制力也不可就此否定检察建议效果的强制性。从检察建议的立法目的来看，检察建议应该是强制力较弱的一种权力。检察建议是一项法定权力，相关诉讼法、司法解释对检察机关行使检察建议的范围、条件作出了明确规定。因此，检察建议同样具有权力的属性——强制性。实践中，对于检察机关作出的检察建议，被建议对象有选择接受或者不接受的自由，甚至很多被建议对象对检察机关的检察建议完全不理会、不予以回复。但这不能说明检察建议不具有强制性，只是相关的法律对检察建议的法律规定不够完善，未明确被建议对象若不接受检察建议的后续救济措施。法律规定的不完善不能否定检察建议的强制性效力。当前我国经济社会迅速发展,法院面临越来越大的案件受理压力,错误难以避免,检察建议作用的发挥对维护司法公正,保证当事人诉讼权利、维护社会经济的发展具有重要意义,若检察建议没有任何强制力,对法院错误的纠正必须通过抗诉等制度实现的话,将降低司法运行的效率,不利于社会经济的发展。

与此同时,也应意识到:有权力的人们使用权力一直到遇有界限的地方才停止。"法无授权即禁止"对检察建议权的适用豁免情况下,检察建议权的扩张属性同样应当被限制,限制在维护司法公正、保障当事人诉讼权利、促进社会经济发展上面。

通过对检察建议的效力分析,检察建议的"建议性"体现了其柔性效力;在立法对检察建议的期待效力上看,检察建议又具有强制性。即检察建议是一种相对刚性和相对柔性的"刚柔相济"的权力。这种权力形式适应现代民主国家的发展,适应市场经济的需要,有利于保护公民的合法权益。

司法责任制落实与检察委员会决策质效提升

李连廷

摘　要　司法体制改革新形势新要求下，为充分发挥检察委员会(以下简称检委会)研究决定重大案件、检察业务工作宏观指导和内部监督等职能作用，需要构建科学、规范、高效的运行机制，从而提高议事决策能力水平。笔者结合检委会工作实践，从拓展工作思路、完善工作机制、强化日常管理、加强科技配备等方面，提出推进检委会工作规范化、专业化、信息化的几点思考。同时，通过探讨检委会责任应注意和解决的问题入手，试探索检委会司法责任追究机制的路径构建。

关键词　司法责任制　检委会　质效措施

一、办案责任制视角下检委会制度的价值

(一)检委会制度是检察官办案责任制的补充

检察官办案责任制虽赋予了检察官对案件在一定范围内享有决定权，但检委会的集体决策制相较于检察官办案责任制中的个体决策来说是一种必要补充。如今社会环境多元化，公众对司法公正的关注和诉求日趋强烈，加之新型犯罪、涉众型犯罪、高科技犯罪等日益增多，这在一定程度上加大了执法办案的复杂度和困难度。因此，在遇到可能存在重大分歧或者重大社会影响的案件，或法律适用中存在疑难问题，或执法办案缺乏统一标准等情形时，就可以提请检委会进行集体研究，通过民主集中、集思广益作出决定，从而提高办案质量，维护司法公信力和司法权威。

（二）检察官办案责任制离不开检委会的监督和制约

检委会作为最高业务决策机构，除对重大、疑难、复杂案件及重大事项作出决定外，还承担着对司法活动的内部监督管理职责。通过审议决定案件和听取全院各业务部门的专项工作报告和业务工作部署，全面动态掌握执法办案情况和存在的问题，及时研究提出针对性措施，从而将内部管理、内部监督与宏观指导相融合。因此，完善检委会运行机制，对保障检察一体化原则和检察官相对独立性具有十分重要的意义。

二、基层检委会决策机制存在的问题

（一）基层检委会决策机制存在的主要问题

1. 检委会决策主体缺乏司法亲历性。当前，一些基层检察院的检委会缺少体现司法亲历性的议事规则。很多案卷材料送达检委会委员手中时，检委会委员只有一到两天的时间了解案情。另外，检委会委员获取案件信息的渠道较为单一，主要就是"看材料、听汇报"，对需要决断的案件本身情况缺乏全面客观的把握与了解。

2. 检委会决策程序的虚无化、形式化。检委会集体决策的优势在于作为决策主体的每位检委会委员，能够畅所欲言，充分发挥对疑难复杂案件的处理意见。但实际情况是，一些基层检察院检委会的个别业务决策流于形式，对检委会决策的科学化造成了损害。

3. 检委会决策过程应进一步加强透明度。检委会实行相对封闭方式，在运行过程中唯一的形式就是"会"，检委会讨论案件时缺乏必要的公开性，这与透明司法等司法责任制的要求相违背，不利于增强检委会委员的工作动力。

（二）深层原因分析

1. 检委会的最高业务决策地位没有完全落实。尽管现行法律法规明确规定检委会是检察机关的最高业务决策机构，但实际上，有的基层检察院会出现党组会议、院务会和检委会权能不分的情况，导致检委会在基层检察院中最高业务决策机构的地位尚未完全确立。

2. 检委会决策司法属性不明显。检委会决策机制中还是存在行政色彩较突出的情况,检委会决策模式诉讼化改造依然任重道远。

3. 检委会决策责任机制不健全。提交检委会讨论的案件,办案人负责审查但没有决定权,检委会委员对案件的处理具有决定权但不审查案件、不熟知案件的事实和证据。这种集体承担责任的方式,往往以“责任分散,难以追究”等为由致使人人负责却无人负责,弱化虚化了检委会决策、监督、业务指导等法定职责。

三、检委会决策质效提升措施

(一)坚持检委会最高业务决策机构的职能定位

在司法责任制视角下,要充分发挥检委会作为基层检察院最高业务决策机构的功能作用,基层检察院的检察长及检委会委员要注重转变司法理念,实现司法理念的现代化。检委会委员要强化“检委会讨论案件就是办案”的责任意识,加强自身知识能力结构的完善,注重提升检委会议案的司法亲历性,切实提高司法决策水平,切实保障检委会最高业务决策机构的职能定位。需要强调的是,必须理顺检委会与办案检察官的关系。随着检察官办案责任制改革的深入推进,应明确检委会、检察长和检察官的权力清单和责任清单,特别是要明确检察官对自己办理案件享有“权力清单”事项的独立决定处理权,从而保持权力、行为与责任的统一。应找准司法群体决策与司法个体决策的平衡点,注重充分发挥检委会的内部监督作用,确保检察权公正高效廉洁运行。

(二)创新决策模式,提高决策民主性

1. 创新审查及阅卷方式,提升决策主体司法亲历性。为避免检委会对大量案情简单、事实清楚的案件进行例行公事式的决策,应创新案件审查方式,由检委会办事机构及检委会专职委员作为审查主体,对承办部门提交的案件材料进行程序审查和实体审查,独立提出审查意见,并要求承办部门补充或提供相关材料,确保只有疑难复杂的案件才能进入检委会案件讨论议程。

2. 引入听证机制,健全民主讨论模式。对于疑难复杂重大的案件,可引入听证机制,由检委会根据案情选择参与听证的人员,如案件当事人及其家属、侦查人员等,听证参加人可就听证事项充分发表意见并由本人核对无误后签字,并作为检委会决策的重要参考。

3. 健全表决方式,优化司法群体断案模式。坚持表决程序的公正性,应严格

按照发言顺序就每一个案件进行表决，确保检委会形成的决议是大多数委员的意见。要吸取党委票决制、审判合议制本身具有的平等参与、票权相同、按多数意见决策等合理内核，确立具有相对独立性、高效的一级检委会定案机制。就是说，实行每位检委会委员（包括检察长）对案件的认定在票权上相等的表决规则，对议案的定性处理出现多种意见的，按多数委员意见作出决定。

（三）创新激励机制，促进决策质量

1. 健全列席检委会制度。列席检委会制度条例现代民主政治和权力公正透明运行的要求。基层检委会应健全列席制度，使检委会断案决策工作由相对封闭状态，转变为适度开放状态，以提升检委会决策的认同度和公信力。由于检委会议案具有涉密性，应对列席人员范围、申请程序、列席人员的权利义务和责任的规定细化。

2. 完善委员履职考核机制。建立健全考核机制，采取量化考核、民主评议等方法将检委会委员的工作情况纳入绩效考核范围，实现检委会委员责权利的统一。为保证对检委会决策过程的公开透明度，可通过全程同步录音录相等方式进行过程监督，完整记录检委会委员发言内容，为考核检委会委员提供有效的事实依据。

3. 健全决策责任追究制。健全检委会决策责任追究机制，是创新检委会决策机制的重点和难点。应将检委会讨论疑难复杂案件的责任作为办案责任机制的重要内容，明确检委会非因客观原因而导致检委会决策错误应承担的集体责任或委员意见错误所应承担的具体个人责任。对于因检委会决策错误而导致的冤假错案，应以检委会讨论记录为依据，严格追究检委会委员的责任。

4. 完善业务指导机制，发挥类案指导作用。在司法责任制改革的新形势下，全面发挥检委会既议案又议事的职能，还需要强化对重大案件决策及类案指导的作用。通过对审议的类案进行分析研究，可以形成地区刑事犯罪报告，指导本地区该类案件的办理工作。此外，可以积极探索开展类案监督、类案研讨等，指导办案部门和检察人员统一司法办案标准，充分发挥“类案效应”，有效提升检察工作质效。

（四）实施数字化设施改造，建设科技型检委会

1. 升级检委会软硬件设施，完成数字化改造。推进检委会信息化建设，全面

依托检察机关应用系统、检委会子系统，配备与检察内网连接的独立系统电脑设备、同步录音录像等设备，建设智能会议系统。此外，也要将智能语音识别技术、电子卷宗系统的推广和应用到检委会系统改造中。在检委会子系统中，承办人可以通过系统同步汇报、同步示证，检委会委员可以查阅电子卷宗、法律文书等，完成全程网上流转、网上审议、网上监督。

2. 丰富检委会系统学习内容，熟练掌握系统操作。为更加熟练掌握网上操作流程，需要加强对检委会委员软件应用培训，可以通过编印操作流程指引等方式，组织开展集中学习。此外，还要创新检委会委员集中学习方式方法，及时收集、汇总学习材料，依托检委会子系统平台，强化检委会委员在线学习。

3. 严格网上系统操作流程，提高操作规范化水平。为实现会前、会中、会后程序全程无纸化，需要严格执行检委会子系统操作要求，及时运用检委会子系统及时召开会议，严格流程规定，要求委员都要网上系统操作，确保委员系统内签到、讨论、表决全程规范化，提高检委会工作信息化水平。

（五）拓展工作思路方法，探索创新型检委会

1. 可以开展检察专项业务审议。在强化检委会宏观指导方面，可以利用检委会集思广益、科学决策的优势，充分发挥检委会既议案又议事的职能，将检委会审议的重点从讨论疑难复杂案件扩大到事关全局性、重要性的业务工作，通过检委会审议各业务部门专项工作情况，进一步增进了解、强化沟通、凝聚共识，来推动检察业务工作创新发展，提升执法能力水平。

2. 探索开展委员旁听庭审活动。为监督和跟踪上会审议案件的后续执行情况，可以探索建立检委会委员旁听庭审制度。通过选择检委会审议的重点、难点、热点案件，组织委员观摩案件庭审全程，掌握公诉人出庭指控情况，并根据庭审情况对公诉人的综合表现提出意见，同时提高委员的议案能力和水平。此外，旁听评议案件部门和出庭检察官也应认真落实相关意见，建议提交书面的庭审小结，并将落实情况报告检委办。

3. 加强案例指导和研究工作。“一个案例胜过一打文件”，典型案例在推动办案、指导办案、规范办案中具有重要作用，可以利用检委会职能强化案例研究指导工作。可以通过各部门提交的案例开展案例研讨会，形成类案专题报告，为办理类案和开展专项活动提供指引，还可以开展案件评选、案例编发工作，由检委会委

员组成评选小组，开展典型案例评选活动，对优秀案例进行表彰，充分发挥典型案例的引领示范作用。

（六）关于监督保障

首先，建立评价反馈机制。检委会委员作为检察官，其履职情况当然应进行评价，并将结果计入其个人司法档案。建议赋予检委会办事机构相关考核职能，即由检委会办事机构对历次检委会委员的出席及意见采纳情况进行如实统计，定期通报反馈，并计入司法档案，作为检委会委员晋职晋级、是否连任检委会委员的重要依据。其次，完善纪检监察监督。笔者认为司法责任制改革中，应明确纪检组长和纪检部门负责人不得担任检委会委员，由其对检委会召开情况进行临场监督，包括检委会委员的出席人数、发言顺序及议决程序是否合法合规等。最后，推行职业保障机制。目前，检委会委员所承担的集体决策职能是在其主体工作的基础上额外增加的任务，既不与绩效考核挂钩，也不增加经济收益，责任与权益不相对等。为避免检委会议决案件成为检委会委员的额外负担，应推行职业保障机制，提高检委会委员的政治待遇，设立特殊岗位津贴，以保障其利益诉求。

为增强检委会委员的履职能力，可以探索建立检委会委员履职考核制度，明确委员职责要求，年度内对委员履职情况定期报告。此外，可以建立审议案件反馈报告制度，要求承办部门及时向检委会报送案件后续处理结果，检委办将案件处理结果信息收集、整理、分析后，以书面形式向检委会委员进行报告反馈。此外，检委办也需要定期统计并通报委员学习培训、会议出席情况，强化检委会委员责任意识，增强履职能力。

结　语

实现检委会的创新升级发展，需要紧跟司法责任制改革形势任务，积极探索符合司法规律的办案模式，通过规范化建设来带动组织建设、制度建设和能力建设，从而提高检委会科学民主决策质效。

参考文献

[1]赵光东：《推进司法责任制下基层检察院检委会信息化建设》，载《法制与社会》2019 年第 34 期。

[2]赵聪:《司法改革后检委会的工作制度研究》,载《法制与社会》2018 年第 26 期。
[3]汪海燕:《司法改革背景下检委会的职能定位》,载《国家检察官学院学报》2018 年第 1 期。
[4]马增民:《司法责任制视角下检委会规范化建设的思考》,载《法制博览》2017 年第 27 期。

检察视角下优化营商环境促进企业合规思考

李连廷　王　璇

优化营商环境是新形势下党中央作出的重大决策部署，检察机关必须牢固树“法治是最好的营商环境”理念，坚持客观公正立场，贯彻宽严相济的刑事司法政策、依法履行法律监督职能，在办案的同时促进企业合规经营、着力营造公平公正、安全稳定的法治营商环境，为全社会优质营商环境的形成提供坚强可靠的法治保障。

一、检察机关服务营商环境中的问题

一是思想认识不能满足职责要求。从大的政策层面看，最高人民检察院对检察机关如何服务营商环境有一系列的部署和要求，各地方检察机关也在积极落实，并取得了一定成绩。但是，在某些地方也存在思想上“上热中温下凉”，行为上“用文件落实文件”“会议落实会议”的问题。具体主要体现在对营商环境建设重要性认识不足，学习不够深入透彻，缺乏持久工作准备，落实中央部署工作的主动性和积极性不高。

二是检察法治产品供给与市场需求之间不匹配。实践中，检察机关通过“四大检察”职能的发挥，为营造和维护良好的营商环境提供了安全稳定的社会环境，公平有序的市场秩序也为企业家人身和财产安全提供了法治保障。但市场环境不断变化的复杂性与检察职能的相对稳定性和谦抑性，使得检察产品对市场的供给并不能完全契合市场的需求。

三是“宽严”判断标准不明确导致法律效果难“相济”。宽严相济是我国的一项刑事政策，在检察机关营造和维护良好营商环境的工作中，落实宽严相济的要求普遍存在于服务和保障非公有制经济发展、平等保护产权的文件当中，但具体到检察办案过程中，由于成文法的天然局限性加之办案人员的禀赋气养及社会认知方面的千差万别，如何正确把握和运用“宽严”实现“相济”并不容易，有时候可能会与社会公众的期待认同存在差异，背离司法泯灭社会矛盾的初衷，甚至衍生出新的矛盾与冲突。

四是检察办案职能与检察监督职能发展不平衡。长期以来，对于营商环境的维护，办案职能是一个重要方面，可以最直接而有效地维护市场秩序，打击犯罪。但民事、行政诉讼监督及公益诉讼职能的重要性也不可忽视，尤其是民事诉讼监督与公益诉讼职能。民事诉讼监督最接近营商一线，公益诉讼作为新时代国家治理体系、治理能力现代化改革的重大项目，从一开始就承担着以法治思维与法治方法解决社会矛盾，维护公益，助力依法行政的历史使命，但整体上检察监督职能在维护营商环境的工作中处于弱势。

二、司法保障营商环境遇到的难点和不足

一是司法执法标准有待进一步统一。司法机关对于服务经济社会发展大局的思想认识基本一致，但在司法实践中，服务保障营商环境的司法执法办案标准还不够统一。比如，强制措施的运用、新兴业态经济犯罪的证据标准把握等，公检法之间还需强化共识，在落实最高人民检察院规范办理民营企业案件 11 个执法司法标准的基础上，进一步明确执法司法指引、办案规范。

二是工作联动机制有待进一步完善。目前，南召县人民检察院与兄弟司法单位、行政执法部门密切配合，形成了较强工作合力，但对标南召县国家一流营商环境建设还有一定差距。比如，缺乏营商环境类案件常态化制度化协调机制，执法司法大数据资源共享还不够充分，亟须上级部门牵头，统筹推进。

三是法律监督刚性有待进一步强化。南召县人民检察院立足法律监督职能，努力在优化营商环境中当好党委政府的“法治参谋”，然而在司法实践中，还存在“心有余而力不足”现象。如在支持并服务依法行政方面，检察建议是重要方式之一，但实践中检察建议刚性效力还不足，一定程度上影响了检察职能作用的有效发挥。另外，营商环境公益保护领域能否提起公益诉讼，也有待法律进一步明确和完善。

四是服务保障营商环境的针对性、精准性有待进一步深化。如在对接企业司法需求上，尽管有线上“12309 检察热线”和线下“控告申诉窗口”“民营企业家法

律服务工作站”“法治讲堂”，但渠道平台未能完全满足企业需求。在送法服务或法治宣传上，系统性的法治宣传不够，许多宣传还停留在部门或检察官“各自为政”上，典型案例的梳理提炼不够，缺乏相对固定、具有较高释法说理水平的宣讲队伍。在专业化队伍能力建设方面，金融、知识产权等核心办案团队、业务能手培养培育还不够。

三、检察机关持续推进服务保障营商环境的措施

放眼改革开放以来的巨变，经济快速发展、社会长期稳定“两大奇迹”离不开司法制度的保障。检察机关要把服务保障企业发展作为一项政治责任，以思想破冰引领行动突围，认真履行检察职责，促进企业不断健康壮大。

（一）根据本地检察工作实际，因地制宜促进营商环境发展

一是主动对接营商环境建设需求，切实把准工作重点。以南召县检察机关为例，可以对标南召县打造国家一流营商环境要求，进一步贯彻落实南召县人民检察院《2021 年度服务保障优化营商环境实施意见》，全面抓好司法办案和法律监督，持续深入推动服务保障优化营商环境专项工作落到实处。

二是深化专业化办案组建设，不断提升工作质效。认真梳理总结经济犯罪类、金融类案件办案组运行情况，对照营商环境建设新要求，加强核心专业能力建设和检察业务人才培养，着重解决专业化建设过程中存在的业务、队伍方面的困难和问题，进一步配强配齐金融、知识产权等与服务营商环境相关性更强、专业化程度要求更高的检察官办案组，更好地应对区域高质量发展需要。

三是抓实检察建议、法治宣传等延伸工作，提升检察服务显示度满意度。聚焦主责主业，充分发挥“一个案例胜过一打文件”的作用，汇编近年服务保障营商环境方面的优秀典型案事例，加强法治宣传，进一步凸显检察办案在社会治理、市场秩序、宜居宜业环境等方面的引导和推动作用，在强化检察建议刚性效力上下功夫，努力为推动优化营商环境建设贡献检察智慧。

（二）发挥检察护航作用，支持不同企业蓄势发展

一是不断强化服务市场主体意识。从全国范围来看，检察机关在服务企业发展上还存在不少短板和薄弱环节，被动式服务的现象在一些检察机关不同程度地

存在,特别是有的检察人员仍然存在重打击、轻保护,重法律效果、轻社会效果的错误理念,办理涉企案件时纸上谈兵、机械司法,可捕可不捕的捕了,可诉可不诉的诉了,也有的该严的没有严起来。这些问题极大影响、制约了服务效果。作为检察机关,必须转变观念,防止入罪即诉、一诉了之,应进一步增强服务意识,知责于心、担责于身、履责于行,提升服务能力和水平,更好地保障企业的发展。

二是建立对企业依法附条件的容错机制。相对于自然人犯罪的危害性而言,企业犯罪的危害性相对较低,可以探索建立企业经营管理容错机制,对企业犯罪附条件不起诉。目前,为切实保障民营企业合法权益,优化营商环境,最高人民检察院发布的指导性案例中,对一些涉诉企业作出了相对不起诉的决定。为提供更多有益经验,最高人民检察院还加大探索力度,在一些地方开展企业合规检察制度试点,对企业经营中的违法犯罪建立起依法从宽的规范制度,积极探索建立起与企业合规制度相融的检察工作制度,以丰富的检察实践,助力刑事追诉立法、司法、执法不断健全完善。

三是建立各类企业平等发展的保护机制。在司法办案实践中,民营企业与外资、国有企业,大中型企业与小微企业,企业与个体之间,受到一定程度区别对待的现象还没有完全消除,不同市场主体之间还没有完全实现平等享受机遇、平等开展竞争、平等实现发展。要实施好《民法典》和相关法律法规,依法平等保护国有、民营、外资等各种所有制企业产权和自主经营权,完善各类市场主体公平竞争的法治环境。检察机关作为法治营商环境的建设者、参与者,要认真学习贯彻党中央关于优化营商环境的重要论述和重要指示、批示精神,树牢法治观念,充分履行检察职能,对各类市场主体一视同仁,依法保护其享有经营自主权、财产权和其他合法权益,保护企业经营者人身安全和财产安全。进一步树立服务意识,运用"互联网+"建立健全市场主体维权服务平台,为市场主体提供更加公平高效的检察服务。

(三)发挥检察震慑作用,推动营商环境持续向好

一是坚决营造安定的社会环境。事实充分证明,没有社会的安全稳定,就没有发展的安全稳定。"安全和发展是一体之两翼、驱动之双轮",检察机关要深刻认识我国发展的内部条件和外部环境正在发生复杂变化,牢固树立总体国家安全观,深入学习贯彻新发展理念,坚持把实现好、维护好、发展好最广大人民根本利

益作为出发点和落脚点，依法履行批准逮捕、提起公诉等检察职责。严惩各类刑事犯罪，维护公平正义，维护国家安全和社会稳定，切实保障公民人身、财产安全，以社会安全安定促进发展安全稳定。

二是依法打击经济领域犯罪。依法打击经济领域的犯罪，是检察机关服务构建法治化营商环境的直接手段，有效措施。一方面，检察机关要发挥营造法治化营商环境主力军作用，贯彻落实“审慎、谦抑、善意”的司法理念，最大限度减少对企业正常生产经营的影响，保护企业发展的积极性。另一方面，要宽严相济，突出惩治破坏经济发展的犯罪案件，平等保护民营企业合法权益，为市场主体特别是民营企业提供公平、规范竞争的良好环境。要通过打击经济领域犯罪，树立维护市场公平公正的鲜明导向，引导各类市场主体在法律允许的框架内生产经营。

三是综合运用好“四大检察”职能。要充分发挥刑事检察作用，通过执法办案，依法打击侵犯各类市场主体合法权益的犯罪，贯彻少捕慎诉司法理念，保障市场主体平稳发展，营造法治化、公平透明、可预期的司法环境。

论基层民行检察面临的主要问题及对策建议

靳升宸

基层民行检察是我国民行检察监督体制中极其重要的组成部分，基层民行检察部门作为密切联系群众、服务百姓的业务窗口，其工作效率的高低，办案质量的好坏，直接关系检察机关的社会公信度。为切实履行民事行政法律监督职责，笔者结合当前基层民行检察实际，就监督工作中存在的主要问题进行理性分析，并提出解决对策，同时对基层民行检察监督工作的前景予以展望。

一、当前基层民行检察存在的主要问题

（一）程序立法不够完善

1. 审判人员违法行为缺乏认定标准。《民事诉讼法》和修改后《行政诉讼法》规定对审判人员违法行为予以检察监督，但是既没有明确违法行为的内涵，也没有列举具体形式，之前的司法解释中规定的渎职行为要求是严重违反法律规定，与《民事诉讼法》、《行政诉讼法》法条中审判人员违法行为并非同一概念，导致民行检察部门无法在监督实践中准确认定审判人员违法行为，也使检法两家对于审判人员违法行为监督各持己见。法律规定的较为原则，可操作性不强，导致实践中监督线索发现难，检察机关介入难，违法情形查证难等问题。

2. 法律关于执行检察监督的规定较为原则。《民事诉讼法》及最高人民检察院的监督规则都明确赋予了检察机关对民事执行法律监督的权力，但通过两年的实践表明，检察机关在执行监督方面仍然存在执行监督范围不清的问题。《民事诉讼法》只有第235条一句话原则性规定，“两高”的执行监督试点办法规定的范围较窄，最高人民检察院的监督规则关于“执行监督”也只有3条。究竟哪些执行活动可以纳入检察监督范围，实践中非常困惑。

3. 法律未明确调查核实权行使的程序保障措施。程序性是法律监督权的基本属性，法律监督的权威性应体现在它必然引起一定程序，以及被监督者必须做出法律规定的反应，否则就改变了法律监督权的本质。虽然修改后的《民事诉讼法》赋予了检察机关调查核实权，但是由于法条规定的较为原则，并未对调查核实权行使的范围和方式等具体程序方面作出必要的细化，没有给予调查核实权规范行使的规则保障，造成实践中操作随意性较大和权力行使不畅的问题。《民事诉讼法》及相关司法解释并没有明确调查核实权的程序保障措施，更没有赋予民行检察部门对于不配合调查核实的公民和单位的相应的处罚措施，不利于民行检察监督职能的顺利实现。

（二）监督能力亟须提升

1. 基层民行检察队伍的整体素质有待提高。任何工作都要靠有能力、想干事的人来完成。检察人员承担着法律监督的重任，自身执法，又要监督他人执法，没有过硬的本领是难以做好本职工作的。就当前基层民行检察民行队伍状况来看，有的民事法律知识基础薄弱，理论水平较低，业务知识面狭窄，工作能力有限，平时又不注重学习，有时疲于应付日常工作，工作要创新发展难度很大。

2. 事多人少矛盾较为突出。民行检察监督范围广、法律法规多，基层民行检察人员整体偏少，工作任务重，工作压力大，监督力量不适应监督任务的需要。

3. 履行新增职能的水平需要提高。《民事诉讼法》修改实施后，民事执行、审判程序监督案件不断上升，但熟悉了解新增职能的专业人才缺乏，部分基层民行检察人员存在畏难情绪和等靠思想，不敢监督、不愿监督、不会监督现象一定程度存在。

4. 少数民行检察人员规范执法意识不强。少数基层民行检察人员规范执法意识不强，对办案流程和办案要求不熟悉，有些监督案件办理不规范，影响了监督效果。

（三）基层基础不够扎实

少数基层检察院领导受传统重刑轻民思想影响，没有将民行检察工作摆在重要位置，重视不够，支持不足。基层检察院民行检察队伍中，年龄结构不合理、业务骨干流动过快等问题仍较突出，监督职能难以有效履行。民行检察宣传等基础工作仍显不足,多数地方对民行检察职能和修改后《民事诉讼法》的宣传力度不够,民事检察监督职责特别是审判程序监督、执行监督职责的社会认知度较低,申请检察机关监督的案件数量相对偏少,许多基层检察院存在案源不足问题。

二、加强和改进基层民行检察工作的对策

(一)强化学习,更新观念,提高监督能力

1. 加强业务学习,提高队伍素质。加大对基层民行检察人员的教育培训力度,切实学习法律业务知识;大力倡导学习风气,营造良好的学习氛围,让民行干警把学习化作长期坚持的自觉行动,做到理论联系实际,学以致用,提高检察监督的实战能力。要积极开展调查研究,对监督工作中遇到的新情况、新问题认真研究,不断总结提高。

2. 顺应改革形势,更新监督理念。坚持加强法律监督、维护司法公正的要求,全面强化对民事行政诉讼活动的监督。认真学习贯彻修改后《民事诉讼法》和《行政诉讼法》,继续抓好最高人民检察院《关于深入推进民事行政检察工作科学发展的意见》的落实工作,切实转变"重刑轻民"思想,牢固树立服务大局和多元化监督理念,做到敢于监督、善于监督、依法监督、规范监督,充分发挥基层民行检察监督在经济社会发展中的积极作用。

3. 采取多种方式,提高监督能力。通过充实、调整、引进等方式把熟悉民商法并具有司法实践经验的人员安排到基层民行检察部门工作,保持基层民行检察队伍特别是业务骨干的相对稳定,探索遴选熟悉民事执行和民事审判工作的人员充实民行检察队伍。积极开展多种形式的岗位练兵和业务竞赛活动,推动队伍专业化建设。更加重视对基层民行检察人员的教育培训和调研指导,不断提高基层监督能力,充分发挥基层职能作用。

(二)完善立法,建立民行检察工作机制

1. 完善民行检察监督立法,增强可操作性。建议从法律上明确规定检察机关监督民事行政诉讼的具体范围、监督手段和具体措施;应明确规定人民法院接受检察监督的法定义务和消极接受监督的法律后果,以增强检察监督的可操作性。

2. 完善调查核实权行使的保障机制。进一步完善检察调查核实权的相关立法。一是明确规定被调查单位和个人的配合义务。检察机关因履行法律监督职

责的需要向相关单位或个人借阅、调取相关材料或者询问有关事项的，被调查对象应及时提供有关材料和信息，不得推诿拒绝。二是应赋予检察机关对妨碍调查核实行为的责任追究权。为了确保民行法律监督调查核实权落到实处，使违法行为人受到惩戒，应赋予检察机关违法责任追究权，可以规定被监督对象无正当理由拒绝配合调查核实的法律责任。三是应规定检察机关违法行使调查核实权所取得证据不具有证明效力，防止检察权的滥用。

3. 应明确检察建议的法律效力。为保障检察建议监督实效，建议推进立法完善，从法律上规范检察建议，赋予其较为刚性的保障措施，规定检察机关经调查核实确认的审判人员违法行为而发出的检察建议，同级法院必须在法定的时限内予以落实和回复，否则就承担相应的法律责任。同时，应积极推动检察建议立法，设立专门的《检察建议法》，明确检察建议的形式，细化种类，确定效力，促进检察建议的完善。

落实认罪认罚从宽制度的适用问题研究

吴东帆

新修订的《刑事诉讼法》确立了认罪认罚从宽制度，为切实促进该制度落地实施，发挥检察机关在适用认罪认罚从宽制度中的主导地位。笔者对刑事案件进行梳理，并对认罪认罚从宽制度在实践应用中出现的问题以及产生的效果进行归纳和分析。

一、当前认罪认罚制度在实践应用中存在的问题及原因分析

（一）犯罪嫌疑人的辩护权、对法律的知悉权，律师参与情况有待完善

“犯罪嫌疑人认罪认罚的，人民检察院应当听取辩护人或者值班律师的意见，并记录在案。”“犯罪嫌疑人自愿认罪，同意量刑建议和程序适用的，应当在辩护人或者值班律师在场的情况下签署认罪认罚具结书。”基于该规定，在认罪认罚从宽制度的落实过程中，值班律师不可或缺。但实践中，由于司法管理机关、财政部门尚未对值班律师的派驻问题作出规定，值班律师经费无法保障，司法管理部门不愿向检察机关派驻值班律师，即使有值班律师，值班律师责任心不强，没有真正的融入案件，提出客观的意见，仅仅是同意检察机关的量刑建议，仅仅起到见证作用，难以发挥作用，导致犯罪嫌疑人对案件到底如何定性、该如何量刑没有概念，加上习惯性思维认为案件判决及量刑属于人民法院的事务，直接导致审查起诉阶段认罪认罚制度适用比例不高。

（二）认罪认罚从宽幅度不明确，出现检察官自由裁量权行使不当的问题

承办人员在办案中执法理念不统一，要么不敢大胆从宽，导致认罪认罚与认

罪不认罚在量刑建议上区别不明显；要么从宽太过，提出的量刑建议人民法院难以接受。

（三）认罪认罚从宽制度与诉辩交易的概念混淆不清，需要进一步规范

适用认罪认罚制度时，理解、操作易有偏差，在犯罪嫌疑人不认罪、案件证据不足时常常流向诉辩交易，案件质量难以保障。

（四）个别法官思维固化，认为检察机关限制其审判权，导致量刑建议采纳率不高，检察机关缺乏量刑建议合理采纳的保障机制

个别法官在办案中认为审判权是法院的权利，检察机关提出量刑建议，尤其是确定刑时有抵触情绪，没有正确把握“明显不当”的概念，在判决时不采纳检察机关提出的量刑建议。而检察机关提出抗诉时因量刑差异不大，有时难以获得二审法院的支持。

二、认罪认罚从宽制度的具体路径

南召县人民检察院（以下简称南召县院）在《刑事诉讼法》修改之后极力推行认罪认罚从宽制度，通过与司法局、法院会商，分析认罪认罚从宽制度实操过程可能出现的问题，并制定相应的措施，三方就办理认罪认罚从宽案件达成一致意见，在司法实践中已经取得了议定的成效。如“一站式办理”“集中办案”模式，采用“社会调查评估前置”“诉前会商”等程序，加上通过繁简分流，实现刑事案件速裁案件快审快判，复杂案件规范办案。南召县院选定交通违法类刑事犯罪作为试点开展认罪认罚从宽制度，特别是速裁程序的适用大大提高了检法两院的办案效率，初显成效之后，认罪认罚从宽制度逐步推广至其他案件。

2019 年 1 月至 5 月，南召县院提起公诉 288 人，提出量刑建议 275 人，量刑建议的提出率达 95.49%，已被法院采纳 158 人，量刑建议采纳率达 57.45%。其中适用认罪认罚从宽制度提起公诉的有 165 人，一审判决 143 人，法院采纳 142 人，量刑建议提出率为 100%，采纳率为 99.30%。认罪认罚从宽适用率达 63.19%。提高量刑建议的精准度，保障认罪认罚从宽制度顺利实行，取得了良好成效。

南召县院从以下几个方面着手推行认罪认罚从宽制度：

（一）建立机制，为速裁案件办理提供制度保障

《刑事诉讼法》修改之后，南召县院经过充分调研并与同级法院、司法局充分协商，于 2019 年 2 月，联合会签了《关于办理认罪认罚从宽刑事案件的意见》。该意见实施后，检、法、司协作配合，通过检察官、法官、律师联合办案，大大提高了办案质效。同时了节约了司法资源，检察官能有更多的时间运用到疑难、复杂案件的审查办理中，缓解了办案的压力。

（二）从刑罚种类、刑罚执行方式着手，保障量刑建议的精准度和采纳率

1. 适用“诉前会商”制度。南召县院对往年案件进行数据分析，就常见罪名的量刑进行归纳总结，并与法院达成共识。对不常见罪名及有重大影响、比较敏感、定罪量刑有重大分歧案件，在提起公诉前，就案件定性、刑罚的种类、刑期长短、刑罚执行方式、罚金数额、庭审程序、量刑建议等方面与审判人员积极会商，解决在庭审中可能出现的问题，提前解决争议问题，力争达成共识，有力保障量刑建议的精准度及法院判决采纳率。

2. 适用“社区矫正调查评估前置”程序，同时适度简化社会调查工作程序。对于可能判处管制或者适用缓刑的案件，南召县院在受理案件后立即出具委托调查函，委托司法局开展调查，人民法院审理案件时不再重复委托评估，避免因调查评估结果的不确定性引起的量刑建议不适当的问题，同时避免案件开庭审理后为等待社区矫正调查评估结论而久拖不结。而对于大部分轻微刑事案件、危险驾驶类、过失犯罪案件，听取犯罪嫌疑人所在单位、基层地方村委会意见。由上述单位出具书面意见，在庭审中递交法庭，法院一律采纳。

（三）多措并举，速裁案件规范化办理

1. 繁简分流。案管中心受理案件时对案件进行审查分流，把符合速裁程序审理的案件分流至速裁办案组，并指定一至两名检察官专门办理速裁案件，速裁检察官一旦发现不宜适用速裁程序立即转交其他检察员办理。通过专业化分流，避免因自由裁量引起不同的检察官办理同类案件的偏差，实现真正的公正公平。

2. 快速办理。(1)简化办案文书。南召县院与登封县人民检察院对接，学习登封办案模式，在文书简化方面，切实结合办案的实际需要，在审查起诉阶段，速

裁案件只有认罪认罚从宽制度告知书、讯问笔录、具结悔过书，被害人权利义务告知书及听取意见记录等，审查报告、庭审质证提纲、答辩提纲不再制作，减轻工作量、提高办案效率。(2)社区调查工作限时完成，保障案件快速审结。社区矫正调查评估3个工作日、审查起诉5个工作日、提起公诉同日开庭审理、当庭宣判。速裁程序案件实现7日内审查起诉、审判终结，实现真正意义上的速裁。

3. 双固定办案。每周二、周四为速裁案件工作日，速裁案件集中审查起诉，集中开庭。法律文书送达、权利义务告知、认罪认罚具结书的签署、律师服务、讯问、庭审、宣判，1～2天办完，便利快捷、耗时短、方便人民群众。

速裁程序的适用，突出了快诉快判，进一步加快办案时效，使速裁案件的办理更加透明、便捷、规范，提高了办案质效，也更加便民利民，赢得了社会群众的好评。

(四)简易程序案件、普通程序案件严格公正司法

1. 严格证据标准，保障案件质量。检察官在接收案件之初就对案件进行全面审查，对于犯罪嫌疑人不认罪、事实不清、证据不足的案件，依法办案，严格区分“认罪认罚从宽制度”与“诉辩交易”的界限。对于“事实不清、证据不足”的案件，依法行使退回补充侦查权，引导侦查机关全面收集证据，客观审查证据。不以“可以从宽”劝解犯罪嫌疑人“认罪”，更不能因犯罪嫌疑人认罪认罚就降低起诉标准，坚持“事实清楚、证据确实、充分”方可提起公诉，切实防范起诉质量不高问题。

2. 坚持宽严相济形势政策，精准把握从宽幅度。坚持宽严相济。对于罪刑及其恶劣，后果及其严重，有重大不良影响的案件，即使犯罪嫌疑人认罪认罚，也可以不予从宽。但是对于一般案件，积极推行认罪认罚从宽制度。同时，对从宽的幅度参考近段时期同类案件的判决结果，进行数据分析，适度从宽。

综合考量全案因素，准确量刑。确定从宽幅度时，分析案件事实、情节、社会危害程度、再犯危险性、被害方的意见、犯罪嫌疑人认罪悔过的程度、犯罪嫌疑人本身及家庭是否特别贫困等情况，确定从宽处罚的幅度，尤其在确定刑罚执行方式、罚金数额方面做到客观全面。

量刑建议精准化。就量刑问题与法院进行交流，就常见罪名的量刑规律和标准达成共识，并在办案过程中结合案件开展施法说理工作，提高群众对常见罪名量刑结果的接纳度。

三、下一步工作的思考

促进认罪认罚从宽案件办理规范化，实现公正高效，笔者认为应主要从以下六个方面为抓手：

1. 理念上要树立证据意识。坚持起诉标准不放宽。坚持审查起诉的结果来源于案件证据，不受犯罪嫌疑人认罪认罚的影响，坚持证据标准，重证据、轻口供，加强关键证据的审查判断，切实保障案件质量。

2. 强化施法说理。在案件中进行施法说理，不仅从案件定性方面说明，还要从如何量刑上说理，不仅要向犯罪嫌疑人说理，还要向被害人说理，做到办理一案，明晰一方，消化矛盾，化解信访，让犯罪嫌疑人及被害人从心里接受认罪认罚从宽制度。

3. 规范量刑审查起诉及庭审程序，切实保障犯罪嫌疑人的辩护权。在审查起诉阶段，保障律师的量刑辩护权，辩护律师可就量刑进行调查取证，检察机关应当为其提供便利，并协调公安机关积极查证落实，必要时自行核查。切实保障辩护律师的阅卷权以及表达辩护意见的权利。认真听取辩护律师的意见，并就如何量刑与辩护律师进行探讨。庭审中，重视辩护人及被告人提出的辩解意见，尤其是关于量刑的意见，切实按照最高人民法院、最高人民检察院《关于规范量刑程序若干问题的意见(试行)》的规定，通过起点刑、基准刑、宣告刑的辨析，准确分析被告人的刑罚。

4. 加大认罪认罚从宽制度的宣传力度。通过宣传让群众知晓认罪认罚从宽制度，通过宣传让群众知道什么样的案件，什么样的情节，不认罪如何量刑，认罪如何从宽，提高犯罪嫌疑人对认罪认罚从宽制度的接纳度。

5. 加强内外协作，健全办案机制。积极与公安局会商，提高侦查人员对“认罪认罚从宽”制度的思想站位，在普通刑事案件的侦办过程中加大认罪认罚从宽制度的适用比例。积极与法院会商，检法两院联合会商制定规范性文件，进一步扩大常见罪名的量刑指导范围，保障量刑建议的质量。提高法官对量刑建议的采纳率，实现检、审办案效率双提升。积极与司法局会商，提高刑事案件的法律援助比例，在侦查阶段值班律师及时介入，就案件定性及可能出现的量刑结果对犯罪嫌疑人进行普法，提高犯罪嫌疑人对自己犯罪行为的认识和刑罚后果的预判，为日后审查起诉阶段犯罪嫌疑人接受量刑建议扫清思想障碍。

6. 明确认罚从宽幅度，解决实践中的客观难题。统一从宽标准，实现认罪认罚从宽透明化、公平化，减少自由裁量权对刑罚结果的影响，真正实现同类案件同类判决。

浅析以检察职能保障和改善民生

李连廷

一、充分发挥检察职能作用，切实做好保障和改善民生的各项工作

检察机关的每一项工作都与民生密切相关。检察机关要坚持以履行好以法律监督职能为最基本、最直接的途径，以促进解决人民群众最关心、最直接、最现实的利益问题为突破口，有针对性地加强和改进检察工作，促进民生问题的解决。要严厉打击危害人民群众生命财产安全的犯罪活动，维护民生之基。对严重侵犯公民人身及财产权利或影响群众生存环境的犯罪案件、侵害民生的职务犯罪案件、重大责任事故案件要加大诉讼监督维护司法公正的力度，保障民生。着力发现和查处执法不公背后隐藏的司法工作人员贪赃枉法、徇私舞弊等腐败案件，从根本上保障司法公正。要积极做好化解矛盾纠纷工作，保障民生。强化检察环节的和解工作，积极探索开展轻微刑事案件、民事申诉案件和解工作，建立健全检察环节促进和解与社会调解的对接机制，切实化解矛盾纠纷。要扎实做好民生领域的预防犯罪和综合治理，巩固民生之本。推进与民生相关的重点行业、重点工程项目的职务犯罪预防共建机制，开展农村职务犯罪预防，促进相关行业、部门的内部制约机制建设。

二、进一步创新完善民生案件办理的工作机制，切实增强保障和改善民生的实效

1. 创新是检察工作发展的不竭动力，也是检察机关能否更好地保障和改善民生的关键所在。检察机关必须怀着对人民群众的深厚感情，紧紧围绕人民群众的新期待新要求，不断创新办好民生案件的工作机制，使民生问题在检察环节得到更好的解决。

2. 创新受理民生案件的工作机制。健全全省统一举报电话和网上举报平台的应用机制，加强举报宣传，对举报案件的受理、移转、办理、回复等工作程序严格规范，落实实名举报的书面说理答复制度，确保群众诉求渠道畅通。规范检察机关内部民生案件信息的流通和处理机制，明确责任，确保信息资源得到整合利用。建立检察联系乡镇街道的制度，延伸检察工作触角，及时深入地了解、发现民生热点和难点问题。

3. 创新民生案件及时办理的工作机制。完善对涉及民生严重刑事案件的提前介入机制，引导侦查机关尽快查明案情、固定证据，及时依法打击犯罪。建立检察环节民生案件优先审查办理机制，对民生案件及时汇报和分流，第一时间审查，优先办理，及时反馈。有针对性地组织开展民生领域的职务犯罪侦查和诉讼监督专项工作，促进民生问题的改善与解决。建立重大民生案件报告、备案制度，省、市院积极运用督办、参办、提办等方式对重大案件办理加强指挥和指导，确保案件得到及时有效查办。

4. 创新提高民生案件办理效果的工作机制。严格把握民生案件办理的法律政策界限。特别要正确区分和处理民生领域工作失误与违法犯罪的界限。办案要讲求统筹解决，把解决法律问题与解决群众实际困难一起抓，特别是要加强对被害人权利的保障，努力为被害人挽回经济损失，健全落实对因犯罪行为致生活困难的被害人的司法救助制度。办案要讲求提高公信力，认真听取案件当事人的意见尤其是被害人意见，对群体性案件要积极走访群众、基层组织及相关部门并听取意见。

三、扎实推进执法规范化建设，切实提高检察机关保障和改善民生的能力和水平

严格公正文明执法，是对政法机关的基本要求，也是保障和改善民生的题中之义。我们要坚持以严格公正文明执法为目标，进一步加强检察队伍建设，完善执法监督制约机制，加快科技强检步伐，不断提高检察机关规范执法、保障和改善民生的能力和水平。

1. 加强队伍政治业务作风建设，夯实规范执法基础。结合开展大学习大讨论活动，深入推进社会主义法治理念教育，围绕“依法治国、执法为民、公平正义、服务大局、党的领导”五个方面的要求，进一步细化理念教育的目标和措施，扎扎实

实予以落实,切实以社会主义法治理念武装思想,指导实践。加强对队伍的系统性能力培训,特别要注意通过多种方式,围绕办理民生案件所涉及的法律问题进行针对性、专题性培训,深入开展相关的岗位技能训练,重视培养干警的社会综合素质和群众工作本领,提高解决民生问题的能力。深化作风建设,解决队伍作风方面存在的突出问题,做到公正执法、廉洁从检,树立起检察干警在群众心目中的良好形象。

2. 加强内外部监督制约机制建设,优化规范执法管理。积极主动接受人大监督,深化人民监督员试点工作,健全向人大代表工作通报制度,通过检察网站等形式向社会公开执法程序和执法纪律、公开查询案件办理进度及相关信息,广泛接受人民群众监督。深入开展检务督察工作,对撤案、不批捕、不起诉、无罪判决等重点案件,以及落实依法办案规定情况进行重点督察,坚决防止和克服对相关案件处理不当,以及超时限审讯、不文明办案、违法处理扣押冻结款物、不依法保障律师正常执业权利等执法不规范情况。

3. 加强检察执法信息体系建设,强化规范执法支撑。深刻认识新形势对检察执法信息化水平提出的要求,以执法信息体系建设为重点,推进科技强检,规范办案运行,强化办案支撑。在以往探索实践的基础上,积极谋划和逐步推进全省三级院、各有关业务部门统一规划、有机衔接的执法信息库建设,全力配合全省层面的行政执法与刑事司法信息网络共享平台建设,建立对社会公共管理信息的协查机制,推动建成全方位的检察信息体系。完善信息的采集、管理和服务机制,加强对信息的研判、转化,促进信息的整合与利用。

浅议新时代检察机关的侦查监督

邵明珠　孙灵宝石

党的十九大报告指出，中国特色社会主义进入新时代。新时代，检察机关刑事诉讼监督工作面临新的要求。检察机关要在习近平新时代中国特色社会主义思想的指引下，践行以人民为中心的发展思想，把握新时代检察工作新形势新任务，开辟检察机关刑事诉讼监督的新局面，让人民群众有更加实在的获得感、幸福感、安全感，努力让人民群众在每一个司法案件中都感受到公平正义。笔者试从检察机关监督公安机关的侦查活动进行分析，旨在通过管中窥豹，寻找刑事诉讼监督的不足，进而提出相关完善措施。

一、刑事诉讼监督的基本理论

（一）刑事诉讼监督的理论依据

侦查监督是检察机关开展刑事诉讼监督的一种，刑事诉讼监督方式是刑事诉讼监督的核心内容，检察机关以何种方式实现法律监督的目的？人民检察院是国家的法律监督机关，这是由我国《宪法》和《人民检察院组织法》明确规定的，检察机关对刑事诉讼依法实行法律监督。2012 年《刑事诉讼法》在原有的监督范围上进行了扩展，从监督机制、监督手段、监督方式都有了进一步的发展和充实，为检察机关依法履行法律监督职能，维护司法公正、高效和权威提供了制度保障。

（二）刑事诉讼监督的概念

刑事诉讼是指刑事案件从初查开始，经过立案、侦查、起诉、判决直至执行的诉讼过程，检察机关根据法律规定，在这一系列的刑事诉讼过程中，依法履行法律监督职责，称为检察监督权。在具体的司法实践中，检察机关对侦查活动、审判活动以及刑罚执行等机关的行为是否合法进行判定，进而支持、反对其行为并提出纠正意见或者抗诉等检察业务活动。此外，检察机关还对律师及其他诉讼参与人的活动进行监督。由此可见，刑事诉讼监督涉及面广，涵盖了政法机关中的刑事诉讼活动，它作为一种刑事诉讼司法救济程序，在维护社会公平正义方面，起到了关键作用。当刑事案件在侦查、审判等方面存在程序或实体不公正时，检察机关将履行法律监督职责，对案件的刑事诉讼提供司法救济。因此，刑事诉讼监督权的实施，有利于促进司法公正，维护公平正义，防止司法人员腐败，使案件当事人的正当权利得到有效保障，从而保障国家法律的统一正确实施。

（三）刑事诉讼监督的意义

1. 刑事诉讼监督尊重和保障人权的体现

“国家尊重和保障人权”已被写入《宪法》。为了贯彻宪法精神，早在 2012 年 3 月 14 日，十一届全国人大五次会议就已经通过修改《刑事诉讼法》的决定，将“尊重和保障人权”写入总则，体现了我国社会主义的民主性。也就是说，在刑事诉讼中，保障人权是宪法的要求。实现惩罚犯罪与保障人权二者的平衡，刑事诉讼监督充当了权力制衡机制。

2. 刑事诉讼监督有利于保证刑事诉讼的顺利进行

要使每一个案件都体现出公平正义，不但要实体公正，更要程序公正。对于每一起案件的办理，只有在每一个办案的环节都严格遵守《刑事诉讼法》，遵循程序正义法则，刑事案件才可以顺利开展，才会实现政治效果、社会效果、法律效果的统一。检察机关履行发挥刑事诉讼检察监督作用，监督侦查机关、审判机关、执行机关依法行使职权，有利于刑事诉讼的顺利进行。

二、完善刑事诉讼监督机制，提升监督效能的思考

（一）加强检察干警的监督意识

我国《宪法》和《刑事诉讼法》都规定了检察机关的诉讼监督职能，检察干警应加强刑事诉讼检察监督意识，统一思想，提高认识，增强诉讼监督的责任感和使命感，努力开拓刑事诉讼监督的新局面。要在全体干警中树立不愿监督、不敢监督是失职，随意监督、滥用监督是渎职的理念，实现对刑事诉讼全过程的检察监督，及时纠正在这过程中的严重违法行为和错误裁判，最大限度地保护案件当事

人的合法权益，保障司法公正。

（二）完善刑事诉讼监督立法

要解决检察机关刑事诉讼监督疲软的总则，一是要在《刑事诉讼法》《检察院组织法》《法院组织法》中突出规定检察机关的法律监督地位和作用，强化诉讼监督职能，使之与宪法和有关法律相适应。二是使检察机关的法律监督有法可依。在刑事诉讼监督的范围、内容、程序、效力等方面作出具体的规定，细化被监督的机关不履行检察机关的监督事项时承担的法律后果，进一步明确检察机关的权利和义务。三是赋予检察机关一定的处置权，确保法律监督的实际效果。例如，从法律上明确《要求说明不立案理由通知书》和《立案通知书》等法律文书的效力，赋予检察机关对拒不接受监督的单位和个人有（建议）处罚权。

（三）完善工作机制，拓展监督线索来源渠道

一是探索建立公安机关立案备案审查制度，要求公安机关定期将报案、立案、撤案、治安处罚等情况书面告知检察机关，将监督关口前移，变事后监督为事前监督、事中监督。二是深化行政执法与刑事司法相衔接工作机制，把立案监督的重点放在事关民生、社会危害性大、严重影响经济发展和社会和谐稳定的案件上，着力保障和改善民生，着力解决人民群众反映强烈的执法不严、司法不公问题上。三是要加强对监督案件督办力度。对于监督事项，要厘清承办人和部门负责人的责任，限期督办，加强督促，确保每一起刑事诉讼监督的案件有结果、有效果。

（四）转变执法观念，把“敢监督”和“善监督”相结合

刑事诉讼监督对于维护当事人的合法权益，预防和惩治腐败，维护司法公正中起着举足轻重的作用。在开展刑事诉讼监督工作中，必须牢固树立打击犯罪和保护人权并重，实体和程序并重，以事实为根据、以法律为准绳的执法理念，坚决摈弃以往重配合、轻监督的错误观念，真正把“尊重和保障人权”落到实处。一是在派员参加重大案件提前介入或参与讨论时，要侧重对公安机关的侦查活动是否合法实施监督，及时发现和纠正侦查人员的违法行为。二是加大对逮捕执行的监督力度。实践中，有些公安机关在检察机关作出批准逮捕决定后，违法变更强制措施，这种情况时有发生。为此，检察机关应对公安捕后变更逮捕强制措施的案

件提高监督的质量,以维护法律的严肃性和权威性。三是切实提高追捕到案率。检察人员在审查案卷过程中要注意捕捉漏犯线索,及时有针对性地制发追捕建议,并在后续阶段加强与公安承办人的沟通,对已发追捕建议逐件跟踪公安抓捕措施及落实情况,提高追捕逃犯的到案率。

(五)进一步加大刑事诉讼监督工作宣传力度

全面贯彻落实国家机关"谁执法、谁普法"普法责任制意见,在宣传法律过程中,创新普法方式,采取送法下乡、新闻媒体报道典型案例、以案释法等多种形式,进一步加强检察机关职能的宣传力度,让群众知晓检察机关对刑事诉讼的监督职责,提高他们参与检察机关履行诉讼监督的积极性,拓宽检察机关刑事诉讼监督线索来源,为刑事诉讼监督工作的开展营造良好的环境。

全面提升新时代检察机关法律监督质效研究

李连廷

一、新时代检察机关法律监督的新理念

1. 讲政治与抓业务有机结合的理念。首先是政治机关，必须始终把讲政治摆在第一位。检察理论研究和检察实践要旗帜鲜明讲政治，坚持党的绝对领导，坚定不移走中国特色社会主义检察道路。讲政治不是说空话、喊口号，离不开具体业务。检察工作是政治性极强的业务工作，也是业务性极强的政治工作。一些深层次的法律制度建设本身就是政治问题。检察机关作为党和人民的刀把子，所有的业务问题都紧密关联国家安全观，关联人民群众获得感、幸福感、安全感。要善于运用政治思维政治智慧，把讲政治融入具体业务工作的每一个环节，落实到各项检察业务工作。

2. 以办案为中心、办案与监督相统一的理念。随着司法责任制改革不断深入，司法办案在检察工作的中心地位更加突出。检察权不能离开办案单独存在。离开办案，监督就是空中楼阁。检察机关的法律监督职能说到底要在办案中实现，案件办不好，监督必然要落空。因而要坚持以办案为中心强化新时代法律监督，在办案中监督、在监督中办案的工作思路。

3. 政治效果、社会效果和法律效果统一的理念。坚持党对政法工作的绝对领导，坚持以人民为中心的发展思想，坚持中国特色社会主义法治道路，不是空洞的，不能就案办案，特别是办理重大案件、热点案件要有政治智慧、法律智慧，着重讲效果。要领会好、运用好习近平新时代中国特色社会主义思想，实现政治效果、社会效果、法律效果的有机统一，让执法司法活动既有力度，也有温度。

4. 协调发展、充分发展的理念。《宪法》和法律赋予检察机关审查逮捕、审查提起公诉、诉讼监督、提起公益诉讼四个方面主要职能是协调发展的整体，这些职

能内在统一于检察机关的法律监督属性。要全面办理各类案件，同时在刑事检察中注重确保各项监督职能的协调充分发展。通过全面办案解决办案和履职的不平衡不充分问题，以全面办案实现检察工作全面发展、队伍建设全面加强。

5. 监督者与被监督者双赢多赢共赢的理念。法律监督作为防错、纠错的程序性机制和制度性安排，多数情况下不具有终局性实体决定权。在办案中既要讲法律智慧也要讲政治智慧，要建立、建设监督与被监督的良性、积极关系。与此同时，执法司法机关要树立、养成共同的执法司法理念，充分认识法律监督的目的就是要维护法律权威、推动法律执行好，监督者和被监督者有着共同的价值追求，没有你赢我输。只有监督者和被监督者的双赢，才会有社会公正、人民利益的多赢，才能赢得人民群众对政法工作的信赖。

6. 职能一体化与队伍专业化相统一的理念。以往实践中检察机关法律监督有“偏软偏弱”的问题，其中法律监督职能按照诉讼阶段和案件类型纵横分割，诉讼和诉讼监督、监督和制约职能没有有效衔接、形成合力。因而要改变用诉讼程序上的“专门化”代替办案“专业化”的习惯思维，推动检察职能的相对集约化行使，在专业素能的“画像”上逐步用检察官一元化形象取代“诉讼阶段承办人”的形象。

二、新时代检察机关法律监督的新作为

1. 树立中国特色社会主义检察制度自信。将检察机关确定为专门的国家法律监督机关，是我党领导依法治国实践的创举，也是中国检察制度的最鲜明的特征和最显著优势，经过长期实践检验，得到人民群众的广泛认同。检察机关的法律监督不必通过外国现成的检察制度和诉讼制度框架来解释论证，而是要牢固树立“四个自信”，保持政治定力和战略定力，以法律监督宪法地位为规范基础，以党领导下的检察工作实践为实证基础，坚定不移探索、创新、践行新时代中国特色社会主义检察道路、检察理论、检察制度和检察文化。

2. 探索捕诉合一推动检察职能集约化行使。基层检察院内设机构改革中，全面施行“捕诉合一”改革，检察一部（普通刑事案件检察部）、检察二部（职务犯罪和商业犯罪检察部）依据普通案件和特殊案件的案件类型划分，推动刑事检察职能一体化与队伍专业化建设协同并进，做实检察机关审前主导作用，促进大控方格局形成。在批准逮捕后督促公安机关继续侦查，提供庭审所需证据材料；在不

批准逮捕后开展不捕案件跟踪监督，将区分不同不捕类型，重点监督不捕后继续侦查、犯罪嫌疑人释放、撤销案件或侦查终止等工作落实。

3. 加强诉讼监督专业化体系建设。建立专业化诉讼监督检察官队伍，强化检察官的监督理念，牢固树立诉讼监督的案件意识、规范意识和质效意识，让检察官成为办理诉讼监督案件的主体，提高诉讼监督在业务考评中的权重比例，全面评价检察官的工作实绩；建立专门化诉讼监督办案组织，探索设置检察官办公室作为办理诉讼监督案件的最基本单位；建立专门化刑事诉讼监督机构，健全内外监督协作机制，搭建统一的监督线索收集、评估、流转、处置平台。

4. 推动法律监督职能的程序法治化。检察机关着力开展检察办案制度探索，先后制定完善案件种类、办案方式、案件承办确定、检察长直接办案、办案组织等制度机制，构建检察官办公室，探索建立重大刑事诉讼监督事项案件化办理程序，确定 126 种案件类型和 4 种主要办案方式，将所有办案活动全面纳入流程监控、质量评查和绩效考核，扎实推进入额领导干部办案规范化、常态化。同时逐步建立从受理、立案、审查、结案、提出法律监督意见到制发相关法律文书全过程程序化的办理机制，建立一整套服务于办案的配套制度，实现法律监督办案工作的统一性、规范性、准确性。

5. 推进法律监督调查职能的规范化运行。检察机关在履行刑事、民事、行政诉讼监督以及提起公益诉讼时，可以对相关证据进行调查、收集、核实。当调查对象是司法工作人员的时候，调查权限应当具有较高刚性以及充分保障。推动法律监督调查和行政执法活动的有效衔接，在行政公益诉讼中借鉴刑事诉讼程序中要求公安机关提供法庭审判所必须证据材料的做法，要求行政机关提供公益诉讼必须的证据材料。在民事诉讼监督、民事公益诉讼中也要找准地区经济社会发展大局着力点，争取党政机关理解支持，邀请人大代表、政协委员或人民监督员主持召集重大案件调查庭，要求其他组织、个人到庭就了解的案件事实说明情况。

6. 加强行政领域法律监督探索。检察机关在履职活动中发现行政机关有违法行使职权或者不行使职权的行为，有权督促其纠正。检察机关对接行政机关的备案审查机制，探索对行政规范性文件监督的新路径，将各级法院行政诉讼、检察院行政诉讼监督及公益诉讼涉及规范性文件的审查，各级行政机关制定规范性文件和规范性文件合法性审查及备案审查等工作纳入衔接审查范围，行政机关和法院、检察院之间可以就特定的规范性文件相互听取对方的意见，进一步形成行政监督和司法监督的合力。

7.深化智能化法律监督手段的应用。检察机关坚持把智能化建设作为重要支撑,丰富法律监督的有效手段,提高检察工作现代化水平,参与研发应用刑事案件智能辅助办案系统,把公检法统一适用的证据标准嵌入办案系统,提供规范性证据指引,统一证据的提取、固定、保全要求,引导办案人员调查取证、排除非法证据,推广数据化的监督标准。探索建立"适应司法责任制改革综合数据利用平台",全面提升案件流程管理水平和绩效考核质效。深化检察大数据中心建设,加强内部数据资源整合,形成大数据驱动型的法律监督创新模式。加强跨单位、跨条线、跨部门的数据资源整合,打破法律监督与社会治理创新相衔接的信息壁垒。

三、实现法律监督职能全面协调发展的路径

(一)强化检察机关对侦查权的监督

首先,针对突出的事后监督问题,笔者认为应当尝试建立由检察机关引导侦查行为的制度。具体而言,就是要将检察机关的侦查监督、公诉职能延伸至侦查阶段,明确检察机关引导侦查行为的宏观指向,明确检察机关引导侦查行为的具体程序(包括案件范围、时间、条件、方式等),这样一来可以从根本上解决当前存在的办案标准不统一的问题,二来检察机关前置监督,可以在侦查结果还未成型前将存在瑕疵、违法问题的案件排除出审判程序,极大地提高诉讼效率。其次,针对侦查监督措施缺乏强制性等问题,检察机关要强化并完善对侦查活动的监督制度。一方面要确立侦查机关不执行检察建议的制裁措施,通过制裁来增强监督实效;另一方面要优化和创新监督方式,可以通过设置定期巡查、专项监督等方式,逐步扩大侦查监督范围。最后,在新时代大数据背景下,要完善信息共享,在检察机关和侦查机关之间确立案件信息共享模式,使得检察机关能够在监督过程中始终获得案件最新动态和进展。

(二)强化检察机关公诉职能的行使

尽管检察机关是国家法律监督机关,但宪法层面的检察机关行使的并非全面的法律监督权,而应当是以国家追诉为核心的法律监督定位。监察体制改革之际,检察机关的职务犯罪侦查权被转隶,一时间外界都认为检察机关最具震慑力的职务犯罪侦查权被剥离使得检察机关失去了权力,导致检察机关内部权责分配

失衡，但实际并非如此，公诉职能反而是检察机关存在的重要基础，职务犯罪的侦查权仅是检察机关众多检察权中的一部分，其他检察权并非依附职务犯罪侦查权而发挥作用。换一个角度来说，检察机关的审查起诉程序起到一个监督监察机关办案的作用，因此检察机关的公诉职能就显得尤为重要。检察机关应当确保对职务犯罪的实质化审查，对监察调查形成制约，进而防止检察机关公诉职能被虚化，流于形式。换言之，强调以公诉职能为核心，就是为了更好地发挥检察机关的法律监督职能。

（三）推进公益诉讼新发展

公益诉讼制度实质上是检察机关法律监督职能范围的一次扩展，提起民事或者行政公益诉讼即监督和制约相关民事或者行政活动。在职务犯罪侦查权被转隶于监察委之后，公益诉讼不失为一个好的发展领域。检察机关在提起公益诉讼实践中取得的成效显著，但也存在一些问题，一方面检察机关提起诉讼的被动性，根据规定检察机关只有在法律规定的其他主体怠于提起诉讼的情况下，方可提起公益诉讼。对此笔者认为可以适用公告制度，即将发现的环境违法等行为予以公告，若直至公告期满都无适格主体进行诉讼，则检察机关可提起公益诉讼。另一方面调查取证存在困难，法律并未明确规定调查方式，使得检察机关的调查取证进程受限、效力亦不明显。实践中经常存在被调查者不积极配合调查的情况，因此考虑到国家和社会的公共利益，有必要赋予检察机关相应的强制调查权限，必要时可采取搜查、查封、扣押、冻结等措施，对阻碍调查的行为进行制裁，以确保公益诉讼的顺利进行。

（四）强制措施的衔接

检察机关对于监察机关移送案件审查起诉时，是根据《刑事诉讼法》的相关规定来确定被调查人所受的强制措施类型，而监察机关调查行为的依据是《监察法》；对于监察机关已经采取留置措施的案件，检察机关应当作出先行拘留并在10日内决定是否逮捕、取保候审或者监视居住的回应。审查被调查人采取强制措施的必要性应当提前到在留置措施到期前完成。《监察法》第47条的相关释义表明，一旦监察委员会对职务犯罪案件采取了留置措施，检察机关要在案件移送前就实质审查强制措施适用的种类以及程度，并于移送之日作出决定并执行。因为从一定程度上讲,检察机关提前介入强制措施程序既能提高审查起诉的效率,又能更大限度地使犯罪嫌疑人的权利得到保障。

(五)制定专门化的法律监督法

针对强化法律监督的决定或决议在全国各省陆续出台,但专门的法律监督法在我国法治史上还是空白,这在很大程度上制约了检察机关法律监督职能的行使。此外,在职务犯罪侦查权划离后,检察机关法律监督职权的亟待回归也加强了法律监督立案的必要性。制定法律监督法,对法律监督的相关问题做出系统的规定,有利于促进法律监督的科学性,也有利于健全更加完备的国家监督体系。法律监督法的制定应对检察机关法律监督职能存在的问题予以回应,其重点规定应包括检察机关法律监督的手段、程序、被监督者不接受监督救济等内容。

结　语

法律监督是检察机关一项具有全局性、根本性、战略性使命任务和中心职责,聚焦、强化法律监督应当始终本着保障宪法、法律的统一正确实施这一基本任务,紧紧围绕公平正义的价值理念,在检察法律监督权与行政权、审判权等其他国家权力以及公民合法私权利之间不断寻求恰当合理的平衡点,循序渐进、有条不紊地进行,最终实现检察法律监督职能的优化配置。

参考文献

[1]胡勇:《监察体制改革背景下检察机关的再定位与职能调整》,载《法治研究》2017年第3期。

[2]秦前红:《两种“法律监督”的概念分野与行政检察监督之归位》,载《东方法学》2018年第1期。

[3]樊崇义:《检察机关深化法律监督发展的四个面向》,载《中国法律评论》2017年第5期。

社区矫正当前突出问题的检察监督

——以 A 县社区矫正数据为样本

靳升宸　张巧玉

我国社区矫正制度自 2003 年试点开始,至刑法修正案和新刑事诉讼法把其正式纳入刑事法律体系之中,到《社区矫正实施办法》的制定和《中华人民共和国社区矫正法》的颁布实施,使社区矫正工作日趋有法可依,逐步成为我国刑罚执行体系中的重要组成部分,但同时也为我国刑罚执行检察监督工作提出了新的要求和挑战。社区矫正检察是社区矫正执行实现公平正义的最终保障,因此如何从检察监督实践层面守护、强化、促进、实现社区矫正的内在价值,已然成为检察理论研究的一个重要课题。笔者结合 A 县社区矫正运行现状,深入查找和分析实践中存在的突出问题和症结,积极探索和实践检察监督新模式,以期为基层社区矫正工作科学发展提供借鉴。

一、A 县社区矫正制度运行现状

笔者以 2017 年以来 A 县社区矫正信息平台数据为样本,对该制度在 A 县县域的实施情况作一具体分析。

1. 从数量来看,社区矫正人员总数较多、比例较大,并呈上升态势。2017 年至今,社区矫正人数逐年递增,平均占同期法院判决总人数的 53% ,是同期看守所服刑人数的 2.8 倍。

2. 从类型来看,缓刑和管制人数呈两极增减,假释和暂予监外执行人数相对稳定。缓刑和管制人数平均分别占社区矫正人员总数的 86% 和 11% ,其余两类人员所占不足 3% 。

3. 从执法队伍来看,工作人员缺乏,专业人才匮乏。14 个基层司法所,包括临时聘用人员,平均不足3人,平均年龄47岁,大多为退伍军人和招工工人,能操作电脑、有法律等专业知识的不足1/3。2017年以来,5名社区矫正工作人员因不正确履职,受到党政纪处理。

4. 从请假外出来看,原因五花八门,审批标准不一。社区矫正人员因就医原因请假的占60%,其中约15%是陪亲属外出就医,70%未提供或仅提供简单证明材料,提供完整病历证明的不足15%;因家庭重大变故原因请假的占11%;因开会、走亲戚和旅游等其他原因请假的高达29%。

5. 从违规情形来看,再犯罪和脱漏管时有发生,一般性违规不断发生。社区矫正人员再犯罪率为2.2%,脱管漏管率为3.9%,其他一般性违规发生率为11%。

6. 从处理结果来看,撤销缓刑比率居高不下,治安管理处罚适用率较低。社区矫正人员因再犯罪和强制戒毒、脱管超过30天等严重违法违规被撤销缓刑的,平均占比约5%;被治安管理处罚的只有2人,仅占0.2%;对98人予以警告处理,比例超过10%。

7. 从监管方式来看,以实地检查等传统方式为主,信息化等新型方式运用不充分。司法所主要依据每月5日和20日的社区矫正人员集中学习和劳动日的到位情况,作为认定其是否存在脱管等违规情形的标准,调查中发现近60%的司法所未达到规定的每月八小时学习和八小时劳动时间,最多缩减达80%。此外,对社区矫正信息平台的使用(见表1),大多为基本信息的录入,对请假、越界和定位等关键功能应用率较低。

表1　社区矫正信息平台使用情况

基本信息录入率	法律文书录入率	评估功能应用率	请销假功能应用率	越界功能应用率	定位功能应用率
100%	5%	8%	10%	70%	40%

8. 从衔接配合来看,县内差强人意,县外不尽如人意。法院、检察院、公安局与司法行政机关的衔接配合集中在交付接收和收监执行环节,调查结果显示,县内各政法单位对主要工作的协作配合基本通畅(见表2),而县外有关单位还存在着协作不畅等情况。2017年以来,社区矫正机构对外地法院提出撤缓或收监建议3人,仅在半年后收到1人裁定,2人至今没有结果。

表 2　南召县人民检察院和县内各政法单位对主要工作协作配合情况

单位	需协作配合工作	实际开展情况
司法局	受委托调查评估	质量一般，效率低；未抄送检察院
	接收矫正人员报到	人员报到，如无法律文书，拒收
法　院	送达执行法律文书	未送达司法局和抄送检察院、公安局
	撤缓、收监裁定	能够按期作出裁定
公安局	矫正人员违法通报	拘留、强制戒毒等未向司法局通报
	监所收押撤缓罪犯	能够按规定收押
	协助送交收监罪犯	配合程度一般，需多次协调
	追捕在逃撤缓罪犯	经协调，按规定上网追逃

二、当前基层社区矫正工作中存在的突出问题

1. 社区矫正任务日益繁重和执法队伍现状的矛盾突出。一是人员数量少，力量薄弱。基层司法所大多还承担着所在地党委政府安排的信访、扶贫等工作，特别是还存在着“一人所”“老年所”，人均承担近 20 名社区矫正人员的日常监管和矫正教育，效果可想而知。二是专业化不强，能力不足。当前执法人员普遍面临着较为严重的学历、学力和能力恐慌，较大地制约了社区矫正工作的适应性发展。三是缺乏担当精神，作风不实。有的执法人员对这种开放式的刑罚执行方式认识不足，存在着没必要、不愿管，人太熟、不想管，怕报复、不敢管等错误思想，既严重影响了社区矫正的质量和效果，又损害了司法机关的权威性和公信力。

2. 社区矫正人员违法违规日趋复杂多发和监督管理现状的矛盾突出。一是理念陈旧，墨守成规。部分社区矫正工作人员简单的认为社区矫正就是每月组织学习和劳动各八小时，而漠视了“把罪犯改造成合格公民”的终极目标和追求；部分工作人员对社区矫正工作复杂性认识不足，认为矫正人员只要按时参加学习和劳动就万事大吉，而忽略了对每月其余二十几日的监管。二是方式单一，手段落后。首先，当前社区矫正监督管理的主要方式，仍然是在矫正人员每月两次的集中日中，通过签到点名来发现脱漏管，通过思想汇报材料来掌握其思想动态；其次，远远未形成公检法司和社会社区力量共同参与的强大监督管理合力。三是信息化应用不充分，研判不深入。当前对社区矫正信息平台应用较为浅显和初级化，对稍高级的功能想不到用、不会用或不善用，更谈不上对数据的深入研判、关

联分析和比对筛查等高层次应用了。

3. 社区矫正执行工作的多元性与复杂性和衔接配合现状的矛盾突出。一是沟通衔接不顺畅。首先,社区矫正机构的社会调查评估工作,往往不抄送检察机关主动接受监督,再加上法院是否采纳随意性较大,直接影响了社区矫正适用的精准性。其次,法院不以正规程序向社区矫正机构送达法律文书并抄送检察机关,而是大多由矫正人员自行携带报到,往往造成超期报到或漏管,而检察和司法两家未能及时发现。最后,矫正人员常因司法所工作人员外出工作、过假期等原因,不能在规定的3日内接受社区矫正。二是协作配合不主动。公安机关认为案件送到检察院就算案结事了,对社区矫正罪犯的押送监所、抓捕追逃等纯属多管闲事;司法行政机关的撤销缓刑或收监建议书发给异地法院后,常常需要多次催促协调,个别甚至石沉大海。三是数据信息不联通。当前公检法司数据各成支流,不能融合贯通,常常出现矫正人员被治安处罚、强制戒毒、司法拘留或刑事立案等,而社区矫正机构不能及时发现,既造成了较大的社会安全隐患,又损害了司法的严肃性和权威性。

三、完善和优化社区矫正检察监督的思考和探索

社区矫正监督是刑罚执行监督的重要内容,是新形势下检察机关参与社会治理创新的重要举措,社区矫正检察监督的完善,关系刑事被执行人合法权益的保障和法律公平正义的实现。随着社区矫正工作深入推进,检察监督工作日益面临更大的困难和挑战。近年来,A县检察院加强调查研究,找准问题与症结所在,深入思考破解对策,主动转变工作思路,改进工作方法,创新监督方式,积极探索和充分运用工作新模式,努力实现以高质量检察监督推动社区矫正工作高质量发展。

1. 创新理念,构建新型工作模式。一是推动社区矫正队伍由单纯干事向学用并重转变。与司法局联合建立社区矫正执法和检察监督人员的定期学习培训和考试奖惩机制,通过先考试后上岗,成绩与业绩考核挂钩等措施,督促和激励社区矫正队伍学习的主动性和积极性。制定社区矫正监督案件的证据化、程序化、卷宗化和规范化标准,引导干警由"办事"向"办案"模式转变,在实践中自觉按照办案的模式和办案的程序开展监督。二是推动社区矫正检察办案由重数量向质效并重转变。树立正确政绩观,充分运用检察智慧,坚持实体、程序、效果并重,把案

件办准办好。树立精品意识，坚持精品理念和精品标准，提升社区矫正检察监督的整体水平和层次。三是推动社区矫正检察由巡查向“派驻 + 重点巡查”转变。首先，在社区矫正中心派驻检察干警，明确监督任务和监督目的，划定监督范围和责任边界，实行检察监督和社区矫正工作同步安排、同步开展、同步评价。其次，在社区矫正场所设立检察官信箱，公开社区矫正检察监督信息，通过敞开大门主动纳言，实现矫正人员与检察官随时随地无障碍沟通。最后，成立社区矫正巡回检察小组，在集中矫正日和国家重大活动日等重要敏感节点，对社区矫正人员在位情况和工作人员履职情况进行现场监督和及时纠正，防止问题发生。

2. 创新机制，构建“合力 + 借力”工作模式。一是成立联络组织机构，共解重大难题。联合法院、公安、民政等 12 个单位制定《A 县社区矫正工作领导小组工作规则》。创新成员单位联络员制度，确保了议事有去处、联络有专人。目前，通过联席会议和联络员机制，累计解决社区矫正重大敏感案件 20 余件，切实将隐患消除在了萌芽状态。二是完善协作配合机制，形成执法合力。牵头公检法司联合出台《进一步加强社区矫正对接联动工作的实施意见》，首先，建立联席会议、定期会商、矛盾解决等 3 项机制。其次，建立信息互通机制。最后，建立联合执法培训机制。定期组织开展业务骨干社区矫正联合执法培训，增强对制度规范的学习掌握水平，防止推诿扯皮等问题。三是建立“大督查”机制，形成监督合力。以检察机关为主导，由政法委牵头成立公检法司联合督察组，对四个单位履行社区矫正职责情况进行常态化督查，使各部门的配合意识和履职主动性进一步增强。四是建立横向沟通交流机制，破解异地交付和收监执行难题。A 县检察院主动向政法委汇报并获得支持，由其牵头成立了公检法司组成的社区矫正涉外工作组，专门负责异地对口司法部门的联络协调工作，并明确责任主体、工作步骤和后勤保障等。五是借用外力，形成监督“组合拳”。与纪委监委建立社区矫正职务违法犯罪线索移送反馈机制，与党委、人大、政府建立定期类案分析专题报告或通报机制，探索建立检察建议、纠正违法通知书邀请人大代表、政协委员等参与的公开送达、向上级检察院同步备案和对被监督单位的上级单位同步送达的工作机制。

3. 创新载体，打造“智慧监督”工作模式。一是建立“人脸 + 指纹”远程签到网络。在各社区矫正场所建立远程视频系统，通过实时远程监督社区矫正对象报到、学习、劳动、在位等情况，发现社区矫正中是否存在脱管、漏管、虚管和社区矫正工作人员不正确履职等问题，对于没有在系统中进行留痕的矫正人员，系统将自动记录保存并立即预警提醒。该系统的运行,使社区矫正集中教育改造工作全程留痕、透明、公开,弄虚作假、冒名顶替、欺上瞒下等现象基本杜绝。二是设立“掌上”诉求平台。设立社区矫正人员申诉、控告、举报等手机端诉求平台,在发布检察监督职能和警示教育典型案例的同时,接受矫正人员和群众随时随地的诉求和举报等,并对线索智能分析、梳理、筛查、分流,限期在平台上公开答复,实现检察监督、社会监督、群众监督、舆论监督的全程全覆盖。三是搭建联合管控平台。为进一步提高衔接效率,由政法委牵头,整合公检法司四部门信息系统资源,搭建了社区矫正人员信息交换和联合管控平台,实现了四部门间及局所两地间数据畅通对接,逐步解决了部门间信息孤岛问题。同时,联合公安机关建立社区矫正人员“双管”机制,实现了司法行政机关电子定位监管与“天网”系统的有效对接,初步形成了网上办案、网上监管、网上监督的“三网”工作模式。

新形势下检察机关如何做好涉法涉检信访工作

张文娣　曾祥春

一、检察机关涉法涉诉信访工作面临的新特点

当前我国经济社会处于快速发展的重要时期，各种社会矛盾和问题集中出现。其特征主要表现在以下四个方面：

1. 涉法涉诉信访案件总量稳中有降。当前，涉检涉诉信访案件总量稳中有降但社会群体性事件日趋增多。总体上看，集体上访和群体性事件是新形势下社会矛盾的一种新表现，二者既有区别又相互交织叠加，是我国广大基层地区诸多社会矛盾中表现最为突出的难点、重点和热点问题。其不仅社会影响面大、蔓延领域广、冲击力强，而且涉及群体、集团化利益关系复杂，矛盾化解处理难度极大。化解处理时机把握不好，处理方式方法稍为不当，极有可能演化为社会恶性事件甚至刑事案件。

2. 社会矛盾形式呈多样化态势。社会矛盾以新的形式表现出来，涉及各种个人利益与群体利益冲突，既有改革发展中的新问题，又有历史遗留的老问题，既有量大面广的诉求问题，又有思想意识、价值观念多元化引发的问题。重点涉及非法集资、购买房产等群体，土地征用、房屋拆迁、劳动社保、环境保护、教育卫生、执法司法等领域，以信访群体性事件、个人极端事件、刑事案件等形式表现出来。这些新型矛盾主体多元化、内容复合化、成因复杂化、处置难度大，若处理不当，很容易成为影响我国社会大局稳定的不利因素。

3. 社会矛盾组织性增强。总体上看，矛盾的关联性、组织性增强。经济问题易引发社会问题，一地的矛盾易引发其他地方的矛盾，一个利益群体的诉求易引发其他利益群体的攀比，形成连锁反应。有的上访人员认为法不责众，抱着大闹大解决的目的拉人参与、找人炒作，甚至形成产业链；有的特殊利益群体出现明显

的组织者和骨干分子,相互抱团、跨地区串联聚集,一些矛盾由于敌对势力插手、利用互联网聚焦放大,将不同地区、少数群众的利益诉求、不满情绪集中起来,致使利益诉求演变成政治诉求、非对抗性矛盾演变成对抗性矛盾。这些问题带有明显的组织性,若处理不当,很容易引发为共同性、群体性的社会事件。

4. 社会矛盾扩散越来越快。随着新兴传播媒介快速发展,信息传播格局、社会舆论生态、公众参与方式发生重大变化,当下一些群体性事件、突发性事件,最初可能只是一起普通案件,由于种种原因,尤其是如果有涉未成年人、涉官涉富等敏感词汇的掺入,立刻会引起不明真相的群众产生误解与不满,通过网络、媒体使矛盾迅速扩散,升温,升级为社会事件。由于这类矛盾的参与者不少是与事件无直接利害关系、在事件中无直接利益诉求的普通群众,动机多样、事发突然、事件升级较快,导致社会矛盾的发现难、预防难、排查难、处置难、善后难。

二、基层检察机关涉法涉诉信访工作存在的问题与不足

1. 矛盾发现的机制滞后。一是部分基层检察人员思想认识不到位。有的是没有下决心回应群众诉求,认为案子实体没有多大问题、再折腾一次意义不大。导致一些信访案件难以导入司法程序。二是目前检察机关控告申诉检察部门接访工作规范性不够。即对在接访工作中说什么、做什么等缺乏统一、明确的规定,导致实践中接访工作因个体、区域的差异,而呈现出较为随意、不确定、不稳定等问题,直接影响了检察机关接访工作的实效。三是被动化解矛盾。基层检察机关控告申诉检察部门对社会矛盾化解的理解尚不够开放全面,化解社会矛盾纠纷有表面化、形式化和空泛化倾向。提前预防、源头治理的意识不够,机械执法、就案办案的现象仍然存在。

2. 矛盾化解的方式单一。一是目前基层检察机关涉法涉诉信访矛盾化解工作运用法治思维与法治方式相对较为单一、被动,深层次影响了矛盾化解工作的有效开展。二是对目前已经存在亟须化解的社会矛盾缺乏风险评估预警能力,对苗头性、倾向性问题和隐患,没有做到早发现、早稳控、早报告、早处理,缺乏深度的调查研究分析研判。三是在化解社会矛盾的过程中,基层检察干警深人基层,向人民群众问需、问情、问计的不多,人民群众诉求表达渠道不够开阔畅通,诉求渠道或者表达诉愿的方式单一。

三、基层检察机关做好涉法涉诉信访工作的对策建议

1. 畅通诉求表达渠道，保障群众依法行使控告举报申诉权利。一是以“文明接待室”为载体积极推进集控申接访、信息查询等功能于一体的“一站式”服务平台建设，积极采取有效措施，完善来信、来访、电话、网络“四位一体”的群众诉求表达机制，探索开展网上受理信访工作，实现当事人通过网络实时查询举报、控告、申诉的受理、流转和办案流程信息，为群众提供检察事务“一站式”的公开、高效、便捷、优质服务。二是坚持和完善检察长接访或下访制。检察长作为一个检察院的最高管理者，其亲自接待群众来访和阅批群众来信或者下访，面对面、心贴心的和群众沟通交流，倾听群众诉求，不仅可以增强检察机关公信力，增强接访效果，更是践行党的群众路线，立足检察职能拓展联系服务群众的重要方式。三是积极构建及时就地解决问题的工作机制。作为基层检察机关控告申诉检察部门要加强涉法涉诉信访案件初信初访办理答复工作，充分发挥派驻乡镇检察室的职能作用，整合控告申诉检察部门与派驻乡镇检察室的优势资源，及时就地解决群众关心的热点、难点问题，最大限度把矛盾化解在最初环节、化解在基层，减少矛盾积累和信访上行。

2. 健全完善审查受理机制，实现涉法涉诉信访与普通信访有效分离。一要明确检察机关涉法涉诉信访案件范围。检察机关涉法涉诉信访案件主要包括涉检信访案件和诉讼监督案件。基层检察机关控告申诉检察部门要按照修改后《刑事诉讼法》规定，运用法治思维和法治方式，准确界定涉法涉诉信访与普通信访的界限，区别不同案件的性质，实现分类分流处理。二要规范审查受理机制。基层检察机关要按照法律监督职责和涉法涉诉信访案件的范围，依据《人民检察院刑事诉讼规则》等的规定，进一步规范审查受理机制，引导涉法涉诉信访群众依法有序向检察机关反映诉求。基层检察机关对通过信访渠道反映的控告申诉案件，要及时导入相应司法程序，依法按程序办理；对反映到检察机关的普通信访问题，要耐心做好解释说明和疏导工作；对党委政法委、人大信访部门转入司法程序办理的涉法涉诉信访事项，要及时审查，依法办理。要按照“诉求合理的解决到位、诉求无理的思想教育到位、生活困难的帮扶救助到位”的要求，努力把群众合理合法的诉求解决好。三要加强与有关部门协调配合。通过加强与公安机关、人民法院的

沟通协作，建立分工明确、配合有力、流转顺畅的衔接机制和信息互通共享机制，共同做好教育疏导、帮扶救助、矛盾化解等工作，确保案件移送顺畅有序，衔接规范紧密，依法及时公正解决群众诉求，努力做好息诉罢访、案结事了工作。

暂予监外执行在基层司法实践中存在的问题及完善对策

——以南召县域暂予监外执行罪犯为样本

余　斌　靳升宸

暂予监外执行制度是指对于应当在监狱或者看守所服刑的罪犯，因出现法定不适宜羁押情形，决定暂不收监或者收监以后又决定改为暂时监外服刑，由社区矫正机构负责执行的刑罚执行制度。暂予监外执行暂时改变刑法执行的方式、场所和内容，是对自由执行制度的变通，是非监禁刑的重要组成部分。这一制度的设立体现了中国惩罚罪犯与改造罪犯相结合和人道主义的刑事政策，有利于对罪犯的教育、感化、挽救。

2012年修正的《刑事诉讼法》对暂予监外执行制度的规定不仅在条文数量上明显增多，内容更加明确、具体，而且在适用范围、适用条件、决定和批准程序、执行主体和方式、收监执行、检察监督等方面作出了相应的修改或者增加了新的内容，在立法上进一步完善了我国的暂予监外执行制度，使得司法实践中暂予监外执行更加有法可依，压缩了权力寻租的空间。为法律适用的统一，最高人民法院、最高人民检察院、公安部、司法部、国家卫生计生委联合制定了《暂予监外执行规定》(2014年12月1日施行)，并将修订后的《保外就医严重疾病范围》作为附件。新规定针对暂予监外执行实践中存在的问题，进一步严格了执法标准、程序和责任，进一步强化了法律监督，进一步完善了人民法院、人民检察院、监狱、看守所、医院分工负责、相互配合、相互制约的工作机制，以详细具体的司法解释保障暂予监外执行制度进一步走向规范与严苛。在此背景下，笔者以检察监督为视角，对南召县域内2014年12月1日以来的暂予监外执行工作开展情况进行调查总结，以深入查找和分析实践中存在的突出问题，进而有针对性的提出对策和建议，以期促进暂予监外执行工作科学良性发展。

一、暂予监外执行工作实施现状

笔者以 2014 年 12 月 1 日以来南召县司法局社区矫正中心信息平台，暂予监外执行档案数据为样本，对该制度在南召县域的实施情况作一具体分析。

1. 从案件数量来看，暂予监外执行案件总体数量较少。2014 年 12 月 1 日以来，南召县司法局社区矫正中心共有 18 名暂予监外执行罪犯在社区服刑，不足社区矫正总人数的 2%。

2. 从发展趋势来看，暂予监外执行案件数量总体呈上升态势。按照暂予监外执行的决定时间和人员数量进行统计，2012 年暂予监外执行入矫人数 1 人，2013 年 1 人，2014 年 2 人，2015 年 4 人，2016 年 4 人，2017 年 5 人，2018 年至目前为 1 人，但南召县法院审监庭正在审查的还有 6 人。

3. 从案件类型来看，在暂予监外执行的 18 名罪犯中，包括毒品犯罪 4 人，侵犯财产犯罪 4 人，侵犯公民人身权利犯罪 2 人，危害公共安全犯罪 3 人，破坏环境资源保护犯罪 3 人，破坏社会主义市场秩序犯罪 1 人，危害国家安全犯罪 1 人。其中，“三类犯罪”（职务犯罪，破坏金融管理秩序和金融诈骗犯罪，组织、领导、参加、包庇、纵容黑社会性质组织犯罪）共 1 人，占全部暂予监外执行罪犯的 5.6%。毒品犯罪和侵犯财产犯罪、危害公共安全犯罪和破坏环境资源保护犯罪的罪犯被暂予监外执行的比例相对较高，分别占比 22.2% 和 16.7%。

4. 从刑罚变更的原因来看，在 18 名暂予监外执行罪犯中，有 2 名女性罪犯因怀孕和 2 名罪犯因双腿截肢、偏瘫等原因导致生活不能自理而被决定暂予监外执行外，其余 14 名罪犯均是因患有各种严重疾病需要保外就医而被决定暂予监外执行。在这 14 名罪犯中，所患疾病被明确规定在《罪犯保外就医疾病伤残范围》和《保外就医严重疾病范围》中的有 12 人，主要病情为高血压、心脏病的有 4 人，癌症的有 4 人，脑血管疾病的有 2 人，其他疾病的有 2 人；所患疾病未明确规定，但根据其病情看守所或监狱不予收押，决定机关判断符合保外就医条件的有 7 人。

5. 从决定或批准程序来看，在 18 名暂予监外执行罪犯中，有 9 人是南召县法院决定的，据了解，全部采用书面审查形式，其中由原审合议庭负责审查的有 8 人，由审判监督庭负责审查的有 1 人。暂予监外执行的决定全部是在判决生效后作出，与定罪量刑程序相对独立。其中，人民法院依职权启动暂予监外执行程序的2人，占比22.2%；由看守所拒收或提出建议而启动程序的5人，占比55.6%；由被告人及其辩护人向法院申请启动程序的1人，占比11.1%；由检察院建议法院启动程序的1人，占比11.1%。

6. 从征求检察机关意见来看，在南召县人民法院办理的9件暂予监外执行案件中，有7件在决定前后均没有将相关文书抄送检察机关或征求检察机关的意见，比例高达77.8%；有2件在决定前征求了检察机关意见，但在决定后未将暂予监外执行决定文书抄送检察机关并征求意见。

二、当前暂予监外执行工作中存在的问题

虽然在全面深化司法体制改革、推进依法治国的大背景下，暂予监外执行制度正不断走向完善、规范与严格，但这并不意味着已完美无缺。刚刚相反，根据以上总结分析，暴露出暂予监外执行制度仍然存在一定的缺陷和不足，主要集中在以下几个方面：

1. 监所拒收现象仍然存在。判决生效后，法院将罪犯交付于看守所或者监狱，后者多以罪犯患有疾病为由不予收监或不予收押。特别是对判决生效前的非羁罪犯，此时不能马上被决定暂予监外执行，导致法院陷入尴尬的两难境地，判决生效了，却不能交付执行，罪犯处于法律的真空状态，极可能重新犯罪。

2. 启动程序不明确。当前的暂予监外执行程序存在着启动主体不明的问题，现行法律只规定了作出决定的法律主体，并没有规定暂予见外执行的启动主体，也没有赋予法院主动调查，主动收集证据的权力。而在实践中，暂予监外执行的申请主体较多，导致启动程序不明确，推诿扯皮现象常见。

3. 审查期限不明确。法院对暂予监外执行作出决定的时间，缺乏法律的明确规定，导致现实中，有些法院作出的决定，有的用时较短，有的用时较长。在这期间，一些罪犯的病情好转，已不符合严重疾病的范围或者哺乳期已过等，导致其暂予监外执行的权利被变相剥夺，也给予了未羁押罪犯脱漏管的时间与机会，在此期间再次实施犯罪的案例不在少数，有些原本符合法定规定的情形消失后，暂予监外执行的程序还处在启动阶段。

4. 审理程序不明确。当前法律法规明确规定法院审理减刑、假释案件可以开庭审理或书面审理的法定情形，但是作为同样重要的刑罚变更执行制度，法律法规却没有对暂予监外执行进行明确的程序规定。如有的法院直接决定，有的召开

听证会,甚至法院往往自己委托专家和鉴定机构,自审自决。总体而言,实践中暂予监外执行的程序适用效率偏低,透明度偏低,标准不一。

5. 检察监督制度存在不足。当前检察机关在执行监督方面已取得不少成果,这有力地维护了司法的权威性和公平性。但同时也要看到,当前的检察监督制度的缺陷和不足。一是《刑事诉讼法》中并未涉及检察机关对于法院暂予监外执行决定作出前监督情形的规定。二是《暂予监外执行规定》以"征求意见"的方式将检查监督范围扩展到法院直接决定的情形。但是该规定的法律阶位较低且"征求意见"的方式规定不明,是书面、口头、出庭或参与听证等形式,均需法律统一规定。三是现行的检察监督制度设计主要是通过对抄送的材料以及暂予监外执行决定的书面材料审查来实现的,很大程度上受制于提请机关或者批准、决定机关抄送的材料客观、全面、及时与否,但对于罪犯本身的实际情况往往并不了解,导致检察监督纸上谈兵。而且当前法律法规中也并未规定向检察机关抄送暂予监外执行通知书的期限,实践中往往未及时通知检察机关,导致检察监督滞后不力。

三、完善暂予监外执行的对策和建议

1. 提高暂予监外执行的公开透明度。一是人民法院决定或者监狱管理机关、公安机关批准对罪犯暂予监外执行,原则上应当采取公开听证的方式进行。通过相关各方共同参与、充分陈述意见并展开辩论的程序性机制,使批准、决定机关开门纳谏,从而做出客观公正的处理结果。二是人民法院或者监狱管理机关、公安机关决定启动听证程序的,应当组织召开听证会,根据案件情况通知人民检察院、监狱或看守所、社区矫正机构派员出席和当事人、辩护人、诉讼代理人等参加,还可以邀请医学专家、人大代表、政协委员、罪犯所在社区居民代表参与听证。三是暂予监外执行决定的宣告,应当一律公开进行,并接受社会监督。可探索实行备案审查制度,即有权机关作出暂予监外执行决定后,应当逐级报请其对应的上级机关备案审查,以强化内部监督;可尝试实行网上公示制度,即在规定时间内将相关文书在网上进行公示,听取群众意见,以强化外部监督。

2. 统一暂予监外执行的程序规范。一是审判阶段,法院对被告人申请暂予监外执行与犯罪事实一起审理,判决时同时作出是否对罪犯进行暂予监外执行的决定。对于进入审判阶段中可能被判处监禁刑的被告人,都要赋予其申请暂予监外执行的权利,都要进行相关的病情鉴定。这样就避免了监所随意拒收现象的发生。二是判决生效后,交付执行前的罪犯申请暂予监外执行的,仍适用现有程序。对于判决前未羁押的罪犯,一律由看守所先行羁押,由看守所组织对罪犯暂予监外执行的法定情形鉴定,由法院组织召开有关单位和个人参加的听证会。同时,要对现有程序进行期限的限制,避免出现久拖不决而严重损害刑事被执行人合法权益的情形发生。三是对交付执行后罪犯的暂予监外执行,适用现有程序,但在批准机关作出决定前,增设听证程序,由批准机关组织召开相关单位和个人参加的听证会。

3. 完善暂予监外执行的检察监督机制。一是建立重要环节检察全程同步监督机制。长期以来,暂予监外执行一直存在"以权赎身""提钱出狱""一决到底""只放不收"等违法犯罪乱象,而医疗鉴定结果往往起决定性作用。因此,检察机关应当严把重要卡口节点,强化全程同步监督。如罪犯的身份必须由检察机关参与共同核对,严防冒名顶替;法院或者监狱、看守所在对罪犯进行医疗鉴定前3天,应将委托的医疗机构、专家组成员等资料送检察机关,由检察机关审查后,派员介入对罪犯进行病情诊断、妊娠检查或者生活不能自理的全程鉴定工作。二是建立被害人申诉机制。暂予监外执行过程中,应当保持被害人权利保障与犯罪人权利保障的动态平衡,在强调保障被告人和罪犯人权的同时,不能忽视被害人对刑事执行程序的参与权利。因此被害人有权知晓和监督罪犯是否适用暂予监外执行,对暂予监外执行决定不服的,被害人可以向检察机关申诉,检察机关应当依法启动监督调查程序,并在一定期限内向决定、批准机关提出纠正意见或向被害人释法说理。

正确处理与业务部门关系
完善案管工作内部运作方式

李连廷

一、案件管理部门成立的背景及职能作用

(一)案件管理部门成立的背景

案件质量是检察工作的生命线,可长期以来,检察业务总量不断攀升,案多人少的矛盾日益凸显,造成案件质量有所下降。与此同时,对案件监督和办案质量的监督过多依赖办案部门自行管理,没有统一的归口,无法实现对案件全程有效监督,无法对案件质量进行有效监控,故存在着案件程序监督缺位、质量监督滞后、案件数据统计不准确等监督不力现象。在旧的案件质量监督模式下,流转期间的案件信息只有业务部门内部掌握,案件存在严重的封闭性和阶段性,仅仅是在案件结案时对案件评查的事后监督,容易滋生人情案、关系案。在这种情况下急需一个部门对案件进行统一归口管理,通过对办案步骤节点的控制,实施精细化管理,进行办案全过程监督,从而杜绝案件流转的随意性,防止违法违纪现象发生,杜绝司法监督权的滥用,规范执法行为,提高办案质量,促进执法公正,提升检察机关社会公信力,故案件管理(以下简称案管)部门便应运而生。

(二)案管部门的工作职能

案管部门应当具备"管理、监督、参谋、服务"四个方面职能,并围绕这四个方面实现阶段性目标。管理,就是要把各类案件纳入案管管理,通过提高管理的科技含量,使管理的覆盖面不存死角,并加强各类管理信息的分析利用;监督,就是加强对办案程序的监控,及时纠偏、纠错,防患于未然;参谋,就是利用数据分析和

质量评估功能，及时为检察长和检委会提供分析决策意见，供决策参考；服务，就是为检察官提供部分事务性帮助，提供法律知识、判例分析等参考意见，提供诉讼流程中相关办案信息的采集应用，从而使检察官在管理的过程中体会到信息化应用的意义，促进法律监督能力的提高。

由于地域和案件特点的不同，需求点不同，各地案管部门职能侧重点存在差异，笔者作为案管工作人员，结合自身实际，认为案管部门是侧重于程序与实体并重的全程流程监管和事务性较强的服务性综合业务部门。

这种职能侧重于对案件整体的质量的全程监管，案管部门不但要作为程序性流转部门，负责受理、分配和流转案件，而且要对各类案件实行统一监督管理，对实体上明显错误及时提出纠正，以减少事后案件评查的工作量。这种智能模式是在现有检察机关案件管理制度基础上，对案件管理工作进一步进行补充和深化。通过这种新的管理手段和措施，使案件管理工作水平得到进一步提高。

二、案管部门与业务部门的关系

从广义上讲，案件办理包括案件管理，案件管理是案件办理工作的重要组成部分。案件管理活动应当贯穿于检察机关执法办案工作的全过程，执法办案的任何环节都存在着管理问题。从狭义上讲，案件办理和案件管理是辩证统一的关系。案件办理是案件管理的前提，没有案件办理工作，案件管理就是“无源之水”“无本之木”；案件管理是案件办理工作的延伸，是为了强化内部监督制约，保证办案质量和办案效率。但两者又有明显区别，案件管理中“管”是重点，案件办理中“办”是核心。横向来讲，案件管理（以下简称案管）部门与各个业务部门之间就是一种监督与配合的关系，就监督而言，这是一种内部监督关系。以实现管办分离为目标，是基于内部管理而产生的监督，并非诉讼意义上的监督，而是平等主体之间的制约。各业务部门按照检察权运行环节，在各自的职能范围内处理业务、办理案件。业务部门通过执法办案履行职责，行使法律赋予检察权。案管部门不能替代业务部门行使法律监督权和普通检察权，更不能凌驾于其他业务部门之上，二者既不是取代或叠加关系，也非领导和被领导关系，而是分工合作、相互配合、相互制约的横向平等关系。

三、如何正确处理与业务部门的关系

正确处理好案管部门与业务部门的关系，才能真正达到强化法律监督实现内部监督制约。笔者立足本职岗位，谈一谈在履行案管职能时，如何处理好与业务部门的关系。

首先，案管部门要解决上述问题，就要从根本上转变业务部门对案管部门的错误认识。案管工作既不是打破或打乱业务部门的办案过程，更不是从中抽取部分职能由案管部门来负责办理或决定。目前笔者所在案管部门是采取对案件实行进出口监管及全程流程监控的管理模式。实际上这个职能并没有打破业务部门办案流程的完整性和正确性。如受案审查只是在业务部门办理案件前对不符合本院受理条件的案件挡在门外，此举更是为了减轻业务部门的工作量；而结案审核则是对业务部门审结案件进行监督审核，通过监督，发现案件办理过程中可能存在的问题，从而充分发挥内部监督的作用。因此，案管部门的进出口管理职能，并不是真正意义上的对办案节点的截取，不影响办案部门办理案件的整体性和完整性，符合司法性特征。

其次，案管部门要坚持程序监控与有条件的实体监督相结合原则，正确处理好案管部门“管”与业务部门“办”的关系。改革存在阻力——源于程序监督对办案效率的影响。程序监督是为了更好的保障实体公正，但司法实践中，无论是司法人员还是诉讼参与人，往往更重视实体公正，对程序监督容易忽视，其主要原因是程序监督会需要牺牲部分办案效率。有些人错误的认为，举报、立案、侦查、逮捕起诉以及申诉之间已有内部制约机制并且业务部门自身也可以监督，案管部门也没必要再进行实体监督。但从案件质量管理的必要性上来看，不应当排除实体监督，案管部门的监督应该是全面的，监督实体质量并非案件管理部门替代办案部门的职能，而是有重点地监督案件的实体质量，笔者工作中发现，有些法律文书由于承办人的疏忽大意严重影响了办案质量。如量刑建议漏写法定从重从轻情节，起诉书中引用条款错误，这些错误都是在案管部门结案审核时查出的，因此案管部门的流程监管和受结案审核时应坚持实体与程序并重的原则，这也是保证检察办案质量提高，防止发生违法违规情形，确保执法公正，杜绝错案和上访案件发生的必要手段。

再次，要处理好案管部门服务与公诉部门依法独立办案的关系。案管部门配备有高速扫描仪、双面彩色打印复印一体机等专业装备，辅以专业的操作管理软件，可以大大提高卷宗复制的效率，案管部门受案后将卷宗扫描进电脑，一方面可以直接提供给办案部门，达到资源共享的效果；另一方面也可以让辩护人在电脑上完成阅卷。同时把原来由业务部门承担的案件受理、文书送达及律师接待和接收当事人移送证据材料等繁杂琐碎的工作都由案管部门统一接待，使业务部门更加集中精力投入案件审查之中，大大提高了办案效率。

最后，要加强案管部门与业务部门的沟通协调，案管部门通过每月案管工作通报、科室联席会议、沟通协调等工作机制，主动加强与业务部门的沟通协调。使业务部门正确认识到案件管理部门的重要作用，并依托检察机关统一业务应用系统，对业务部门承办案件进行统计分析，及时向业务部门提出改进办案工作的意见和建议，发挥参谋职能，和辅助服务作用，使案管部门与业务部门实现双方优势互补，齐抓共管，共同推动办案质量提高的新格局。

转变理念促进检察工作创新发展

李连廷

一、检察工作创新的基本内涵及重要特征

一是整体性。检察工作创新不应仅仅追求单项或个体的最优化,也不应单纯追求工作创新所赢得的名声,其目的是追求检察工作的整体绩效卓越,应该寻求和体现推动检察工作科学发展的整体优势。因此,检察工作创新是考虑诸多因素全面协调可持续发展的综合性工程,是融合检察职能、发展愿景、职业道德和执法规范等诸多因素的有机整体。

二是专属性。检察工作创新的主体必须是"检察工作",工作中,应把握好创新的边界,不能偏离检察机关"强化法律监督,维护公平正义"的工作主题。应努力避免在服务大局的目标下,将一些与检察职能不相关的内容纳入检察工作创新体系,无序部署、盲目延伸。

三是时代性。创新源于现状与发展的不相适应。当前,经济社会正处于高速发展的时期,社会结构、思想观念、信息载体等方面都发生着深刻的变化,而检察工作的原有的模式、机制往往呈现不同程度的保守性,相对落后于时代的发展步伐,已不能完全适应检察工作科学发展的需要。因此,检察工作创新的着力点在于推动检察工作融入时代发展的大背景,为更好地履行检察职能搭建载体和平台。

四是新颖性。工作创新的核心是"新",检察工作创新切忌玩文字游戏,抓住以前的工作经验和成果"炒冷饭""换包装",貌似创新,其实是"新瓶装旧酒""换汤不换药"。同时,要正确把握生搬硬套和学习借鉴的区别,工作中,应善于吸收其他院的先进经验,结合本院的实际情况进行"再加工"和二次创新。

五是持续性。检察工作创新应该通过长期实践、反复提炼、凝结形成一套完

整的工作模式、工作机制，每一个创新项目都应该是一项长期系统性的工程。在确定了创新的目标和任务的前提下，就应当持之以恒地推进和落实。

二、转变理念促进检察工作创新措施

（一）牢固树立以人民为中心的发展理念

准确把握检察机关所处的历史方位和时代坐标，坚持以人民为中心的立场不动摇，开展各项活动，广泛察民情、听民声，不断加强和改进民生检察工作，全方位保护人民群众合法权益，更好满足人民群众对民主、法治、公平、正义、安全、环境等方面法治产品和检察产品的更高需求。

目前法律监督供给予人民群众对检察工作、对美好生活的新需求还很不相适应，供给的法治产品不足、供给的产品质量不高的问题还比较突出。检察机关要精准把握新时代人民群众司法需求的转变，深入查找当前检察工作与人民的司法需求不相适应的突出问题，包括在机构设置、力量配备、精力投入等方面的问题，深入分析问题背后反映的认识局限、理念偏差，坚决纠正、彻底摒弃，并以人民群众的新需求为导向引领加强和改进检察工作，重新审视调整检察机关内设机构设置，科学调配人力资源，切实把传统职能做优，把短板职能补强，把新增职能做好；同时紧紧围绕民生需求，聚焦民生焦点，加强民生检察工作，深入推进检察产品供给侧结构性改革，为人民群众提供更加丰富、更为优质的法治产品、检察产品。

（二）牢固树立以办案为中心强化法律监督的理念

法律监督是中国特色社会主义检察制度最鲜明的特色，也是最显著的优势。法律监督不是空洞的口号，必须落实在办案中。办案既是检察机关履行法律监督职责的基本手段，也是彰显法律监督效用的重要途径。

检察机关要以办案为中心，要在办案中监督，在监督中办案。监督是目的，办案是手段；监督是内容，办案是形式，两者是一个问题的两个方面。离开监督，检察机关的办案就没有意义；离开办案，检察监督就无法实现。以办案为中心，就要求各项检察工作都要围绕办案来思考、谋划、论证、开展，各项检察工作的成效都要以是否有利于加强办案，是否有利于实现以办案为中心来评价、衡量，检察工作的质量效果就体现在办案的数量、质量、效率、效果的有机统一上。

（三）牢固树立法律监督要实现双赢多赢共赢的理念

法律监督实质是启动法定的纠错程序以提醒、促进被监督者重新审视并自我纠错，目的是保障宪法法律的统一正确实施。当前检察机关法律监督的效果还有很大的提升空间，不敢监督、不愿监督、回避监督、抵触监督的情况不同程度地存在。造成这一现象的原因是多方面的，但归根结底是理念问题。

检察机关开展法律监督工作，要实现监督者与被监督者良性互动，达到“双赢多赢共赢”的目标。无论是作为监督一方的检察机关，还是作为被监督一方的其他执法司法机关，双方的目标是共同的，使命是共同的，价值追求是共同的，法律监督不是你错我对的博弈，也不是我高你低的居高临下，而是共存共赢，共同进步。

对于社会各界对于监督的抵触情绪，检察机关需要运用执政智慧、法律智慧、监督智慧，主动争取社会各界的理解和支持，实现法律监督工作的可持续发展。在检察监督工作中，要贯彻理性、平和、文明、规范的执法观，遵循司法活动规律，按照司法谦抑原则谨慎行使监督权，使被监督一方对检察机关的专业素养心服信服，从而达到共同自觉维护司法公正的目的。

自觉树立“双赢多赢共赢”理念。要认识到这一理念贯穿法律监督全部领域全部环节的总体要求。各项法律监督工作都要努力寻找“双赢多赢共赢”的基点，多做共享共赢的工作。

推动树立统一的执法司法理念。检察机关要主动作为，推动各政法机关和行政执法机关树立适应新时代要求的共同的执法司法理念。

（四）牢固树立司法办案要实现“三个效果”有机统一的理念

“三个效果”的有机统一是司法办案必须坚持的价值取向，也是衡量办案质量的根本尺度。新时代的司法办案工作，必须正确认识和处理好“三个效果”之间的关系，努力提升“三个效果”的有机统一。具体而言，法律效果是司法办案的基本要求，司法办案应以事实为根据，以法律为准绳，首先保证案件的法律效果，不能以牺牲法律效果为代价去追求社会效果和政治效果。政治效果是司法办案的政治方向问题，是法律效果和社会效果的根本保障，必须立足政治效果去追求法律效果和社会效果。社会效果是司法办案的落脚点，要摒弃孤立办案、就案办案、机械办案的理念,从是否有利于维护广大人民的根本利益,是否有利于维护社会和谐稳定出发,实现法理情的有机统一。

在当前强调推进国家治理体系和治理能力现代化的进程中,检察机关司法办案应当追求更高的境界:办案工作绝不能仅仅止步于作出法律处断,而要通过多种法律措施和手段修复社会关系;努力做到"一案双查",帮助发案单位堵漏建制,督促有关行业防范风险;贯彻谁执法谁普法的要求,通过典型案例以案释法,以案件是非评判引领社会风尚。

(五)牢固树立注重培养专业能力专业精神的理念

检察工作是专业性很强的工作,新时代新任务对检察队伍的素质和能力提出了新的更高的要求。检察干警的专业素养、专业能力、专业思维、专业精神不适应新形势新任务要求,是现在检察队伍建设存在的突出问题。要把注重培养专业能力和专业精神作为一种理念,以此为引领去推进检察改革,努力把检察队伍建设成一支高素质专业化的过硬队伍。

结　语

检察工作创新发展,理念转变至关重要。理念转变到位,办案监督就有新思路、新方法、新局面,这为检察机关积极应对检察工作前所未有的转型期,推动新时代检察工作创新发展指明了前进方向。检察机关要坚持以理念变革为引领,推动新时代检察工作创新发展。

参考文献

[1]左媛媛:《新时代刑罚执行变更检察监督的优化与创新》,载《安徽警官职业学院学报》2020 年第 2 期。
[2]宋晶:《新时期检察教育培训工作的创新与思路》,载《法制与经济》2019 年第 12 期。

一人公司实施犯罪应当如何处理

尹小平

一、案情简介

2009年至2016年,被告人张某担任深圳市金佳未后勤管理有限公司(一人公司)实际控制人,在南阳地区开展校园后勤托管业务时,为便于开展业务或事后表示感谢,亲自或通过别人先后10次向教育部门相关负责人徐某某行贿共计36万元,先后两次通过他人向卢某某行贿共计2万元。深圳市金佳禾后勤管理有限公司为谋取不当利益,先后12次向国家工作人员行期共计38万元。

二、法理分析

一人公司实施的犯罪行为应当作为单位犯罪还是个人犯罪处理?对一人公司犯罪的法律适用问题进行推介研究不仅能够化解司法实践中的难题,同时对贯彻刑法罪责刑相统一的基本原则,平等保护市场主体、激发市场活力也具有重要的意义。

笔者认为,一人公司可以成为单位犯罪的适格主体,本案应认定为单位犯罪,理由如下:

1. 一人公司作为单位犯罪主体具有法律依据。现行《公司法》明确赋予了一人公司法人地位。《刑法》第30条规定:"公司、企业、事业单位、机关、团体实施的危害社会的行为,法律规定为单位犯罪的,应当负刑事责任。"《最高人民法院关于审理单位犯罪案件具体应用法律有关问题的解释》中规定,具有法人资格的独资、私营公司、企业可以成为单位犯罪的主体。虽然《刑法》修订和最高人民法院关于单位犯罪的司法解释出台的时间均在《公司法》承认一人公司的法人地位之前,但《刑法》和司法解释并没有明确排除一人公司单位犯罪的主体资格。同时,既然

《公司法》将一人公司规定为公司的组织形式,基于法人主体的平等保护原则,也不能将一人公司排除在单位犯罪的主体之外。再者,从司法解释的前瞻性角度来理解,也不应该将一人公司排除在单位犯罪之外,虽然《刑法》修订和最高人民法院关于单位犯罪的司法解释出台的时间均在《公司法》承认一人公司的法人地位之前,但不能以此否定司法解释没有考虑一人公司未来立法设定的可能。

2. 从最根本上来说,公司是否能够成为单位犯罪的主体,要从公司是否具有公司所应当具有的最本质的特征——公司人格独立来判断。具有独立人格的公司,就可以成为单位犯罪的主体;不具有独立人格的公司,就不能成为单位犯罪的主体,公司相关人员实施的犯罪只能按自然人犯罪处理。一人公司只要严格依照《公司法》成立并依法经营,就能做到财产独立和意志独立,也即具有独立人格。因此,依法成立并严格按照《公司法》的规定从事经营活动的一人公司,具有独立的财产,能够独立承担责任,具有独立的意志,因而具有独立于股东自然人人格的公司人格,能够成为单位犯罪的主体。

3. 一人公司成为单位犯罪主体符合《刑法》设立单位犯罪的目的要求。《刑法》设立单位犯罪的目的之一是贯彻罪责自负原则,对单位本身的犯罪行为进行否定性评价和制裁。单位基于自身的意志和利益实施的犯罪行为,应当由单位自己承担;如果单位实施了犯罪行为而不承担刑事责任,仅仅由自然人承担刑事责任显然有违罪责自负的原则。

4. 承认一人公司为单位犯罪的主体,并不意味着所有一人公司的犯罪均应以单位犯罪处理,不会导致司法实践中罪责刑不相一致的情形。一人公司必须依法成立,财产独立,一人公司股东不能证明公司财产独立于股东自己财产的,应当对公司债务承担连带责任。这种情况下,公司不能成为单位犯罪的主体,以公司名义实施的犯罪应当按照自然人犯罪处理。同时一人公司必须具有《公司法》所要求的法人治理结构。比如,一人公司应当有自己的章程,股东行使《公司法》所规定的职权时必须以书面形式作出,并置于公司备案。鉴于一人公司只有一个股东,公司行为与股东个人行为容易发生竞合,故公司的经营行为应当以公司的名义进行。凡是以股东个人的名义进行的行为,均应当视为股东的个人行为,构成犯罪的,追究股东的自然人责任,而不能以单位犯罪处理。

笔者认为,严格依法成立认真贯彻公司法人治理结构的一人公司,可以认定为单位犯罪的主体。

检察机关以被告单位深圳市金佳禾后勤管理有限公司、被告人张某涉嫌单位行贿罪向法院提起公诉。法院经审理后认为被告单位深圳市金佳禾后勤管理有限公司为谋取不正当利益,向国家工作人员行贿,情节严重,被告人张某作为主管人员,依法应当追究其刑事责任,其单位及个人的行为均触犯了《刑法》第 30 条、第 31 条、第 393 条之规定,犯罪事实清楚,证据确实、充分,应当以单位行贿罪追究被告单位及被告人的刑事责任,依法作出一审判决:被告单位深圳市金佳禾后勤管理有限公司犯单位行贿罪,判处罚金 20 万元;被告人张某犯单位行贿罪,判处免予刑事处罚。

未成年人认罪认罚从宽制度调研

刘 涛

一、未成年人犯罪案件适用认罪认罚从宽制度可行性分析

1. 契合宽严相济的理念

中国法制建设已经取得了长足的进步,传统刑事政策倡导的是“坦白从宽、抗拒从严”。与之相比,“宽严相济”的刑事政策的内涵更为丰富,而且理论也更加现代化,与我国当前的刑事司法实践明显宽缓特征是相契合的。未成年人认知水平较低,而且自控能力相对较差。纵观各国的刑事立法,对未成年人的犯罪案件都是采取从宽处理的政策。除此之外,最高人民检察院在 2017 年 3 月印发了《未成年人刑事检察工作指引(试行)》(以下简称《指引》)中第 13 条明确提出针对未成年人案件要“特殊、优先保护”。因此,未成年人犯罪适用认罪认罚从宽制度是符合当前刑事政策的。

2. 一致的刑法价值取向

当前刑事司法仍存在效率不高等问题,认罪认罚从宽制度的实行正是中国本土尝试解决这一问题的探索,这体现出当前我国司法实践正朝着协调正义和效率的方向迈进。未成年人犯罪后被羁押,很容易产生自暴自弃的情绪,而加大审问力度则可能引发他的逆反情绪。因此,未成年人犯罪适用认罪认罚从宽制度不仅能够提升诉讼效率,更重要的是,体现了对当前司法价值的有益探索。

二、未成年人认罪认罚从宽制度的适用

1. 严格把握适用未成年人认罪认罚从宽制度的情形

根据最高人民法院、最高人民检察院、公安部、国家安全部、司法部发布的《关于在部分地区开展刑事案件认罪认罚从宽制度试点工作的办法》(以下简称《试点

办法》)中规定,具有以下四种情形之一的,不适用认罪认罚从宽制度:(1)犯罪嫌疑人、被告人是尚未完全丧失辨认或者控制自己行为能力的精神病人的;(2)未成年犯罪嫌疑人、被告人的法定代理人、辩护人对未成年人认罪认罚有异议的;(3)犯罪嫌疑人、被告人行为不构成犯罪的;(4)其他不宜适用的情形。

认罪认罚从宽制度并不局限于轻罪案件,原则上除了以上四种例外所有罪名均可适用,除非是犯罪性质恶劣、犯罪手段残忍、危害后果严重,犯罪嫌疑人、被告人认罪认罚但不足以从轻处罚的。对特别重大犯罪,以及社会普遍关注的复杂、敏感案件,应根据具体情况严格把握,谨慎适用认罪认罚从宽制度。

2. 从宽不包括公安机关侦查阶段撤销案件

"从宽"应包括相对不起诉、附条件不起诉的处理结果,但不应包括撤案。凡是符合相对不起诉或者附条件不起诉条件的未成年人犯罪案件,应优先适用相对不起诉或附条件不起诉,这是比提起公诉更加从轻、从宽的处理方式,在检察院审查阶段即结案。只有确需提起公诉的未成年被告人,才应提出从轻或减轻的量刑建议。

但是,在公安机关侦查阶段撤销案件,不应成为从宽的处理方式之一。虽然《试点办法》第 9 条对撤案作出限制性规定,即有重大立功或者案件涉及国家重大利益,办理案件的公安机关应呈报公安部,由公安部报请最高人民检察院批准。然而,根据作为上位法的《刑事诉讼法》第 15 条、第 160 条、第 161 条,在侦查过程中发现不应或者免予对犯罪嫌疑人追究刑事责任的才应当撤销案件。若确不需追究刑事责任,应当在案件移送检察机关后作出相对不起诉的决定。

3. 确保未成年犯罪嫌疑人、被告人认罪认罚的充分自愿

未成年犯罪嫌疑人、被告人由于身心发展尚不成熟,社会阅历不深,在涉嫌犯罪进入司法程序后往往惊慌失措,不能正确认识自己的行为以及可能承担的后果,极易受到法定代理人、辩护人或者办案人员的影响,有可能抱有坚决不认罪或者盲目认罪认罚的态度。对此,首先,应当充分保障未成年犯罪嫌疑人、被告人及其法定代理人、合适成年人的到场权和知情权;其次,应当充分尊重未成年犯罪嫌疑人、被告人及其法定代理人、辩护人的程序选择权;最后,在审查起诉过程中检察机关应重点核实是否出于其真实意愿,是否存在办案机关、法定代理人或辩护人迫使其认罪或者认罚的情况。

4. 保证被害人、附带民事诉讼原告人的合法权益

第一，充分保障被害人、附带民事诉讼原告人的知情权，在案件审查过程中主动告知其诉讼进程；第二，告知犯罪嫌疑人如果适用认罪认罚从宽制度可能的处理结果，听取被害人、附带民事诉讼原告人及其诉讼代理人的意见，并记录在案，提出书面意见的应当附卷；第三，必要时可以建议未成年人犯罪嫌疑人及其法定代理人与被害人进行当面沟通，促使其主动向被害人赔礼道歉，做好释法说理工作，与被害人达成和解或者赔偿损失；第四，将未成年犯罪嫌疑人、被告人是否与被害人、附带民事诉讼原告人达成刑事和解协议或者赔偿损失，是否取得其谅解，作为量刑的重要考虑因素，在量刑建议中予以体现；第五，及时将相对不起诉、附条件不起诉的处理结果或者一审判决结果告知被害人，保障其上诉权。

5. 检察机关量刑建议须明确且有法定效力

量刑建议一般应当包括主刑、附加刑，并明确刑罚执行方式。一般应当明确具体刑期，特殊情况下，也可以提出明确的量刑幅度。建议判处财产刑的，一般应当提出确定的数额。对于未成年犯罪嫌疑人、被告人在侦查、审查起诉和审判等不同阶段认罪认罚的，量刑建议的从宽幅度应当有所区别。检察机关提出量刑建议应当充分听取未成年犯罪嫌疑人、被告人及其法定代理人、合适成年人、辩护人的意见。人民法院依法作出判决时，一般应当采纳人民检察院指控的罪名和量刑建议。

6. 保护被害人合法权益

《试点办法》在针对未成年人刑事案件认罪认罚从宽制度适用条件下具有哪些诉讼地位，以及具有什么诉讼权利并没有进行具体规定，而是不是所有涉及未成年人的刑事案件都需要接受被害人的意见以及同意来践行未成年人认罪认罚从宽制度也没有明确规定。检察机关在针对未成年人刑事案件中适用认罪认罚从宽制度过程中需要格外慎重，最大程度上规避由于协商司法而导致被害人合法权益受到损害的现象，以及要保护被害人的基本权益。涉及未成年人的刑事案件适用认罪认罚从宽制度过程中，司法机关可以为被害人提供一定诉讼地位，并适当采纳被害人的意见，以疏导为主要方式，解决双方存在的各种矛盾和冲突。为了能够进一步保障被害人的合法权益，同时适用认罪认罚从宽制度，可以把被害人的谅解以及被弥补的损失来当作认罪认罚从宽制度的从宽程度落实，通过这种方式能够最大程度上激发未成年犯罪嫌疑人认罪认罚以及赔偿被害人的积极性，也更加利于缓解双方的矛盾。除此之外，若犯罪嫌疑人和被害人都是未成年人的

情况下,未成年犯罪嫌疑人在主动认罪认罚后能够从宽的程度与被害人为成年人的从宽程度要更小。

7. 从宽程度及量刑标准

虽然《试点办法》已经确立了法院需要适当采纳检察机关所指控的罪名类型以及量刑意见,不过如今公诉部门以及未检部门所依照的量刑制度通常都是以最高人民法院或各省级高级人民法院所推行的犯罪量刑意见作为主要依据,或是按照所确定的细则中包含的罪名来进行参考。而认罪认罚从宽制度所涉及的罪名基本上能够覆盖涉及细则中的所有,这便可能会使得多数罪名无法实施细致化的量刑标准,所以检察机关的量刑建议需要获取法院的认同则相对难度较大。基于此,必须要设计公检法三机关一致化的量刑体系,也就是针对各种犯罪案件情节所有的量刑意义,并利用相关文件进行确定,针对其中可能会存在的情节进行详细规定。针对未成年犯罪嫌疑人进行认罪认罚从宽制度从宽程度进行确定时,需要将年龄作为责任能力来确定从宽程度。还需要适当参考未成年犯罪嫌疑人的成长环境、有无犯罪前科、认罪态度等,以此来划分从宽标准。

8. 充分把控证明标准

针对认罪认罚案件的证明标准怎样才能把控,目前的观点主要分为两种:一种观点是可以适当调低证明标准,只要是能够排除合理怀疑便可,不然认罪认罚的协调工作局限性较大,并不能充分提高诉讼效率;而另一种观点则是,调低证明标准并不符合《刑事诉讼法》,证明标准需要贯穿所有类型的刑事案件,包括认罪认罚案件。若是过度降低认罪认罚案件的证明标准,那么不仅违反法律,同时还会让犯罪嫌疑人对于律法的惩处以及认罪认罚从宽制度存在错误的认知。第一,需要针对侦查环节认罪认罚获取的证据进行全面性审查,尤其是未成年犯罪嫌疑人的认罪认罚态度和自愿性,避免不法分子利用未成年人认知能力和判断能力匮乏的特征而威胁或引诱其认罪,同时还需要规避侦查机关滥用职权的现象。第二,坚持证明标准避免替罪和顶罪现象。检察机关需要从流程初始就重点关注替罪和顶罪现象,不能因为未成年人认罪认罚而忽略对事实以及证据的严格审查以及判断。第三,需要始终秉承证据裁判原则,在对案件证据进行全面审查后,若是未成年犯罪嫌疑人认罪,但并不具备其他相关证据或是证据不足的情况下,不能因此而追究刑事责任。

三、未成年人犯罪案及适用认罪认罚从宽制度应注意的问题

1. 慎重选择合适成年人

司法实践过程中经常采用的做法是从一些学校、关爱下一代工作委员会或社区中间选聘一些人员来组成合适成年人队伍，从而为法定代理人无法到场的未成年犯罪嫌疑人指定合适成年人，但很多人并不了解这一制度。同时，笔者认为应该采用提前告知制度，合适成年人应明确告知认罪认罚从宽制度的内涵，充分保障未成年犯罪嫌疑人的合法权益，从而推动这一制度在诉讼过程中的适用。

2. 对被害人权益保护问题

对未成年人犯罪适用认罪从罚从宽制度还涉及被害人的权益问题，司法机关可以尝试主动听取被害人的意见，并且释法说理，化堵为疏，从而及时化解双方矛盾。笔者认为，为了考虑平衡各方的利益，可以考虑将取得被害人及家属的谅解、接受物质赔偿等作为适用的条件之一，从而调动未成年人积极赔偿的主动性，也更有利于保护被害人的权益。

3. 证明标准的把握

司法实践过程中还存在擅自降低认罪认罚的证明标准问题，这一做法严重违背设计制度初衷，甚至是对犯罪行为的包庇。因此，应对各类证据进行严格审查，尤其是审查未成年人是否是自愿认罪的相关证据，要预防侦查机关滥用认罪认罚从宽制度，更要防止他人定罪的现象出现，从而确保这项制度的适用是建立在公平公正的基础之上。

结　语

总之，对未成年人犯罪适用认罪认罚从宽制度的争议问题的辨析，是希望能够在差异化的程序构造之前，将理论上存在的问题进行厘清和分析，可以确定对未成年适用认罪认罚从宽制度的理论基础和政策指向，从而结合未成年人犯罪的实际情况制定适合其教育矫正的认罪认罚从宽程序，和其他的未成年人保护措施相结合，既要体现宽严相济的刑事政策，也要尽可能地对其进行教育感化，让认罪认罚从宽制度成为教育、矫正未成年犯罪嫌疑人的又一“利器”。

参考文献

[1]王艺超:《未成年人犯罪适用认罪认罚从宽制度研究》,载《青少年犯罪问题》2017 年第 6 期。
[2]史卫忠:《未成年人刑事案件适用认罪认罚从宽制度的思考》,载《人民检察》2017 年第 22 期。
[3]高强:《未成年人刑事案件认罪认罚从宽制度的适用》,载《人民检察》2018 年第 5 期。

基层检察机关未成年人犯罪适用认罪认罚从宽制度的实践与思考

——以南召县人民检察院案件为样本

王　璇　李连廷

认罪认罚从宽制度在司法实践中发挥了及时惩罚犯罪、提高诉讼效率、减少社会对抗、促进社会和谐等重要作用。南召县人民检察院(以下简称南召县院)从2019年开展认罪认罚工作以来,在强化人权司法保障、节约司法资源、化解矛盾、提升案件质效等方面都取得了明显效果,但办案实践中实施该制度仍然存在适用上的一些问题,亟待引起重视并予以解决。笔者结合工作实践,现将未成年人犯罪适用认罪认罚从宽制度的基本情况及特点、存在的问题以及进一步完善加以思考,以期有益于今后全面规范有效实施该制度。

一、基本情况及主要特点

2019年1月至2021年9月30日,南召县院办理各类涉未成年人案件89件139人,适用认罪认罚从宽制度处理53件101人,适用人数占比72.66%。其中,未成年人犯罪案件44件62人,适用认罪认罚从宽制度处理30件48人,适用人数占比77.42%,其中提出确定型量刑22件,幅度型量刑7件,在已判决的认罪认罚案件中,法院采纳量刑建议率为98.5%。通过梳理总结发现未成年人犯罪适用认罪认罚从宽工作存在以下几个特点:

1. 诉讼效率提升,办案期限缩短。"两高三部"对适用认罪认罚从宽制度指导意见规定,认罪认罚从宽制度贯彻刑事诉讼全过程,适用于侦查、起诉、审判各个阶段,但是在检察机关审查起诉环节适用认罪认罚从宽制度对于实现繁简分流、提升诉讼效率具有重要的现实意义。在检察环节适用认罪认罚从宽制度,对犯罪事实清楚，证据确实、充分但符合不起诉条件的认罪认罚的犯罪嫌疑人尽量采取相对不起诉的方式，可以从源头上减少进入审判流程的案件，分流刑事案件，缓解案多人少矛盾。此外，认罪认罚可以对提起公诉的案件进行繁简分流，对认罪认罚的被告人优先建议适用简易程序，简化庭审程序，缩短办案周期，提高诉讼效率。南召县院在适用认罪认罚起诉的30起案件中，建议适用简易程序的占21件32人，占案件数的70%；建议适用普通程序的9件16人，占30%，平均案件办结期限由原来的47天缩短至现在的26.9天，极大地提升了诉讼效率。

2. 量刑建议明确，法院采纳率高。认罪认罚工作全面展开后，南召县院积极探索科学的量刑建议，通过主动与法院沟通、邀请法院刑庭专家作专门的量刑建议培训、召开联席会议等方式，统一法检两家在量刑方法、步骤、从宽幅度、部分常见罪名的罚金刑金额等方面的认识。南召县院在起诉书中，除了列明被告人基本情况、查明的案件事实等基本要素外，还写明被告人认罪认罚情况，提出明确的刑期、附加刑和刑罚执行方式，使量刑建议一目了然，为法院作出正确裁判提供有利的参考。2019年1月至今年9月，南召县院适用认罪认罚案件30件48人，量刑建议法院采纳率为98.5%，其中向法院提出精准量刑建议31人，占总人数的64.6%；提出幅度量刑建议17人，占总人数的35.4%。

3. 多环节启动，律师参与保障权益。南召县院与县公安、县法院、县司法局会签了《关于办理认罪认罚从宽刑事案件的意见》，规定了多方配合协作、全面实施认罪认罚从宽制度以及建立律师值班工作制度，明确了值班律师为自愿认罪认罚的犯罪嫌疑人、被告人提供法律咨询、程序选择建议、申请变更强制措施、提出案件处理意见等法律帮助，保障犯罪嫌疑人在认罪认罚过程中享有的权利。南召县院办理的未成年人犯罪案件44件62人中，在审查起诉环节未成年犯罪嫌疑人自愿认罪认罚并签署具结书48人，占总人数的77.42%，但公安机关提出认罪认罚从宽处理意见的仅8件11人，占总人数的17.7%。适用认罪认罚的48名未成年犯罪嫌疑人中获得值班律师帮助的29人，占总数的60.4%，有19人的法定代理人为其聘请辩护律师，占总数的39.6%。

4. 积极认罪认罚者居多，涉案罪名类型化。在南召县院适用认罪认罚从宽制度的30件48人中，未成年犯罪嫌疑人主动认罪认罚的有38人，占适用总人数的79.17%；通过办案检察官的释法说理、亲情会见等方式促使犯罪嫌疑人认罪认罚的有10人，占20.83%。所涉案件的罪名以“侵财型”“性侵型”“侵害型”为主，其中抢劫罪 11 人、盗窃罪 9 人、电信诈骗罪 13 人,强奸、猥亵罪 5 人,聚众斗殴、故意伤害罪 5 人,占未成年人犯罪适用认罪认罚案件数的 89.58%。

5. 强制措施多元化,非羁押化提升。未成年人犯罪案件适用认罪认罚从宽制度,以简单轻刑为主,降低判决前羁押率,提升取保候审、监视居住等强制措施的适用率有利于强化保障未成年犯罪嫌疑人的人权。南召县院适用认罪认罚从宽制度提起公诉的 30 件 48 人案件中,公安机关在侦查阶段对犯罪嫌疑人采取逮捕强制措施的 29 人,占总人数的 60.42%;采取取保候审强制措施的 15 人,占总人数的 31.25%。此类案件中,虽然犯罪嫌疑人、被告人在量刑上可获得一定的从轻从宽,但是强制措施仍以逮捕为主。

6. 案件质量过硬,有效化解社会矛盾。南召县院提起公诉的未成年人犯罪适用认罪认罚从宽制度的案件 30 件,服判率较高,上诉率为 0。一方面,表明案件质量是过硬的,既赢得被告人对认罪认罚工作的高接纳度、高认可度,服判息诉效果良好,也促使未成年犯罪嫌疑人、被告人尽早回归社会。另一方面,对涉案的被害人能够尽快获得赔偿,弥补其身心损失,可能比要求法院判处被告人刑罚更具实质意义。因此,在检察环节最大程度地适用认罪认罚从宽机制,努力鼓励犯罪嫌疑人自愿认罪,积极履行赔偿,向被害人赔礼道歉,力求谅解,修复受损的社会关系,维护社会和谐稳定。

二、存在的问题与不足

1. 检察官量刑精准把握难。最高人民法院、最高人民检察院、公安部、国家安全部、司法部印发《关于适用认罪认罚从宽制度的指导意见》(以下简称《指导意见》)规定办理认罪认罚案件,区别不同诉讼阶段以及罪行严重程度等,综合考量确定从宽的限度和幅度。在刑罚评价上,主动认罪优于被动认罪,早认罪优于晚认罪,彻底认罪优于不彻底认罪,稳定认罪优于不稳定认罪。由于认罪认罚案件没有罪名或刑期上的具体量刑标准,在缺乏可操作性的情况下,面对纷繁复杂的刑事案件,具体如何把握从宽幅度,对于并不熟悉量刑业务的检察官来说,明显难以把握,是较为棘手且紧迫的问题,尤其是针对确定刑的提出,检察官还存在畏难情绪和水平有限导致不够精准的问题。

2. 侦查机关发挥作用较小。《刑事诉讼法》和《指导意见》规定,侦查阶段对认罪认罚案件的工作职责和办理要求,公安机关是刑事案件认罪认罚从宽制度的重要主体,侦查阶段理应成为认罪认罚制度的必要环节。但是在司法实践中,认罪认罚程序在法、检如火如荼的实施时,公安机关主要是对犯罪嫌疑人认罪案件进行标注和预分流,加速认罪案件办理流程等发挥实体方面的作用较少。

3. 值班律师工作不到位。值班律师制度在一定程度上能够为犯罪嫌疑人提供法律咨询、意见建议等帮助,但由于地域偏远、经济待遇、社会责任感等多方原因,值班律师不能像辩护律师一样为犯罪嫌疑人提供法律服务,保障其合法权益。实践中,值班律师制度往往流于形式,有的值班律师通常只是象征性地完成为犯罪嫌疑人提供简单的法律咨询、见证其签署认罪认罚具结书等“皮毛”工作,因此,犯罪嫌疑人在认罪认罚量刑协商中,因为值班律师的作用发挥有限,而处于劣势一方,其合法权益不能得到最大限度的争取和保障。

4. 被害人权利难保障。《指导意见》分别对“认罪”“认罚”“从宽”进行了界定,但都没有将被害人对犯罪嫌疑人的意见作为必要条件,就容易出现犯罪嫌疑人、被告人对司法机关认罪认罚,但对被害人并未真诚悔罪之情形,本质上不符合认罪认罚制度启动的前提要件。尤其在认罪认罚从宽案件中,在无任何被害人参与的情况下,检察机关仍旧可以以犯罪嫌疑人对司法机关认罪认罚作为给予较大幅度量刑优惠的理由,完全突破了刑事和解程序的设置带给被害人的权利保障与心理平复。无被害人参与的认罪认罚从宽程序与刑事和解特别程序在理念内核上存在冲突,容易成为边缘被害人权利保护、架空刑事和解特别程序的技术手段。

5. 检法协调配合难。由于《刑事诉讼法》和《指导意见》的出台对于“从宽幅度”有了一定的规定,但规定还比较原则并未出台相应细则对认罪认罚案件的从宽幅度做出明确规定,因此给了检察官、法官较大的自由处分、裁量权,尤其是不同地区的检察院、法院,甚至同一检察院、法院的不同员额检察官、法官办理案件时也容易出现意见不一和同案不同判现象。另外,由于认罪认罚案件的量刑建议权属于检察机关,即由人民检察院给被告人一个量刑承诺,并与被告人签署具结书,而审判权专属法院享有,容易导致检察机关公诉部门在量刑建议中提出的从宽幅度与法院判决的刑罚有较大出入,最终影响了检察机关的公信力和此类案件的办理效果。

三、对策建议

1. 强化认罪认罚从宽案件量刑、从宽幅度的规范。虽然我国最高人民法院在

2017 年已经制定了《关于常见犯罪的量刑指导意见》，但其仅规定了部分犯罪在某些情形下的量刑幅度区间，不仅情节设置不能满足认罪认罚案件量刑需要，而且在实际操作中也无法解决检察官量刑建议权和法官自由裁量权之间的冲突，结果使得检察机关的公信力和犯罪嫌疑人、被告人认罪认罚的积极性受到影响。因此，从共同修复社会关系的角度，2021 年 6 月最高人民法院、最高人民检察院印发了《关于常见犯罪的量刑指导意见（试行）》执行裁量规则，即对各类犯罪常见情节所具有的量刑意义通过规范化文件加以明确，对可能存在的情节作更细化的规定，使检察官的量刑建议与法官的最终量刑达成默契。

2. 强化履职保障，提升律师参与的有效性。值班律师的有效参与是认罪认罚从宽制度在最大限度缩短时效、简化程序的同时又不失其正当性的核心要件，在逐步提高律师参与认罪认罚案件补贴待遇的同时，更重要的是通过立法强化值班律师的参与，避免值班律师制度流于形式。对值班律师的履职情况加以考核，是否为犯罪嫌疑人、被告人申请变更强制措施，是否对案件处理提出意见，是否参与量刑协商等均应纳入考量，避免单纯以参与案件数量为评判标准的情形。

3. 强化对未成年被害人权益的保护。司法机关在未成年人刑事案件中适用认罪认罚从宽制度时要更加审慎，要主动征求和听取被害人或其法定代理人意见，释法说理，化堵为疏，及时解决当前及以后存在的问题，防止因协商性司法而弱化被害人的权益保护。同时，可将涉案被害人的谅解、受损利益获得弥补作为涉罪未成年人认罪的条件之一，并将被害人获得的赔偿与涉罪未成年人可能获得的从宽幅度予以挂钩，从而调动其积极争取被害人的谅解主动性。

4. 强化力量凝聚，促使认罪认罚从宽制度落地见效。检察机关要主动担当，履行主导责任、发挥主导作用，凝聚控辩审三方对量刑的共识，优化量刑建议质量，确保量刑建议能够被犯罪嫌疑人接受并被法院采纳。同时，要加强与侦查机关的联动，确保认罪认罚案件的质效；要加强与司法行政机关的协作，全面保障犯罪嫌疑人的合法权益；要加强与审判机关的沟通，凝聚量刑共识，提升量刑建议的采纳率，着力推进未成年人认罪认罚从宽制度在刑事检察工作中落实落地见效。